Fotos | photos **Eduard Hueber**

Liesbeth Waechter-Böhm (Hg.| Ed.)

Über Wohnbau | House-ing

Carlo Baumschlager & Dietmar Eberle

SpringerWienNewYork

Printed in Austria

Graphik I Graphic design
A I H Haller
Cover: Mozartstraße, Foto Eduard Hueber
Reproduktion und Offsetdruck I Printed by
Grasl Druck & Neue Medien, A-2540 Bad Vöslau
Gedruckt auf säurefreiem, chlorfrei gebleichtem Papier – TCF

Übersetzung I Translation
David Gogarty

SPIN: 10702311

Die Deutsche Bibliothek – CIP-Einheitsaufnahme
Ein Titeldatensatz für diese Publikation ist bei
Der Deutschen Bibliothek erhältlich

Mit zahlreichen (teilweise farbigen) Abbildungen

ISBN 3-211-83228-9
Springer-Verlag Wien New York

Inhalt

Über Wohnbau | House-ing

Architektur, speziell der Wohnbau, basiert auf einer regional tradierten Systematik. Welche Konstruktionsweisen möglich sind, welche Typologien gefragt sind, welche Materialien verwendet werden, welche handwerkliche Qualität erzielbar ist, aber auch wie Aufträge vergeben werden, oder welche Baugesetze es gibt – all das ist einfach regional organisiert. Und man muß die Spielregeln der jeweiligen Region sehr genau beherrschen, um erfolgreich zu sein. Als Vorarlberger Architekturbüro, das zum Beispiel in der Schweiz baut und in Deutschland, haben wir diesen Sachverhalt immer wieder erfahren. In einem anderen Land, aber auch nur in einer anderen Region kommt es in der Regel zu Schwierigkeiten. Natürlich gibt es Teilbereiche im Planungs- und Bauprozeß, die auch anderswo Gültigkeit haben, aber schon fünfzig Kilometer über die Landesgrenze hinweg gelten andere Baugesetze, die Strukturen sind anders, die Genehmigungspraktiken sind anders, die handwerklichen Möglichkeiten sind anders, das Bauen funktioniert anders. Es ist eine Illusion zu glauben, man könne in den gewohnten, vertrauten Bahnen etwas entwerfen und das dann in einem ganz anderen Kontext, unter ganz anderen Voraussetzungen 1:1 bauen. Dafür muß man sich mit den jeweiligen regionalen Spezialitäten schon sehr genau auseinandersetzen. Im süddeutschen Raum gibt es beispielsweise ein völlig anderes Verhältnis zur Architektur als in Vorarlberg. Das kulturelle – oder vielleicht richtiger: das Verständnis demokratischer Möglichkeiten und Rechte, das sich im Lauf von Jahrzehnten bei uns im Land entwickelt hat, das macht bestimmte Dinge möglich, die in Bayern so nicht möglich sind. In Vorarlberg haben sich die Architekten einen öffentlichen Stellenwert erkämpft, der es ihnen erlaubt, sich viel spezifischer einzubringen als in vielen anderen Gegenden Europas, sie haben ein anderes, vertieftes Verhältnis zu den Bauherren, zur Behörde, auch zu den Verantwortlichen in der Politik. Nach diesem Hintergrund muß man fragen, man muß sich sehr präzis damit auseinandersetzen. Denn wenn man es nicht tut, und wenn man nicht die richtigen Konsequenzen zieht, dann sind die Probleme, die sich allein entlang dieser abweichenden Voraussetzungen

Architecture in general, and that of residential buildings in particular, is built on systems that have evolved at a regional level. What types of construction are possible, what styles are in demand, what materials are in use, what level of craftsmanship is available, but also how commissions are distributed and what building regulations apply – all of these are, to put it plainly, organized on a regional basis. And you have to have an intimate knowledge of the rules of the game in each region in order to have any chance of success. We have run into this situation again and again with our architectural firm which is based in Vorarlberg in western Austria, when for instance we build in Switzerland and Germany. Problems inevitably surface in a foreign country or even in a different region. Of course, there are prerequisites to the planning and building process that also apply elsewhere; but other building laws apply even fifty kilometers beyond the provincial border, where the prevailing structures and planning permission regulations are different, and where the craftsmanship available is different and the building process itself is different. It is an illusion to believe that you can design something in a well-worn and universal style and then build it 1:1 in a totally different context and under totally different conditions. Wherever you build you must first acquaint yourself thoroughly with the peculiarities of the region in question. The south of Germany, for instance, is characterized by a completely different attitude to architecture than Vorarlberg. Cultural attitudes, or perhaps more accurately, an awareness of democratic possibilities and rights that developed over the centuries in our particular part of Austria allows for certain concessions that would not be possible in Bavaria. Architects have fought to attain a public standing in Vorarlberg that allows them more control over details than in many other parts of Europe; they also have a different, more complex relationship to the patron, the authorities and the responsible politicians. You have to be aware of this specific context, and you have to acquaint yourself fully with it – because if you don't, or if you don't draw the appropriate conclusions, the problems that can arise through these different

entwickeln, enorm. Also: Man kann zum Beispiel holländischen Wohnbau nicht ohne gravierende Modifikationen nach Deutschland transferieren. Das ist insofern ein besonders krasses Beispiel, als man in Holland in Wahrheit sehr viel industrieller als in Deutschland baut, einfach, weil die Normen so ganz anders sind. In Zeiten zunehmender Globalisierung erscheint das möglicherweise eigenartig, trotzdem ist es aber so. Oder anders ausgedrückt: Sicher können holländische Architekten in Deutschland einen Wohnbau realisieren, aber er wird nicht das gleiche sein, das sie in Holland bauen.

Der internationale Austausch, der regionale Transfer ist in der Architektur, ist im Wohnbau nur sehr bedingt möglich. Und tatsächlich findet er ja auch kaum statt. Denn was sind es denn für Bauten, die auf einer solchen überregionalen Ebene realisiert werden? Es sind in der Regel Sonderbauten, Unikate – öffentliche Bauten, Museen oder andere Kulturbauten, große Verwaltungsbauten. Im Wohnbau gibt es hingegen nur sehr punktuelle Versuche, einen solchen überregionalen Transfer umzusetzen. Und warum diese Versuche nach wie vor nur vereinzelt stattfinden, das läßt sich am Beispiel der letzten IBA, der internationalen Bauausstellung in Berlin sehr anschaulich nachvollziehen. Dort haben bekanntlich viele der sogenannten internationalen Stars der frühen achtziger Jahre gebaut, aber konzeptuell ernstzunehmende Beiträge zum Berliner Wohnbau wird man unter diesen Statements vergeblich suchen.

Für die Architektur generell, ganz besonders aber für den Wohnbau gilt: Zunächst einmal geht es dabei um ein System von Komponenten, die alle gleich wichtig sind. Es geht um die städtebauliche Problemstellung, um typologische Fragen, um ökonomische und ökologische Themen, um Nachhaltigkeit, um die soziale Akzeptanz, um formale Entscheidungen. Die Kunst liegt darin, im Zug der Auseinandersetzung mit einem Projekt die richtigen Komponenten herauszufinden, die man letztlich mehr beansprucht, denen man mehr Gewicht verleiht als anderen.

set of regulations can be overbearing. Thus, it is not possible to transfer the Dutch model of housing to Germany without very significant modifications. This is perhaps a somewhat crass example, as building in Holland tends to be far more industrialized than in Germany, simply because the building norms are quite different in both countries. This might seem strange in times of increasing globalization, but that is the way things are. Or put in another way, of course Dutch architects would be able to erect a residential building in Germany but it would not be identical to those they build in Holland.

International exchange and regional architectural transfer are only possible to a very limited extent in housing – indeed, they hardly ever actually take place. But what sort of buildings can be realized on a trans-regional basis? In general they tend to very much one of a kind, unique specimens – public buildings, museums or other cultural facilities, or perhaps large administrative buildings. In residential building, however, there have only been individual attempts to implement such a trans-regional transfer. And the reason why these individual initiatives remain few and far between was quite evident at the most recent IBA, an international building exhibition held in Berlin. It is well known that many of the so-called "international stars" of the early '80s built there, yet you will search in vain for serious conceptual contributions to residential building in Berlin among their efforts.

For architecture in general, but especially in the case of residential buildings, it is essential to begin with a system of variables that are all of equal significance. This would include the problems of urban planning, questions of typology, economic and ecological considerations, sustainability, public acceptance and aesthetic criteria. The art is to choose those variables that will play a greater role than others in the course of developing the project. To put it in musical terms: if you know how to play the piano and you know which key has to be played louder in each piece, then you've almost made it. It is an old truism that every project should fit properly into its urban setting,

Um mit einem musikalischen Bild zu sprechen: Wenn man einmal weiß, wie man ein Klavier spielt, und wenn man weiß, welche Tasten beim jeweiligen Stück lauter angeschlagen werden müssen, dann hat man es fast schon geschafft. Es geht um Binsenweisheiten: Städtebaulich richtig sollte jedes Projekt sein, ökonomisch muß es immer sein, ökologisch sollte es ebenfalls sein, und der formale, der architektonische Anspruch, den gilt es auch einzulösen. Das bleibt immer gleich, daran ändert sich nichts. Es gibt diese paar Regeln, um die man nicht herumkommt. Und es gibt die Schwierigkeit, jene Komponenten herauszufinden, denen am spezifischen Ort, unter bestimmten Anforderungen eine besondere Bedeutung zukommt. Wenn man in einer städtebaulichen Struktur baut, die im Grund in Ordnung ist, die verwendbare Bilder liefert, dann braucht man das Rad nicht neu zu erfinden. Dann genügt es, sich an diese Strukturen zu halten, sie neu zu interpretieren. Der eigenständige, der besondere architektonisch-formale Ausdruck ist in einer solchen Situation nicht das vorrangige Problem. Wenn man hingegen in einer Struktur baut, die schwierig ist, in der es keine formalen Ansatzmöglichkeiten gibt, dann muß man ein viel subtileres Instrumentarium einsetzen, um zu einer brauchbaren Lösung zu kommen.
Im Wohnbau ist die Bewertung der einzelnen Themen entscheidend, ihre Hierarchie. Es wäre vollkommen unsinnig, nur auf der formalen Ebene über Wohnbau zu diskutieren, genauso unsinnig ist es aber zum Beispiel, ausschließlich über Typologien nachzudenken. Gerade im Wohnbau geht es auch um Details, um ihre Brauchbarkeit. Wenn man ein Museum plant, dann ist das ein Unikat, das einen so großen öffentlichen Stellenwert hat, daß es dem Architekten erlaubt, daß es von ihm sogar fordert, daß er sich in formaler Hinsicht sehr weitgehend dabei verausgabt. Beim Wohnbau geht es vergleichsweise diffiziler, insofern komplexer zu. Und das ist es auch, was am Wohnbau interessant ist. Man muß sich sehr anstrengen, um etwas zu verbessern. Sprechen wir wieder mit einem Bild: Im Wohnbau kann man nicht gleich einen neuen Motor erfinden, man kann bestenfalls ein paar Schrauben

that it should also be economically viable and should fulfill the demand for quality architecture – these criteria always remain unchanged, this set of prerequisites has to be fulfilled. Then there is the problem of those components that assume special significance in a particular situation under specific conditions. If you're building in an existing urban context that already functions properly and supplies a usable visual vocabulary, then there is no point in creating something absolutely new. It is quite enough to maintain the existing structures and to reinterpret them. Independent, special architectural expression is not the main object in a situation like that. However, when you build in a difficult structural situation, in which their are no suitable points of reference, it is important to use a much more subtle set of instruments to arrive at a viable solution.
The evaluation – the hierarchy – of the individual subjects is of decisive importance. It would make no sense at all to only discuss residential building on a purely formal level, just as it would be useless to discuss it according to typologies. In residential building details and their viability are particularly important. When you're planning a museum, it is a unique specimen that has such a high public profile that it allows – even demands – that the architect pays special attention to formal criteria. Residential building, on the other hand, is more awkward, even complex, in this respect. And this is what also makes residential building more interesting. You have to try hard to improve things. To use another image: in this case you can't just find an entire new motor, at best you can look for a few screws, but you have to find these first. That's the difference. In order to achieve anything, you have spend years of intensive study developing your ideas and you have to ponder a lot about a highly complex issue. If someone has the opportunity of building only two residential buildings in the course of 15 years, then the possibilities of producing conceptually innovative work are very limited. In this case the architect only has the alternative of putting up with what's available, and if the worst comes to the worst, just prettying it up. Residential

nachstellen, aber diese Schrauben muß man zuvor finden. Das ist der Unterschied. Und um da wirklich etwas zu erreichen, muß man einfach jahrelange Forschungs- und Entwicklungsarbeit investieren, man muß sehr viel über eine sehr vielschichtige Problematik nachdenken. Wenn jemand in 15 Jahren die Möglichkeit zu zwei Wohnbauten hat, dann läßt sich diese konzeptuelle, innovative Gedankenarbeit sicher nur unter sehr erschwerten Bedingungen leisten. Dann muß man sich als Architekt gelegentlich auch mit dem bescheiden, was es schon gibt, man kann es schlimmstenfalls nur noch verschönern. Wohnbau ist ein Lernprozeß, der nach langfristiger Kontinuität verlangt. Es geht ständig darum, aus den eigenen Fehlern zu lernen, und man muß immer die Komplexität der Fragestellung, all die Themen, die dabei eine Rolle spielen, im Auge haben, um weiterzukommen. Was unser Büro betrifft, kann man wahrscheinlich ohne Überheblichkeit postulieren, daß in der inhaltlichen Auseinandersetzung mit dem Wohnbau der größte Tiefgang erreicht wurde. Und man sieht diese Erfahrung auch unseren anderen Bauten an. Die handwerkliche Qualität, die Auseinandersetzung mit dem Material und der Konstruktion, der Pragmatismus, der rationale Umgang mit den Problemen, das hat alles mit Wohnbau zu tun. Dort geht es immer wieder darum, das letzte herauszupressen, die wirklich ultimative Lösung zu finden. Und das ist auch der Grund, warum wir soviel Entwicklungsarbeit in Details investieren, bis wir das Gefühl haben, es gibt keine bessere Lösung. Solang wird etwas verfolgt, bis es – zumindest vorläufig – nicht mehr verbesserbar ist.
Ein großes Thema im Wohnbau ist der Umgang mit allen Beteiligten. Das betrifft die Bauherren, die Genossenschaften genauso wie die Behörden, die Mieter, die bestehenden Strukturen. Dialogfähigkeit herzustellen und selbst mitzubringen, das ist etwas ganz Wichtiges. Ohne diese Fähigkeit wäre es nicht möglich, unsere Projekte zu bauen, ohne sie wären viele inhaltlich interessante Ideen im Wohnbau wahrscheinlich überhaupt nicht durchzusetzen. Allerdings muß der Architekt schon auch bereit sein, darauf zu hören, was in der Wohnbauszene gerade

building is a learning process that demands long-term continuity. The problem is to learn from your mistakes: you have to bear all the complexities of the situation in mind, all the factors that can play a role, to be in a position to carry on. As far as our own office is concerned, one could say without undue arrogance that we have a particularly wide knowledge of residential building: the level of craftsmanship we have attained, our skill with materials and details of construction, our pragmatism and our readiness to solve problems rationally all stem from our work on residential buildings. And this experience is apparent in our other buildings. It is often just a case of trying to get the most out of something, of finding what is really the ultimate solution. And that is also one reason why we devote so much preparation work to details until we have the feeling that there is no other better solution attainable. Leads are followed up until they – at least for the moment – cannot be improved on.
One major factor in residential building are the relations to everyone involved. That includes the patron, the building cooperatives and the authorities, as well as the tenants and the existing structures. It is of paramount importance to be prepared to open a dialog with all parties and to contribute to this. It would otherwise be impossible for us to build our projects and, generally speaking, it would mean that many conceptually interesting ideas in residential building would be impossible to realize. Moreover, the architect must be prepared to listen to what is being said in the residential building scene, he should be aware of the political status quo, what forms of public funding are available, he must strive to touch base with the sellers and he must have a clear idea of how the images of living evolve. The knowledge and understanding of such factors is decisive in residential building and the architect must be able to discuss these with those responsible – from the patron to the authorities. Whoever can't do that is handicapped from the start. To cite a very simple example: it makes little sense to talk with local politicians who are responsible for House-ing about purely architectural questions. That leads nowhere because it doesn't go

diskutiert wird, er muß wissen, wie die politischen Verhältnisse, wie die Förderungsmöglichkeiten sind, und er muß die Rückkoppelung mit den Verkäufern suchen, er muß sich klar sein, wie die Bilder des Wohnens gerade konstruiert sind. Die Kenntnis und das Verständnis solcher Themen ist im Wohnbau ausschlaggebend, und der Architekt muß fähig sein, darüber mit den Zuständigen – vom Auftraggeber bis zur Behörde – zu diskutieren. Wer das nicht kann, der ist von vornherein benachteiligt. Um ein ganz simples Beispiel zu nennen: Es hat wenig Sinn, etwa mit Landespolitikern, die für die Wohnbauförderung zuständig sind, über formale Themen zu reden. Das führt nicht weiter, weil es über die Frage, ob etwas schön ist oder nicht, also über die reine Geschmacksebene nicht hinausgeht. Um als Architekt auch einmal „Hochmut" zu demonstrieren: In Wirklichkeit sind die meisten Diskutanten im Feld des Wohnbaus ja gar nicht in der Lage, über Architektur an sich zu reden. Insofern hat es nur Sinn, mit den Beteiligten über das zu diskutieren, was sie tatsächlich zu verantworten haben. Und dafür muß man als Architekt dialogfähig sein. Das muß man trainieren. Man muß wissen, wovon man selbst redet und mit wem man worüber redet. Das ist etwas, was wir aus eigener Erfahrung einbringen können und allen jenen weitergeben möchten, die sich für Wohnbau interessieren: Wenn man im Wohnbau etwas erreichen möchte, dann muß man sehr, sehr professionell agieren. Fast als würde man irgendein beliebiges anderes Produkt präsentieren, verkaufen, durchsetzen wollen. Simplifiziert ausgedrückt: Die Legende vom genialen Architekten, der kraft seines Talents alle Probleme löst und Baukunst schafft, die hat sich überholt. In der heutigen Zeit ist das eine Haltung, die nicht akzeptabel ist. Wir haben es mit so komplexen Aufgabenstellungen zu tun, daß sich die Lösungen nicht einfach aus dem Ärmel schütteln lassen. Da wird die Fehlerquelle viel zu groß. Und diese Fehlerquelle läßt sich nur minimieren, indem man sich ständig mit allen Beteiligten unterhält, indem man Informationen sammelt, indem man auf dem Laufenden bleibt. Für uns war das immer eine Prämisse, ein wichtiger Baustein unserer Methodik, Architektur zu betreiben.

beyond the question of whether something is beautiful or not; in other words it does not go beyond questions of personal taste. And to indulge for once in a certain arrogance as an architect, it must be said that, very few of those involved in the discussion of residential housing are in actual fact in a position to talk sensibly about architecture. For this reason, it only makes sense to discuss matters with other participants that they are actually responsible for. And in order to do so, the architect must be able to enter into dialogue. You just have to work on that. You have to know what you're talking about and to whom you are talking. That is something where we would like to relate our own experience and pass this on to anyone interested in residential building: if you want to achieve anything in this field you have to be extremely professional. Almost as if you were presenting, selling and promoting some product. Put in simple terms: the myth of the architect-genius who solves all problems with his talent and creates great architecture is long gone. That is an attitude that is no longer in tune with today's world. We have to deal with such complex assignments, that solutions can no longer just be pulled out of a hat: the danger of making expensive mistakes is just too great. And these mistakes can only be kept at a minimum by maintaining contact with all involved, by gathering information and by staying in touch. This was always the prerequisite, the keystone, of our way with architecture.

Noch ein Punkt: Wohnbau funktioniert nicht, wenn man sich nicht im klaren darüber ist, für wen man ihn macht. Auch das gilt allerdings in mancher Hinsicht für die Architektur generell: Denn wenn man nicht bedenkt, für wen ein architektonisches Objekt gebaut wird, an wen es sich richtet, dann reduziert es sich sehr schnell darauf, daß es ausschließlich aus sich selbst heraus richtig oder falsch ist. Und das bedeutet, daß es nur einen geringen kulturellen Stellenwert hat. Denn dann ist es nur Kunst. Architektur hat aber einen anderen Stellenwert als bildende Kunst, das muß man zur Kenntnis nehmen. Die Funktion, die Zusammenhänge, all die Rahmenbedingungen haben in der Architektur eine ganz andere Bedeutung. Wenn Architekten das nicht beachten, machen sie einen Fehler, der mit dazu beiträgt, daß Kultur an gesellschaftlichem Stellenwert zunehmend verliert, daß dafür immer weniger Geld zur Verfügung steht. Und das ist heute einfach der Fall. Würden sich Architekten als Kulturträger verstehen und die Zusammenhänge begreifen, dann kämen sie auch nicht in die Schwierigkeit, an den Rand gedrängt zu werden, sie kämen nicht in die Schwierigkeit, daß Architektur nur ein Nebenthema ist. Architekten sind kein unwichtiger Faktor im Gefüge der politischen Entscheidungen, der ökonomischen Entscheidungen, der gesellschaftspolitischen Entwicklung. Aber sie müssen sich dazu durchringen, die Möglichkeiten zu nützen, die ihnen zur Verfügung stehen.

And another point: residential buildings fail to function properly if you only don't really know for whom they are actually being built. But this also applies in many ways to architecture in general: if you bear in mind for whom a piece of architecture is being built, whom it is addressed to, then it quickly boils down to whether it is exclusively right or wrong in itself. And that means that it is only of low cultural status. Because otherwise it would only be art. But it is important to recognize that architecture is subject to different criteria than the fine arts. The function, interrelationships and parameters all have a different significance in architecture. If architects fail to pay heed to this, they are making a mistake that will contribute a loss of prestige and to a decrease in funding for cultural initiatives. And that is in fact the case today. If architects saw themselves as emissaries of culture then they would not have to face being pushed to one side, and they would not have to accept that architecture is increasingly being regarded as of marginal interest. Architects are a significant factor in the network of political and economic decision-making and play an important role in social development. But they must bring themselves to avail of the opportunities that are at their disposal.

Das kompakte Haus

Besonders im sozialen Wohnbau kommt der Frage der Ökonomie ein spezifischer Stellenwert zu. Eine kompakte Typologie – wir sprechen auch vom „Punkthaus" – ist unter solchen Vorzeichen oft die richtige Strategie. Denn Gebäude, deren Form sich mehr oder weniger dem Würfel annähert, sind in mehrfacher Hinsicht ökonomisch erfolgreich: So läßt sich das Verhältnis zwischen Nutzfläche und Fassade optimieren, so findet man unter Umständen auch mit einer sehr einfachen Konstruktionsweise das Auslangen. Eine kompakte Typologie bietet außerdem für den Wohnwert, für die Wohnqualität der Nutzer eine entscheidende Verbesserung. In einem solchen Haus erledigt sich das Problem der großen Wohnungsanzahl pro Geschoß wie von selbst. Denn um den inneren Erschließungskern sind jeweils nur wenige Wohnungen, in der Regel maximal sechs bis acht, organisiert. Und das ist für das Wohlbefinden derer, die in einem solchen Haus wohnen, ein ausschlaggebender Faktor. Auch aus der ökologischen Perspektive ist eine kompakte Typologie von Vorteil. Betrachtet man das Verhältnis zwischen dem Volumen, dem Inhalt, der Nutzfläche und der Außenfläche eines solchen Hauses, dann zeigt sich, daß dieses Verhältnis sehr günstig ist. Ein großer

The Compact House The question of economy is of special importance today, especially in House-ing. A compact typology – we also speak of "point houses" – is often the best strategy under such circumstances. This is because buildings that more or less resemble the form of a cube are economically viable in a number of ways: it allows an optimal ratio between the area of internal space and the façade and they can often be constructed using very simple building methods. A compact typology also offers decisive advantages with respect to the living quality of their residents. It provides a convenient solution to the problem of including a high number of apartments in one storey as only a few apartments are grouped around the access shaft of the building – six to eight, as a rule. And that is a decisive factor for the well-being of the residents of such a building. A compact typology is also advantageous from an ecological point of view: if you study the relationship between the mass, the content, the floor area and the exterior of such a building, then it will be clear that this ratio is very favourable. A large exterior area means above all loss of energy, less façade – especially if this is well insulated – means that

Fassadenanteil bedeutet vor allem Energieverlust; wenig Fassadenfläche, und die nach Möglichkeit sehr gut isoliert, kann den Verlust an Energie hingegen niedrig halten. Und wenn dann noch entsprechende Heizungs- bzw. Lüftungssysteme hinzukommen, dann läßt sich der Energieverbrauch wirklich äußerst minimieren.
Natürlich ist eine kompakte Typologie nicht in jeder städtebaulichen Situation richtig. Mitten im urbanen Raum, zwischen Blockrandbebauungen, ist das solitäre, kompakte Wohnhaus wahrscheinlich nicht die adäquate Haltung. Obwohl man andererseits nicht generell sagen kann, daß „Punkthäuser" in der dicht verbauten Stadt immer falsch sind. Genau genommen ist auch das Rockefeller Center eine Punkthaustypologie, maßgeschneidert für den städtebaulichen Raster von Manhattan. Man wird also von Fall zu Fall untersuchen müssen, welcher städtebauliche Ausdruck angemessen ist. Und das gilt nicht nur für den Stadtraum, es gilt genauso für sensible Landschaftsräume mit hoher Aussichtsqualität oder für Wohnbau mitten in einem Einfamilienhausgebiet, das eine maßstäbliche Vorgabe bedeutet, dem eine Konfiguration von solitären, kompakten Geschoßwohnungsbauten zuwider laufen würde.

the loss of energy can be kept as low as possible. And if the requisite heating and air conditioning systems are also included, the energy needed can be kept to an absolute minimum.
Of course a compact typology is not universally acceptable in every urban situation. The solitary, compact residential building is probably not an adequate solution in the middle of urban space, between outer blocks – although in general one cannot say that "point houses" are invariably wrong in densely built-up urban areas. In point of fact, the Rockefeller Center is an example of the "point house" typology, tailored to meet the requirements of the urban grid of Manhattan. One has to decide which form is appropriate for each individual situation. This does not merely apply to urban areas it also applies just as much to sensitive rural spaces with vistas and for residential buildings in the center of suburban areas, which would require building to scale, where the configuration of a solitary, compact, high-rise residential building would not fit in.

Das Beispiel Mitterweg

Wir haben in Tirol, in Innsbruck, eine Wohnanlage gebaut, an der sich die Vorteile des kompakten Haustypes anschaulich demonstrieren lassen. Es handelt sich um zwei Gebäude, die relativ nahe beim Innsbrucker Flughafen errichtet wurden. Die städtebaulichen Rahmenbedingungen am Ort waren disparat: Sie unterliegen keinem Gesamtkonzept, der Charakter der vorgefundenen Bebauung verdankt sich vielmehr der jeweiligen Entstehungszeit der unterschiedlichen Konglomerate. Es gibt an der Innseite neben einem Naturraum vor allem Einfamilienhäuser, es gibt dahinter aber auch sehr dichte Verbauungen aus den sechziger und siebziger Jahren, die völlig autonomen Strategien unterliegen. Das heißt, für uns stellte sich die städtebauliche Thematik an diesem Ort als die Notwendigkeit dar, einen Übergang zu formulieren, der zwischen dem Naturraum am Inn, den Einfamilienhäusern und den sehr verdichteten bestehenden Wohnbauten vermittelt. Es ging also darum, eine Form der Bebauung zu wählen, die ein hohes Maß an Durchlässigkeit für die Öffentlichkeit gewährleistet, die aber gleichzeitig durch ihre Kompaktheit das Problem der Dichte erledigt, das vom Bauherrn an uns herangetragen wurde.

Mitterweg We built a residential complex in Innsbruck in Tyrol, which can serve as an illustration of the benefits of the compact type of house. It consists of two buildings that are situated relatively close to Innsbruck Airport. The urban parameters at the site itself were very diverse: it was not governed by any overlying concept, the character of the neighboring buildings was more a result of the different building periods of their complexes. The side facing the River Inn features by woods and above all family dwellings, the rere side has some very dense building from the '60s and '70s that was governed by absolutely autonomous strategies. In other words, the urban situation at this site presented us with the necessity of effecting a transition from the natural landscape of the banks of the Inn and the family dwellings to the densely built-up residential area. So the problem was to chose a building type that would allow a great deal of public access and that would, at the same time, solve the problem of density that the patron set us through its compactness.

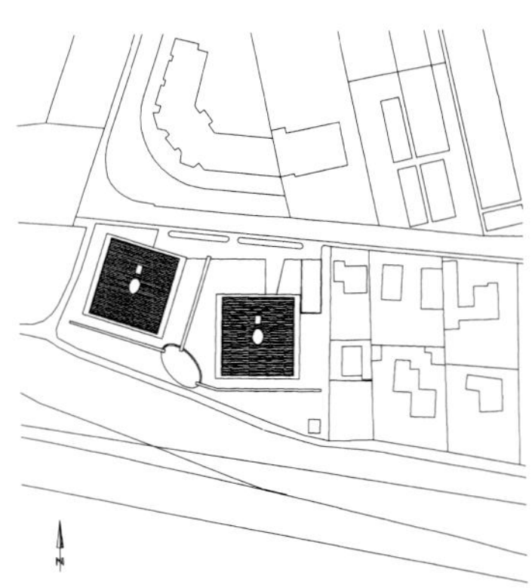

Ostansicht | east view

Diese komplexe Fragestellung wurde mit zwei im Grund sehr einfach konstruierten Gebäuden beantwortet. Die Häuser sind jeweils um das Stiegenhaus herum organisiert, an diesen Erschließungskern angelagert sind in den Wohnungen selbst nur die Neben- und Naßräume, während die Zimmer an der Fassade liegen. Das hat einen gewaltigen Vorteil: Denn dieser Grundrißzuschnitt erlaubt einen äußerst individuellen Umgang mit der jeweils zur Verfügung stehenden Wohnungsfläche. Man kann ganz leicht ein Zimmer weglassen oder eines hinzufügen, es geht dabei immer nur um eine Trennwand, der Gürtel aus Naßraum, Küche und Nebenräumen bleibt davon unberührt. Wir halten das für eine ziemlich wichtige Entwicklung in bezug auf unsere Grundrißtypologien: Es gibt eine Servicezone, und dann gibt es die Möglichkeit, sich die eigentliche Wohnfläche sehr individuell einzuteilen. In einer solchen Wohnung lassen sich ganz unterschiedliche Wohnvorstellungen umsetzen, das Maß der Dinge ist nicht mehr an der Familie mit zwei Kindern festgeschrieben. Es steht einem völlig frei, ob man gar keine Zimmer haben will oder lauter gleich große.

Auch die Fassadengeometrie am Mitterweg geht auf diese Thematik ganz speziell ein. Dort wurde eine Art „Entflechtung" der Fassade eingeführt, eine Schichtigkeit, die es erlaubt, die unterschiedlichen Nutzungen zuzudecken. Es gibt zwar überall den gleichen Fenstertyp – ein französisches Fenster –, aber es ist eigentlich ganz gleich, wo dieses Fenster in der thermischen Haut des Gebäudes sitzt, denn die Geometrisierung findet in der vorgeschalteten Schicht statt, sie wird über die äußere Haut der Holzelemente bewerkstelligt.

Fassadenschichtung I layering of façade

Fassadenausschnitt I detail of façade

The complex problem was solved by the erection of two basically very simply built structures. Both of the houses are organized around a stairwell. In the apartments themselves, only closets and ancillary rooms are actually adjacent to this, while the main rooms are aligned behind the façade. This has one enormous benefit: this layout allows maximum individuality in the treatment of the space available. It is a very simple process to omit or to add a room; all I have to do is take away or insert a partition wall, while the band of bathrooms, kitchens and ancillary rooms remained untouched. We see this as a highly significant development as far as our ground-plan typologies are concerned: there is a service zone and there is also the possibility of adapting the living area to individual requirements. Very diverse domestic arrangements can be realized in such an apartment, and the two child family is no longer the common denominator. It is left to the individual to decide whether he or she wants no rooms at all or a number of rooms of equal size.

The arrangement of the façade at Mitterweg also refers specifically to this. This was achieved by a kind of "untangling" of the façade, a layering that covers highly varied utilization. Although there is a uniform window type – a French window – it is really of no consequence where this window is inserted into the external thermal membrane of the building, as the layout of the façade is determined by an outer layer consisting of wooden modules.

Fassade | façade

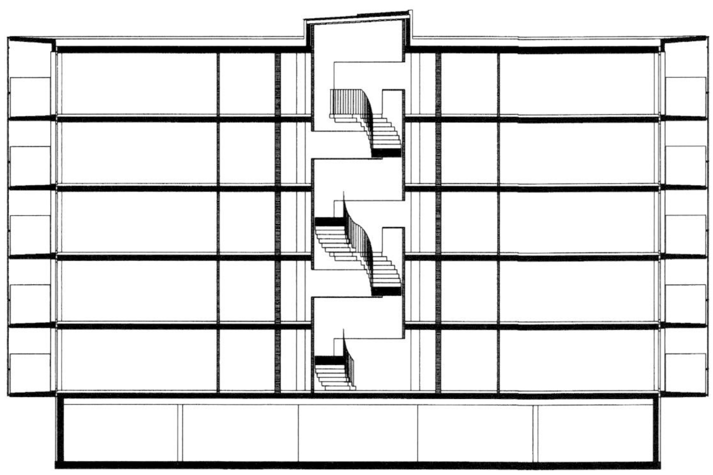

Schnitt | section

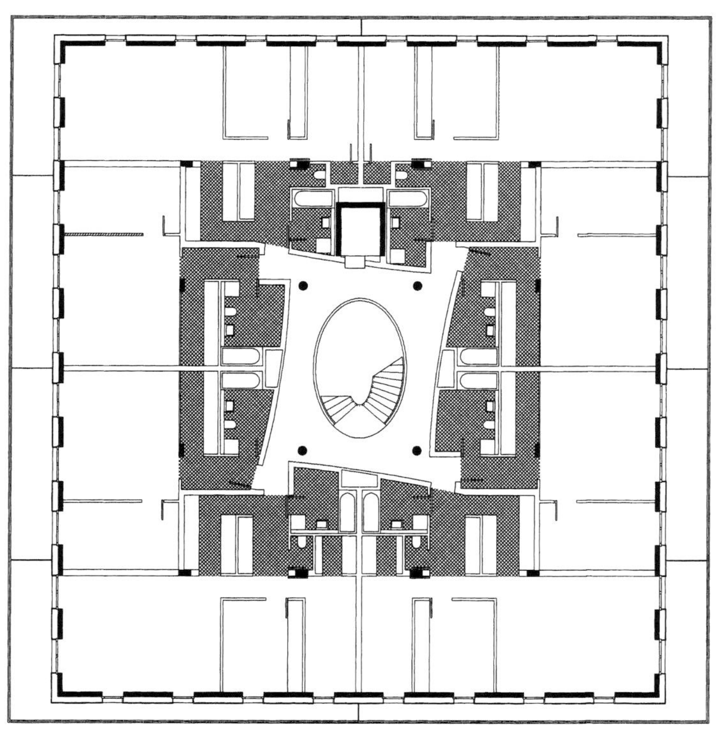

Regelgeschoß | standard floor plan

Südostansicht | south-east view

Das ist heute ein wichtiges Thema: der privatisierte Außenbereich, die Balkonzone. Am Mitterweg wird diese Qualität mitgeliefert und gleichzeitig eingesetzt, um das bekanntlich nicht unproblematische Verhältnis zwischen privat und öffentlich zu regulieren. Man kennt das ja: Balkone, die einfach wild genutzt werden, auf denen Dinge lagern, an die der Architekt nicht im Traum gedacht hat. Um den formalen Ausdruck dieser „wilden" Nutzung hintanzuhalten, wurde am Mitterweg eine sehr rigide, strenge Fassadengeometrie verwendet, die zwar alles erlaubt, was sich die Bewohner möglicherweise wünschen, die aber verhindert, daß diese „wilden" Wünsche zum formalen Ausdruck der Gebäude werden. Da kann sehr viel passieren, da können architektonische Tatbestände auch ganz leicht in ihr Gegenteil verkehrt werden. Am Mitterweg verhüllen die Eichenholzlatten der äußersten Schicht all das. Aber sie behindern es nicht.

Another important consideration today is that private outdoor space, the balcony area. At Mitterweg this is also included and executed in order to regulate the problematic relationship between the private and public zones. The problem is well-known: balconies that are disfigured by their owner's whim and are decorated with objects that the architects would never have even dreamt of. An extremely rigid and severe arrangement of the façade was chosen at Mitterweg in order to counteract the detrimental formal effect of these "wild" balconies, but which nevertheless allowed the residents to exploit their balconies as they wished. A wide range of exigencies can emerge here and architectural objectives can be subverted to become the opposite of what was originally intended. The outer layer of oak boarding at Mitterweg cloaks but does not suppress all of this.

Exkurs 1: Das Haus Kern
Excursus 1: The Kern House

Unser Büro hat im Lauf der letzten 15 Jahre unzählige Einfamilienhäuser entworfen und gebaut. Wollte man sie vorstellen, man müßte ein eigenes Buch damit füllen. Trotzdem sollen zumindest einige wenige Beispiele statementhaft erwähnt werden, auch um zu zeigen, welche Zusammenhänge es immer wieder gibt. Grundsätzlich muß man vielleicht eines sagen: Als Architekten ist uns natürlich seit langem bewußt, daß der Einfamilienhausbau heute generell problematisch ist, ganz besonders aber im Rheintal. Der Bodenverbrauch und in der Folge die Verhüttelung der Landschaft durch den Einfamilienhausbau sind enorm, ebenso sind es die Folgekosten für die öffentliche Hand, denn all diese Einfamilienhäuser brauchen von der Kanalisation bis zur Aufschließung das ganze breite Spektrum an kostspieliger Infrastruktur. Trotzdem gilt – nicht nur im Rheintal – als bei weitem bevorzugte Wohnform das Einfamilienhaus. Als Architekt kann man das nur zur Kenntnis nehmen. Hier lenkend einzugreifen und einer Entwicklung den Riegel vorzuschieben, die in größeren gesellschaftlichen Zusammenhängen gesehen eine Belastung darstellt, das wäre wohl in erster Linie Aufgabe der Verwaltung, des Gesetzgebers. In unserem Büro gehen wir mit Einfamilienhäusern aus diesen Gründen jedenfalls recht speziell um: Wir betrachten sie als Bauaufgaben, an denen sich im kleinen etwas ausprobieren läßt.

Our office has designed and erected numerous family dwellings over the course of the last 15 years. To present them adequately would mean a filling a book. Nevertheless, a number of important examples will be selected to give an impression of the interrelationships that crop up again and again. One could fundamentally say that as architects we have long been aware of the problematic nature of family dwellings, especially in the Valley of the Rhine. The demand for space and, as its corollary, the marring of the landscape with housing is now extreme; the same applies to the public cost, since all of these family dwellings need a wide spectrum of expensive infrastructure, ranging from sewerage disposal to power supply. Nevertheless, the single family house remains by far the most popular form of dwelling and not just in the Rhine Valley. Architects can only accept this state of affairs: it would largely be a task for the local authorities and the legislature to interfere and try and stop this trend, which has such detrimental effects when seen in a wider social context. We have developed very special ways of dealing with the single family house for this reason: we regard them as building assignments where innovation can be tried out on a smaller scale.

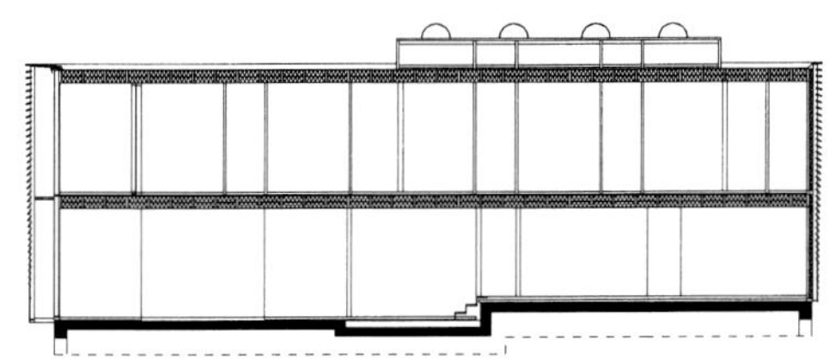

Schnitt I section

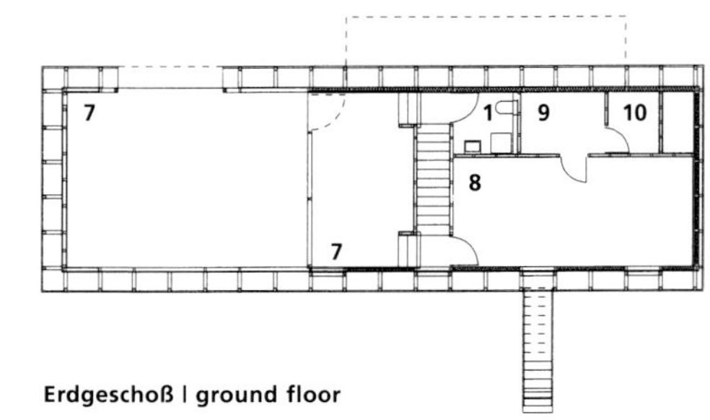

Erdgeschoß I ground floor

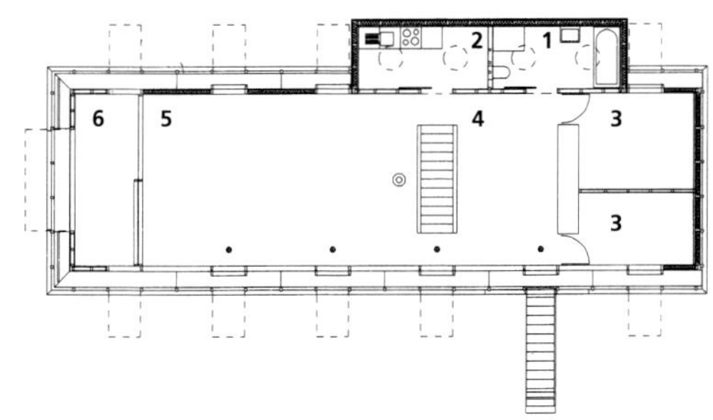

Obergeschoß I upper floor

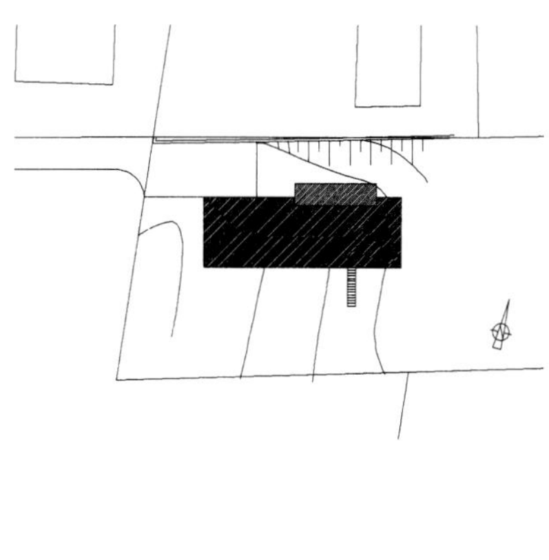

1 Bad/WC I bath/WC
2 Kochen I cooking area
3 Zimmer I room
4 Essen I dining area
5 Wohnen I living area
6 Terrasse I terrace
7 Garderobe I wardrobe
8 Arbeitsraum I work area
9 Technikraum I installations
10 Heizraum I heating

Südansicht | south view

Beim Haus Kern wurde mit einer spezifischen Fassadenlösung experimentiert. Die Gründe dafür sind zwar ganz anders gelagert als am Mitterweg, letztlich ging es aber auch darum, den Einblick zu verhindern, den Ausblick zuzulassen und gleichzeitig einen Sonnenschutz zu gewährleisten. Das Haus steht auf einem Grundstück mit wunderbarem Seeblick, der auch entsprechend inszeniert wurde. Es wurde für eine alleinstehende Mutter mit Kind geplant und hat ein sehr einfaches, aber brauchbares Konzept: Unten gibt es den Stellplatz für das Auto (der auch anders genutzt werden kann), es gibt Nebenräume, ein kleines Arbeitszimmer und ein zusätzliches Bad, so daß hier auch ein Gast einquartiert werden kann. Oben könnte man fast von einem ein-Raum-Konzept sprechen, nur die Schlafzimmer sind abgetrennt und Küche und Bad stecken in einem seitlich daranhängenden Kubus. Die entscheidende Raumfigur ist also sehr klar entwickelt, sie wird von keinerlei Nebenfunktionen überlagert. Das Haus ist als einfache (vorgefertigte) Glaskiste ausgebildet, der eine zweite Fassadenschicht aus Holzlamellen vorgeschaltet ist, die in der Erdgeschoßzone relativ dicht sind und sich nach oben durch ihre unterschiedliche Schrägstellung unmerklich öffnen. Der durchgehende Wohnraum drinnen ist dadurch sehr gut belichtet, der Ausblick in keiner Weise beeinträchtigt, aber die Intimität bleibt gewahrt. Und was sich zwischen den beiden Fassadenschichten abspielt, auch auf Grund ihrer unterschiedlichen Materialqualität, das ist schlichtweg spannend.

In the case of the Kern house, we experimented with a very individual layout for the façade. The reasons for this were quite different to Mitterweg, but in effect the final objective was to obscure the view from the outside into the house while facilitating the view out and at the same time providing protection from the sun. The site of the building has a wonderful lakeside view, which naturally featured prominently in the design. It was planned for a single mother and child and featured a very simple but versatile plan: a garage space (which could be used for other purposes) was located downstairs, together with ancillary rooms, a small study and an extra bathroom, which could accommodate a guest. Upstairs one could almost speak of an open-plan design, with only the bedrooms partitioned off, while kitchen and bathroom are contained in an cube attached at the side. Thus, the overall plan has been clearly articulated and is not obscured by any other supplementary functions. The house itself consists of a simple (prefabricated) glass box that is faced by a façade of wooden planking that is relatively closely spaced on the ground floor and that imperceptibly opens up further up by being tilted at different angles. Hence, the extensive living area is very well lit and the view is not at all obscured, but a sense of intimacy is preserved. And there is a very dramatic contrast between the two different layers forming the façade, not least because of the different materials used.

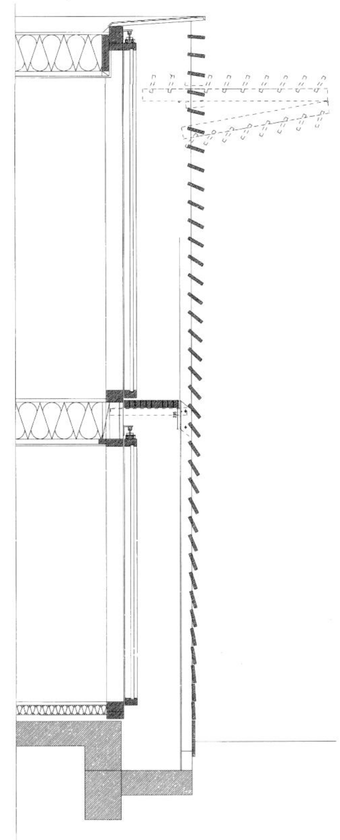

Fassadenschichtung | layering of façade

Südansicht | south view

Westansicht | west view

Zurück zum **Mitterweg**: Da wurde auch dem Erschließungskern verstärkte Aufmerksamkeit geschenkt. Bisher war es oft so, wenn es um sehr kompakte Typologien ging, daß der Umgang mit dem Stiegenhaus, mit der Bewegungsfläche in dieser halböffentlichen Zone sehr ökonomisch sein mußte. Das war hier schon auf Grund der Größenordnung nicht möglich. Es war nur möglich, die innere Zone qualitativ entscheidend aufzuwerten, dadurch konnte eine Atmosphäre geschaffen werden, die noch einmal den Übergang zwischen außen und innen, öffentlich und privat thematisiert. Es gibt in diesen Häusern eine Stiegenhaushalle, und von dieser Halle kommt man über kleine Nischen zu den einzelnen Wohnungstüren. Früher war ein großzügiges Entrée immer das Synonym für nobles Wohnen, für ein eher aufwendiges Wohnen. Wenn man diese halböffentliche Zone auf ein Minimum zurückschneidet, dann reduziert sich die Atmosphäre in einem solchen Wohnhaus sehr bald auf etwas, das im negativen Sinn typisch für sozialen Wohnbau ist.

Erschließung | access

But to return to **Mitterweg**: here, too, special attention was paid to the access and service core. Up till then the treatment of the stairwell with its flow areas and semi-public space had often to be extremely economical for very compact typologies. Here, however, that was not the case, because of the scale of the building. It was possible to improve the inner zone substantially and in so doing to create an atmosphere that marked the transition from the public to the private spheres. These houses contain a stairwell landing and each of the apartments can be accessed through doorways set in small niches. In the past an impressive entrance always signified high-class and even luxurious accommodation. If one cuts this semi-public zone back to a minimum, then the atmosphere in the house concerned is soon reduced to what has become synonymous with housing in the negative sense.

Am Mitterweg wurde ein inzwischen schon vielfach bewährtes Energiekonzept realisiert, das mit Wärmerückgewinnung und kontrollierter Gebäudelüftung funktioniert. Bei diesem System wird unter anderem die Wärme der verbrauchten Luft genutzt. Diese Wohnungen sind ja nicht sehr weitläufig, es wird also allein schon durch das Beleben der Wohnungen sehr viel Energie produziert, die normalerweise nach außen transportiert würde. Wenn die Lüftung nun nicht über die Fassade sondern mechanisch erfolgt, dann kann man der abgeführten Luft die Wärme entziehen und die frische Luft, die eingeblasen wird, ist bereits dadurch temperiert. Zusätzlich schließt dieses System aber auch Erdkollektoren ein, und die machen es möglich, daß auch die Erdwärme – es geht um acht bis zehn Grad –, die ja praktisch kostenlos zur Verfügung steht, genutzt wird. Man verwendet also die Erdwärme – sie dient im Sommer auch zur Kühlung –, und man verwendet zusätzlich die Wärme aus der Abluft. Und wenn es notwendig ist, dann wird diese Ausgangstemperatur durch konventionelle Energie aufgebessert, um jene Raumwärme zu schaffen, die der Bewohner tatsächlich haben möchte. Auf diese Weise lassen sich bis zu siebzig Prozent der Energiekosten sparen. Natürlich funktioniert das System in dem Ausmaß nur bei einem so kompakten Typ, es funktioniert nur, wenn dieser Typ noch dazu hoch isoliert ist. Und vor allem: Es funktioniert natürlich nur, wenn man dieses System richtig verwendet. In einer solchen Wohnung braucht eigentlich niemals ein Fenster geöffnet zu werden. Aber das muß man wollen. Der Vorteil ist, daß es jeder für sich entscheiden kann.

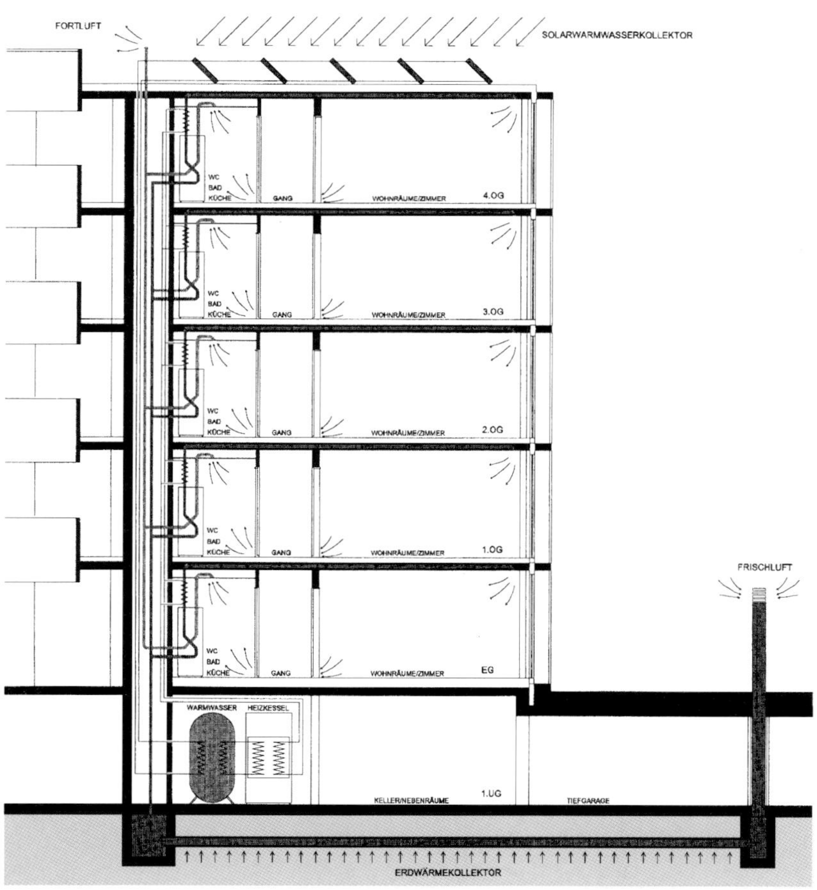

Haustechnikkonzept
Kontrollierte Wohnraumlüftung mit Wärmerückgewinnung.
Die Frischluft wird über einen Erdwärmekollektor vorgewärmt zu den dezentralen Lüftungsgeräten in den Wohnungen geführt; danach, falls erforderlich, über den zentralen Heizkessel nachgewärmt. Über in die Stahlbetondecke eingelegte Spiralfalzrohre gelangt die Zuluft zu den Deckenauslässen in den Wohnräumen/Zimmern. Die verbrauchte, schadstoffbelastete Luft wird in Küche, Bad und WC abgesaugt, die Wärme zu 80% im Wärmetauscher des Lüftungsgerätes an die frische Zuluft abgegeben und über Dach ausgeblasen.
Der Solarkollektor liefert ca. 70% des Warmwasserenergiebedarfs. Die notwendige Restenergie liefert der zentrale Heizkessel.

Mechanical Services Concept
Controlled ventilation of living spaces with heat recovery. Fresh air is pre-warmed by means of a ground warmth collector and led to ventilation appliances placed off-centre in the apartments. Then, if necessary, it can be heated further by the central boiler. The air supply is led via spiral piping in the reinforced concrete ceiling slab to ceiling outlets in the living rooms and other rooms. Stale, contaminated air in bathrooms, kitchens and WCs is extracted, up to 80% of the warmth it contains can be transferred to the fresh air supply by means of a heat exchanger incorporated in the ventilation appliances. The stale air is then expelled above roof level. The solar collector supplies approx. 70% of the warm energy requirements. The central boiler supplies the remaining energy required.

Garage I garage
(Kunst am Bau I artistic design: Peter Kogler)

We were able to realize an energy concept at Mitterweg that functioned on the basis of recycling heat and controlled ventilation and that we often copied since. This system exploits among other things the heat stored in used air. These apartments are not extremely large, ensuring that a great deal of energy is produced by the mere fact that they are lived in. Most of this would normally be dissipated outside. If however the ventilation is not regulated by the façade but by mechanical means, then the heat can be extracted from the collected air and used to help heat fresh air being blown in in its place. But the system also contains earth collectors that can harness the warmth of the earth – which is between eight and ten degrees and practically free of charge. In other words, this type of heat – it is also used for cooling in summer – is used and the heat extracted from the air. Whenever necessary, this basic heat is augmented by conventional energy sources so as to reach the room temperature that the residents actually want. Up to seventy per cent of the cost of energy can be saved in this manner. Naturally, the system functions in this ideal manner only in a building featuring a compact typology and only then when the building is thoroughly insulated – and, above all, it only functions effectively when the system is used properly. In effect, the window never has to be opened in this type of apartment. But the residents must be prepared to accept this. The positive effect is that it is possible for every one concerned to decide for themselves.

Foto | photo **Christof Lackner**

Hötting-West

Im Grund war der Mitterweg der Prototyp für eine größere Wohnanlage, die für denselben Bauträger und ebenfalls in Innsbruck realisiert wird. Das Projekt geht auf einen Wettbewerb zurück, den unser Büro gewonnen hat. Ein wesentlicher Unterschied zwischen den beiden Projekten liegt dabei in der städtebaulichen Dimension, die im Fall von Hötting-West einfach noch weit über das hinausgeht, was beim Mitterweg gefordert war. Das hat mit der großen Anzahl von Wohnungen zu tun, die hier verlangt wurden, es hat aber auch mit der Lage des Grundstückes am Stadtrand zu tun und mit seinem Bezug zu einem weiten Naturraum. Die vorgefundene Bebauung umfaßt so ziemlich alles, was in den letzten dreißig, vierzig Jahren an Städtebautheorie in Europa Gültigkeit hatte. Da gibt es diese ganze Bandbreite, von der Blockrandbebauung bis zur Hochhaussituation, und begrenzt wird dieses städtebauliche Patchwork vom Universitätsgelände, das mit seiner sechziger-Jahre-Architektur ja ebenfalls eine ganz spezielle städtebauliche Haltung zum Ausdruck bringt: Denn es besteht immer aus diesem zwei- bis dreigeschossigen Gebäudefuß, aus dem dann die Hochhäuser aufragen. Und dieses Areal formuliert den Rand des Gebietes.

Hötting-West Mitterweg was basically the prototype for a much larger residential complex which was commissioned by the same patron and also built in Innsbruck. The project was the outcome of a competition won by our firm. One important difference between the two projects was in their urban dimensions, which in the case of Hötting-West went far beyond the demands of Mitterweg. This had not only to do with the larger number of apartments that we needed here, but also with the situation at the edge of the city and the connection with the surrounding countryside. The existing buildings in the vicinity were made up of almost everything that was fashionable in European urban planning theory over the last thirty or forty years. It included the whole spectrum from terrace houses to high-rise developments. This urban patchwork is bordered by the university campus whose '60s architecture also articulates a quite specific attitude to urban planning, as it still consists of two to three story bases that are crowned by high-rise blocks. And this complex forms the border of the site.

Die städtebauliche Problemstellung war ziemlich eindeutig: Es ging darum, eine Bebauung zu wählen, die trotz einer sehr hohen Dichte Durchlässigkeit erlaubt. Die Massierung der Wohnungen in einem Baukörper, der zwangsläufig sehr groß geworden wäre, schied daher aus. Die Wahl fiel auf solitäre, sehr komprimierte Einzelbaukörper, die höhenmäßig gestaffelt sind und zueinander in einem präzis festgelegten Verhältnis stehen. Das heißt, die Distanz zwischen den Baukörpern hat etwas mit ihrer Höhe und der Lage auf dem Grundstück zu tun. Das war fast eine Art Spiel, zu untersuchen, wie sich das mit den Distanzen, dem notwendigen Abstand zwischen den Gebäuden, den Durchsichten, der Orientierung, der Besonnung und Beschattung, den Aussichtsmöglichkeiten optimieren läßt. Damit mußte man sich intensiv auseinandersetzen. Denn das sollte bei jedem Gebäude funktionieren, egal wo es sich auf dem Grundstück befindet, und in welchem Verhältnis es zu den anderen Gebäuden steht. Und das hat dazu geführt, daß sich die Durchlässigkeit der Bebauung verändert, je nachdem, wo man sich aufhält. Aber mit diesen kompakten Einzelhäusern ließ sich das sehr gut herstellen, obwohl es hier immerhin um eine Dichte von 1,2 geht.

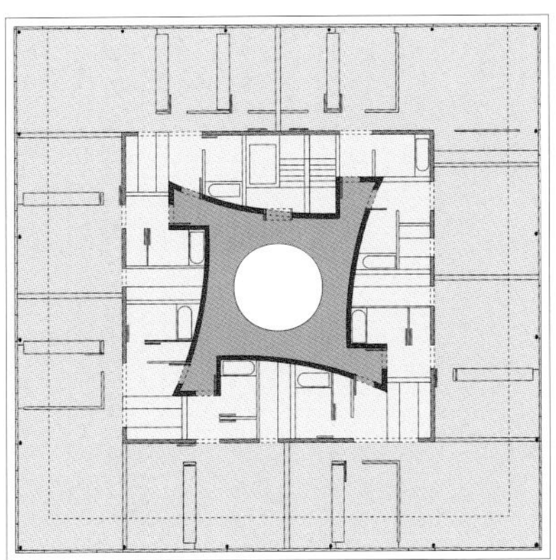
Grundriß Typ 1 | building type 1

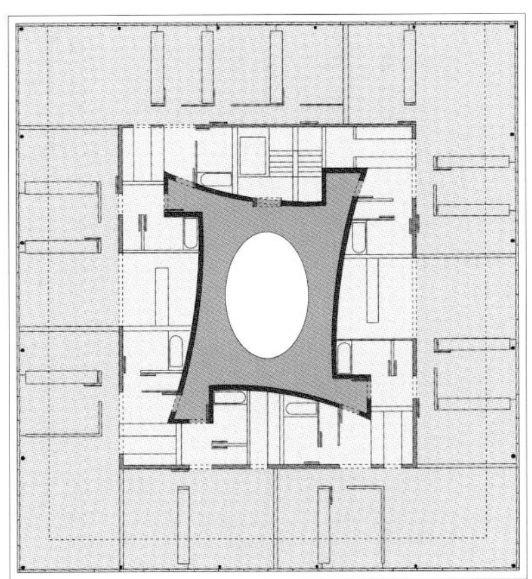
Grundriß Typ 2 | building type 2

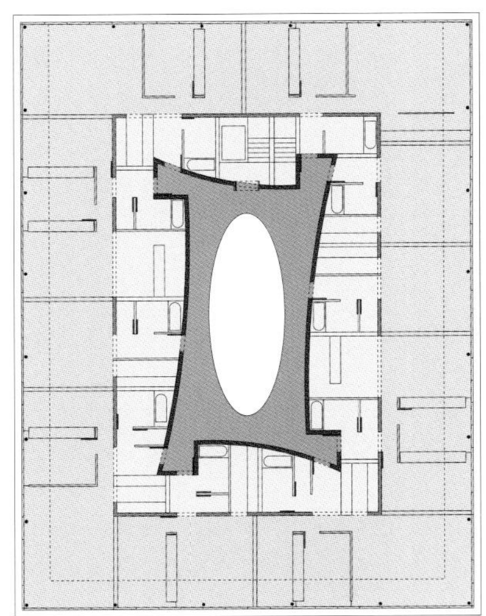
Grundriß Typ 4 | building type 4

In terms of urban planning, this assignment proved to be relatively straightforward: the problem was to allow for penetrability in spite of the high density of the buildings. The concentration of all the apartments in one building, which would of necessity have been extremely large, was ruled out from the beginning. Our choice fell upon free-standing, variegated building masses, that were stepped according to height and oriented to one another in a precisely worked out pattern. In other words, the distance between the buildings depended on their height and location on the site. It was almost a kind of game to find out how the distances, the necessary gaps, between the buildings could be used to optimise transparency, orientation, the effects of sunlight and shade, and the views. All of these had to be studied carefully, because they had to work for each and every building, irrespective of where it was located on the site and its relationship to the surrounding buildings. This also includes the fact that the transparency of building masses changes according to where you are within the complex. But all this could be achieved very well with the aid of compact individual buildings, although we are speaking of a density here of 1.2.

Erschließung | access

Der privatisierte Außenraum Ein Thema, das schon beim Mitterweg eine Rolle gespielt hat, das bei Hötting-West aber noch viel bewußter behandelt wurde, ist die Auseinandersetzung mit der Balkonzone. Man kann einfach nicht wegdiskutieren – und wir wissen es auch aus der Rückkoppelung mit den Bauherren beziehungsweise dem Verkauf –, daß es heute eine Tendenz zum privatisierten Außenraum gibt. Jeder will einen Balkon, eine Terrasse, einen kleinen ebenerdigen Gartenanteil. Der öffentliche Außenraum in solchen Wohnanlagen wird eigentlich nicht mehr bespielt, von dort werden die Aktivitäten abgezogen und in diese halböffentlichen Bereiche verlagert. Natürlich gibt es immer noch Kinderspielplätze, aber das öffentliche Grün hat nicht mehr die Bedeutung, die es früher einmal hatte, denn es reduziert sich mehr und mehr zur reinen Distanz zwischen den Baukörpern.
In Hötting-West wurde daher eine sehr eindeutig formulierte Balkonzone vorgeschlagen. Diese Zone ist durch Läden aus Kupfer vollständig abschließbar, das hat die Möglichkeit des individuellen Bespielens dieser äußersten Gebäudehaut zur Folge. Das hat aber auch mit der städtebaulichen Struktur zu tun: Die Baukörper sind zwar unterschiedlich hoch, die Dimensionierung der Grundfläche aller Häuser ist trotzdem gleich. Und doch soll die Wohnanlage kein monotones Bild vermitteln. Wenn nun jeder Bewohner die Möglichkeit hat, mit seinem Anteil an der Außenhaut etwas anzufangen, indem er die Läden schließt oder öffnet, dann verändert sich das Bild des Gebäudes ständig, und das ist eine Qualität, von der wir glauben, daß sie in einer so dichten Struktur wichtig und notwendig ist. Man kennt das von vielen Gebäuden aus den sechziger Jahren, wie eine sehr starre Fassadengeometrie – noch dazu wenn sie in großen Quantitäten auftritt – Monotonie erzeugt, die für das Wohlbefinden der Bewohner einfach kritisch ist. Wenn man hingegen die thermische Haut von der äußersten Gebäudehaut trennt, dann bietet sich wirklich die Möglichkeit, mit dieser äußersten Haut etwas zu machen. Und gerade im alpinen Raum ist der Laden dafür auch bestens geeignet, weil es in dieser doch schon extremeren Lage eine relativ hohe Beanspruchung durch Wind und Wetter gibt.

The Privatised Exterior A subject that already played a role at Mitterweg but that took on much more definite form at Hoetting-West was the treatment of balcony zones. You simply cannot deny that – and we know it from our intercourse with the patron and his sales people – that there is a trend today towards the privatised exterior space. Everyone wants a balcony, a terrace or, at ground floor level, a small garden or patio. The public exterior space no longer plays a major role and the activities that used to take place there are being transferred to this semi-public area. Of course, there are still children's playgrounds, but the public lawns no longer have the significance that they used to enjoy, as there are being relegated more and more to mere space between the buildings.
For this reason, a very prominent balcony zone was proposed for Hoetting-West. This zone can be completely closed off with the aid of copper shutters, which offers the opportunity of individually modifying the outer membrane of the building. But this also has something to do with the surrounding urban structure: although the buildings are of different heights, the actual dimensions of all the houses remain the same. Nevertheless, the complex tries to avoid producing an impression of uniformity and monotony. If every resident has the opportunity of adding their contribution to their particular part of this outer membrane of the building by opening or closing the shutters, the appearance of the building will change continually and this is an aspect that we feel to be important in such a densely built-up structure. It is clear from many '60s buildings that very rigid geometry in the façades – especially when they appear in large numbers – produce a monotony that is just detrimental to the well-being of the residents. However, if you divide the thermal skin from the outer skin of the building, this presents an opportunity of exploiting the latter. And shutters are predestined for this, especially in Alpine areas, as relatively high demands are made of them by wind and weather in these extreme situations.

Fassade | façade

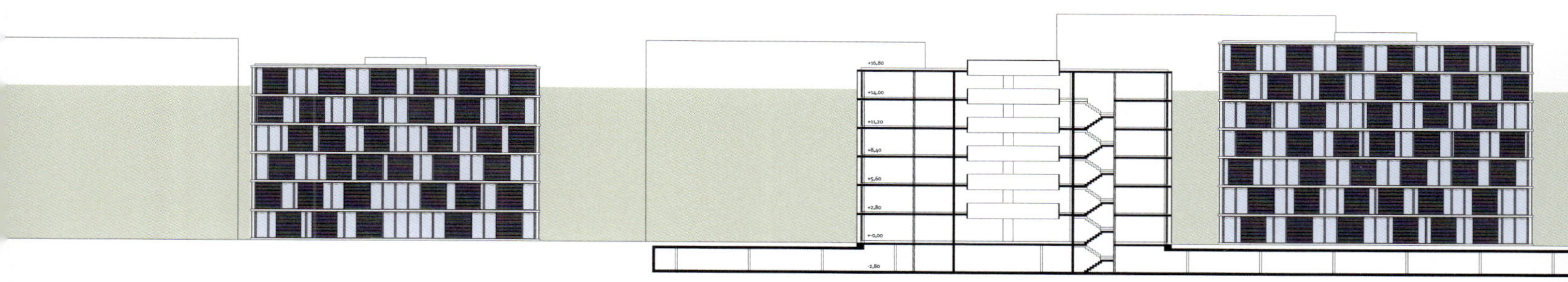

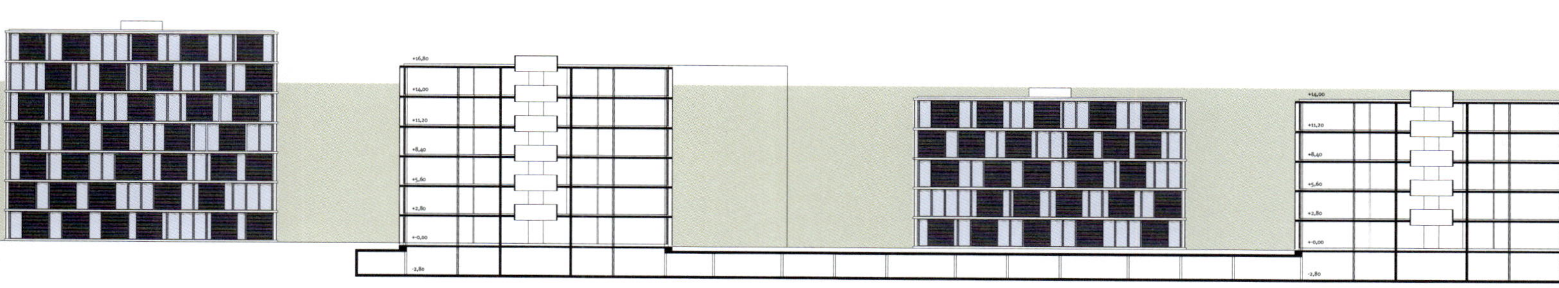

Fassadendetail | detail of façade

Ästhetik und/oder Nachhaltigkeit Es heißt oft, daß wir das Gegenteil von Künstlerarchitekten sind. Das hängt möglicherweise auch damit zusammen, daß unsere Projekte – die meisten jedenfalls – ökonomisch erfolgreich sind. Der Unterschied ist, daß es uns nicht nur – oder nicht in erster Linie nur – um ästhetische Fragen geht. Natürlich ist es auch eine formale Entscheidung, wenn beim Mitterweg die äußerste Gebäudeschicht als Eichenholz-Lattenrost ausgebildet ist oder wenn in Hötting-West die äußerste Gebäudehaut aus Kupferläden besteht. Außerdem sind beides nicht gerade billige Materialien, zumindest kurzfristig betrachtet. Längerfristig rechnen sich solche Lösungen hingegen schon, und das wissen auch die Bauträger, denn für die wird das Problem der Nachhaltigkeit zu einem immer wichtigeren Kriterium. Gerade im sozialen Wohnbau gibt es einfach das große Problem, daß sich die Mieter für das, was sich an der Grenze zwischen privat und öffentlich abspielt, nicht wirklich zuständig fühlen. Sie fühlen sich nicht verantwortlich. Empfindliche Materialien, die der Pflege bedürfen, eignen sich da nicht. Aber es ging nicht nur um die Nachhaltigkeit dieser Fassadenlösung. Es war auch eine formales Problem. Es ging darum, einen Anknüpfungspunkt zu finden, der die neuen Wohnbauten mit der Umgebung in einer gewissen Weise verklammert. Deswegen die Entscheidung für eine Holzfassade, aber nicht für eine traditionelle, sondern eine, die das Material transformiert, die es viel abstrakter einsetzt. Ganz ähnlich ist es bei Hötting-West. Natürlich sind Kupferläden ein edles Material, aber darin liegt auch ihre Qualität. Denn sie brauchen keine Pflege, man kann sie dem Wetter aussetzen, man muß sie nicht streichen. Und zusätzlich bringt die Farbigkeit des Materials etwas für den formalen Ausdruck der Gebäude. Es wird nie der Fall sein, aber wenn man sich vorstellt, alle Läden eines solchen Hauses sind zu, dann wird das zum reinen Kupferblock. Die Läden schließen komplett ab, die Häuser sind mit einer homogenen Kupferhaut überzogen. Und in diesem gedachten Fall wäre dieser Kubus auch größer, er hätte mehr Volumen. Wenn die Läden hingegen geöffnet sind, vermittelt sich das Bild von einer Art Grill, einem sehr transparenten Grill, hinter dem die thermische Fassade liegt, und die ist das, was den Baukörper

Aesthetics and/or Permanence It is often said that we are just the opposite of "arty" architects. That might have to do with the fact that our projects – or most of them, at least – are a success in economic terms. The difference is that not just this question is involved or is not in the foreground. Of course, the decision to use a grid of oak planks or copper shutters for the outer membrane of a building as was the case in Mitterweg and Hoetting-West, respectively, is also a formal one. Apart from this, both materials are not exactly cheap, at least seen in the short term. In the long term, however, such solutions do pay off and our patrons are aware of this, because for them the question of longevity is of great importance. The major problem that tenants, especially those in council housing, do not generally feel personally responsible for the transition area between their own private sphere and the public sphere. They just don't feel responsible. Delicate materials that need maintenance are not suitable. But the problem is not just the longevity of this solution for the façade. There is also the question of finding a connection between new residential buildings and the area so that these can compliment one another to a certain extent. This prompted the decision to adopt a wooden façade: not a slavishly traditional one, but one that transforms the material, that uses it in a much more abstract way.

Hoetting-West is a very similar case. Naturally, copper shutters are made from a valuable material, but that is their defining quality. They do not need any maintenance, they can be exposed to the weather, they don't have to be painted. And on top of that, the color of this material contributes to the formal articulation of the façade. Although the situation will probably never arise, if one imagined that all the shutters of one of these building were down, it would look like a copper cube. The shutters can close completely and the buildings are sheathed in a homogenous cupric material. And in this imaginary case the cube would be larger, it would have more volume. When the shutters are open one has the impression of a sort of grill, a very transparent grid covering the thermal façade and that is what

formuliert. Es gibt diese vorgesetzten Fertigteilbalkone plus den im rechten Winkel zur thermischen Fassade stehenden Läden, und das ist das Bild, das man in wechselnder Konfiguration sehen wird. Das Licht- und Schattenspiel der Fertigteile und der Läden wird diese Fassade sehr weitgehend auflösen, gleichzeitig spielt es aber auch eine Rolle, ob zum Beispiel eine Ecke zu ist oder offen, denn das ist eine ganz entscheidende – architektonische – Situation. Bei einer so dichten Wohnbebauung ist das ein wichtiger Aspekt.

Es gibt auch andere Beispiele, bei denen Entscheidungen getroffen wurden, die das Resultat einer ausführlichen Diskussion über formale Probleme waren – andererseits: Eine ausschließlich formale Begründung allein hätte uns nie genügt, um eine Lösung tatsächlich umzusetzen. Solche Entscheidungen sind gewissermaßen immer „mehrfach codiert", sie sind stets auch funktionell, ökonomisch, ökologisch oder wie auch immer gerechtfertigt. In **Nüziders** zum Beispiel hat unser Büro eine kleine Wohnanlage gebaut – es handelt sich wieder um zwei Baukörper –, bei der es eine geschindelte Fassade gibt. Die erklärt sich inhaltlich zunächst einmal aus der speziellen Situation: Nüziders ist gewissermaßen ein Vorort von Bludenz, aber es ist ein Ort mit unglaublich spektakulären Fernbezügen, mit einer Aussichtsqualität auf die Berge, die ihresgleichen sucht. Nun sind in Vorarlberg Schindeln ein sehr traditionelles Material, von der zeitgenössischen Architektur muß es erst wieder entdeckt werden. Man könnte aber sagen: Aus formalen Gründen wurde der Dialog mit der Umgebung aufgenommen, und das hat dazu geführt, daß diese beiden Wohnhäuser eine aktuell transformierte Variante dieser traditionellen Schindelfassade erhalten haben. Darüber hinaus gibt es aber auch andere Gründe. Wiederum: Kurzfristig betrachtet, sind die Schindeln verhältnismäßig teuer, langfristig hat diese Fassade aber eine hohe Nachhaltigkeit. Und sie verhält sich im Alterungsprozeß einfach anständig. Wenn sie zehn Jahre alt und verwittert ist, wird niemand auf die Idee kommen, sie für schäbig oder heruntergekommen oder technisch fragwürdig zu halten. Sie hat dann Patina, aber diese Patina edelt das Gebäude eher, als daß sie es schlecht macht.

sets off the building. There are these continuous prefabricated balconies, together with the shutters which are at right angles to the thermal façade and that is the image that one is confronted with in changing constellations. The play of light and shade on the prefabricated parts and the shutters greatly enliven the façade, while at the same time the question whether for instance a corner is open or closed plays a role because that is a decisive – and architectural – situation. That is an important aspect in a densely built-up residential complex.

There are other examples where decisions were reached that were the outcome of prolonged discussion of formal problems. On the other hand, purely formal thinking would never have convinced us to actually implement a design. Such decisions are to a certain extent "multi-faceted": they are always prompted by functional, economic, ecological and other considerations. For instance, our firm built a small residential complex consisting once more of two blocks with shingle façades in **Nüziders**. This can be explained contextually by its specific location: Nueziders is more or less a suburb of Bludenz, but it is characterized by splendid vistas, with incomparable views of the mountains. Now shingles happen to be a very traditional building material in Vorarlberg that is slowly being rediscovered by contemporary architecture. One could even say that the dialogue with the surroundings was taken up on formal grounds and that led to the adoption of a contemporary version of the traditional shingle façades for the two new residential buildings. But apart from that, there are also other reasons. Or in other words, seen in the short term, shingles are relatively dear, but in the long term they give the façade considerable longevity. And they simply behave themselves as they age. When they are ten years old and weathered, no one would dream of regarding them as shabby or technically dubious. They acquire a patina, but this patina enhances the building rather than detracts from it.

Das Beispiel Nüziders

Nüziders

Ansicht straßenseitig | view from street

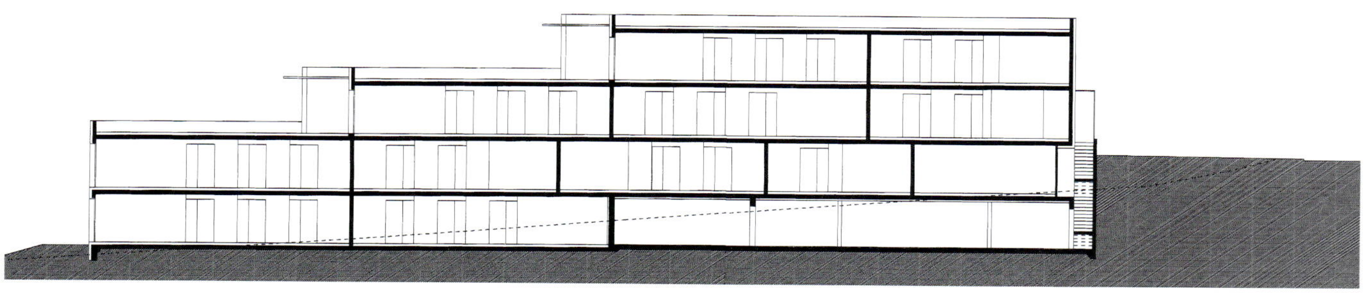

Schnitt | section

Südansicht | south view

Wintergärten | conservatories

Westansicht | west view

Im Fall dieser beiden Wohnhäuser fiel die Entscheidung zugunsten einer Typologie, die sehr spezifisch auf den Ort eingeht. Hier handelt es sich also nicht um eine der kompakten, komprimierten Typologien, die wir so oft einsetzen, hier handelt es sich um Häuser, die stärker über die Fläche organisiert sind. Das ist einerseits durch die besondere Qualität des Ortes begründet, durch die Fernbezüge, den Blick auf die Berge. Es hat andererseits mit der Zielgruppe zu tun, für die diese private Wohnanlage gebaut wurde. Es war gedacht für Leute, die eher zum wohlhabenden Mittelstand gehören, daher waren Terrassen und kleine Gärten, zumindest aber Wintergärten ein Thema. Diese Forderung haben der Bauherr und wir gemeinsam formuliert, sie hat die Architektur massiv beeinflußt.
Die Rahmenbedingungen waren allerdings zwiespältig: Denn Nüziders kann man durch die Zersiedelung, die es hier überall gibt, als eigene Ortschaft heute fast nicht mehr erkennen. Und mitten drin in dieser zersiedelten Umgebung, vielleicht 500 Meter vom alten Ortszentrum entfernt, liegt also dieses Grundstück mit seiner außerordentlichen Aussichtsqualität, aber auch seinem sehr eigenartigen Zuschnitt. Die Stellung der Baukörper zueinander, ebenso die gewählte architektonische Sprache, die sind eine Reaktion auf diese spezifische Situation. Denn natürlich geht es hier schon um alpines Bauen. Und das wiederum hat etwas mit Oberflächen zu tun. Deswegen fiel die Entscheidung zugunsten einer geschindelten Fassade. Alle Einfamilienhäuser im unmittelbaren Umfeld haben irgendwelche Holzelemente, angefangen bei den Fensterläden über Fassadenteile bis hin zu kompletten Holzfassaden. Trotzdem ist es immer eine Gratwanderung, wenn man versucht, einen solchen Dialog aufzunehmen. Es soll ja keine Anbiederung an den ohnehin meist sehr fragwürdigen Bestand der Umgebung sein, ebenso wäre ein krasser Kontrapunkt an dieser Stelle sicher falsch. Das Gespräch wird daher nur vorsichtig aufgenommen und mit sehr abstrahierten Mitteln. Deswegen sind auch die Baukörper so streng formuliert und haben – im Gegensatz zu den Einfamilienhäusern rundherum – ein Flachdach. In Nüziders wurden verschiedene Themen aus der Umgebung aufgenommen: Die Erker zum Beispiel kommen hier häufig vor, ebenso die Außenstiegen. Alle

In the case of these two residential buildings we again decided in favour of a typology that specifically addresses the environmental conditions. It is not one of the compact, compressed typologies we so frequently applied, these are buildings primarily organised spatially. On the one hand this is due to the special quality of the site, its interaction with distance, the view of the mountains. On the other hand, it has to do with the target group for this private housing complex. It was meant for clients of the well-to-do middle class, consequently terraces and small gardens, at the very least conservatories, were an issue. Together with the building contractor we addressed those issues which then massively influenced the architecture.
The parameters of the site were, however, conflicting: the spread out building developments in the area make it almost impossible to distinguish Nüziders as a separate community. And in the middle of it all, perhaps some 500 meters from the old town centre, there is this property with its extraordinarily fine view, but also a very curious topology. The way the buildings interface as well as the chosen architectural language reflect these specific conditions. It is almost an alpine architecture, particularly with regard to surface. We therefore decided in favour of a shingled façade. All the one-family homes in the surrounding area display some wooden elements, from shutters and façade sections to entire timber fronts. It is always touch-and-go, of course, to try and take up such a dialogue. There can be no question of blending into the questionable structures of the area, but a crass contrast would also seem inappropriate here. The dialogue was therefore taken up in a very gingerly fashion and by very abstract means. Thus the buildings are strictly defined and have – in contrast to the surrounding family homes – flat roofs. Several themes of the surroundings have been adopted for Nüziders: alcoves, for instance, are a frequent feature, as are outside staircases. All these elements were condensed by the choice of material and by their formal configuration and were adapted to contemporary concepts. And the buildings were to conduct this dialogue in a restrained manner.

diese Elemente wurden durch die Materialwahl, durch die formale Ausbildung abstrahiert, sie wurden zeitgenössisch übersetzt. Die Häuser sollten diesen angestrebten Dialog zurückhaltend führen, nicht irgendwie vordergründig.
Das Grundstück in Nüziders ist durch die Form der Baukörper ziemlich dicht bebaut, und es ist dicht genutzt. Das schafft man normalerweise über die Geschossigkeit. In Nüziders ist die Geschoßzahl trotzdem gering – es handelt sich um zwei beziehungsweise drei Geschosse –, Dichte bedeutete also Flächenverbrauch. Das wird aber durch die Stellung der Baukörper, auch durch diese Terrassen und Wintergärten sehr gut wieder aufgefangen. Und im zweiten, kleineren Baukörper gibt es ja zusätzlich eine eingeschobene, lärchenholzverschalte Loggia. Man muß sich vor Augen halten, daß die Leute, die hier wohnen, nicht ausschließlich nur vom Einfamilienhaus träumen, daß es ihnen teilweise gar nicht so sehr darum geht, ein Stück Grünfläche vor der Haustür zu haben, in das sie hinaustreten können, das ihnen gehört. Da gibt es schon auch gewisse Bilder des städtischen Wohnens in den Köpfen der Leute, die genießen es, eine pflegeleichte Terrasse zu haben und über die Einfamilienhäuser hinwegzusehen. Grundsätzlich muß man aber sagen, es sind relativ konventionelle Gebäude. Sie sind hoch isoliert, die Gläser haben einen sehr guten K-Wert, in der Hinsicht bieten die Häuser ein Maximum. Und die Wohnungen sind so organisiert, daß es an der Nordseite, das ist die Seite mit den Zugängen, eine schmale, rückgratartige Schicht gibt, die Küche, Eßplatz, Bad und WC beinhaltet, dann kommt die Gangzone und an der Südseite die Zimmerschicht. Wobei die Zimmerschicht so angelegt ist, daß jeder selbst regulieren kann, wieviele Zimmer er haben will.
Nachdem das Eigentumswohnungen sind, ist es allerdings so, daß nicht alle Bewohner unsere Grundrißorganisation akzeptiert haben. Es gibt durchaus auch welche, die das System durchbrochen haben, die zum Beispiel die Küche an die Südseite gelegt haben. Und im Erdgeschoß ist es so, daß manche aus dem überdeckten Sitzplatz – also einem kalten Raum – einen warmen Raum gemacht haben. Das ist übrigens kurios: Denn denen geht jetzt der überdachte Sitzplatz ab. Aber das sind Dinge, die es auf dem freien Wohnungsmarkt einfach gibt, man kann sie nicht beeinflussen.

The property in Nüziders is rather densely built up, due to the shape of the buildings, and it is densely utilized. Normally this is achieved by additional floors. The number of floors of the Nüziders project is low – there are just two or three stories – so that density was realized by floor area. However, this has been compensated by the positioning of the building units as well as by the terraces and conservatories. In the second, smaller building there is also a loggia with larch paneling. One has to keep in mind that the people who live here do not all dream about the one-family home, about the patch of green at their front door they can step out on and that is their own. Many of them like the idea of urban living with an easily maintained terrace and a view over the neighbouring family homes. Basically these buildings are relatively conventional. They are very well insulated: the glass panes give excellent thermal insulation and offer maximum quality in this regard. The apartments are laid out in such a way that the north side, the side with the entrances, forms the service core, containing kitchen, dining area, bathroom and WC, then follows the hallway and at the south side the main rooms. This zone is designed to enable each inhabitant to decide individually how many rooms he would like to have.
All apartments are individually owned, so occasionally owners do not accept the floor plan we designed. Some like to have the kitchen at the south side or prefer to turn the roofed sitting area on the ground floor level – a "cold" room – into a "warm room". This is curious because they then have to make do without such a facility. These things do happen on the free housing market and cannot be controlled.
Nüziders is a good example of all the possibilities private residential buildings offer. In Vorarlberg there is the subsidized housing sector, providing accommodation for people deemed in need of assistance and there is the private housing industry. Anyone can buy into the private sector, although some public funding might be available here too by way of a personal subsidy. The framework of the private building industry, including its economic

Nüziders ist ein gutes Beispiel dafür, welche Möglichkeiten der private Wohnbau eröffnet. In Vorarlberg gibt es den sozialen Wohnbau, der durchgängig gefördert ist, weil jede Wohnung von vornherein nur einem förderungswürdigen Bewohner zur Verfügung steht, und es gibt den privaten Wohnbau. Im privaten Wohnbau kann sich jeder einkaufen, es kann aber auch sein, daß es über die Subjektförderung eben doch auch aus öffentlichen Mitteln unterstützte Bewohner gibt. Auf jeden Fall sind die Rahmenbedingungen, auch die ökonomischen Vorgaben im privaten Wohnbau nicht ganz so rigoros wie im sozialen. Der Bauherr untersucht die Wirtschaftlichkeit eines solchen Objekts schon im Vorfeld der Planung ganz genau, er analysiert den Markt, und er legt in der Folge fest, welche Art von Wohnung in der jeweiligen Situation erfolgreich sein kann und wie teuer sie sein darf. Da werden bestimmte Qualitäten genau fixiert: also zum Beispiel Terrassen, Aussicht oder Oberflächenqualitäten, da geht es sogar schon ins formal-architektonische hinein. Es gibt ganz klare Richtlinien und Limits, die aber nicht so eng sind, daß man gegebenenfalls nicht auch weniger ökonomische Typologien verwenden könnte.
Es läßt sich zwar schwer verallgemeinern, welche Typologie unter welchen Umständen die richtige ist, trotzdem muß man einfach einräumen: Der solitäre, kompakte Baukörper reagiert in sich ziemlich abgeschlossen. Es ist schwierig mit dieser Typologie einen Dialog mit dem Umfeld herzustellen. Sobald man andererseits große Einschnitte oder andere formale Eingriffe am kompakten Baukörper vornimmt, ist es mit seiner Kompaktheit – und damit dem entscheidenden Vorteil dieses Typs, seiner Ökonomie – vorbei. An Nüziders sieht man, wie stark es vom Ort, von der präzisen Vorstellung des Ortes abhängt, welchen Typ man schließlich wählt. Das hängt von den ökonomischen und den ökologischen Rahmenbedingungen ab, es hat aber auch mit dem Umfeld zu tun. In Nüziders gibt es keine Anknüpfungspunkte für kompakte Baukörper, hier geht es eher darum, den Ort selbst noch einmal zu formulieren, durch die Stellung der Baukörper zueinander und zur Umgebung. Natürlich beansprucht diese über die Fläche organisierte und auch ein wenig skulptural durchgebildete Typologie relativ viel Boden. Man muß mit dem verbleibenden Rest an nicht bebauter Fläche daher sehr bewußt umgehen, um räumlich einen qualitativen Mehrwert zu erreichen.

targets, are, in any case, not nearly as rigid as that of subsidized housing. The contractor examines the economics of such a structure before planning begins, analyses the market, and then decides which type of apartment could be successful in any given location and how expensive it can be. Certain qualities will be precisely defined: such as, for instance, terraces, view or surface, even aspects of the architectural design. There will be clear guidelines and limits, but flexible enough to adopt, if necessary, less economical typologies.
It is hard to say which typology will be right under any given circumstance, but in general it seems that the solitary, compact structure seems rather isolated and closed in on itself. The difficulty here is to open up a dialogue with the environment. Yet, major alterations and other formal modifications to a compact structure would soon upset its compactness – and with it the crucial advantage of this type, its cost-effectiveness. Nüziders shows that it largely depends on the environment and precise knowledge of the site when finally selecting a type. It depends on the economic and ecological conditions, but also on the environment. There are no points of contact for compact structures in Nüziders, here one has to redefine the place itself by the position of the buildings and how they interact with each other and with their surroundings. Obviously, this area oriented and somewhat sculptural typology requires a relatively extensive space. The remaining open up space has to be used in a responsible way to enhance the whole.

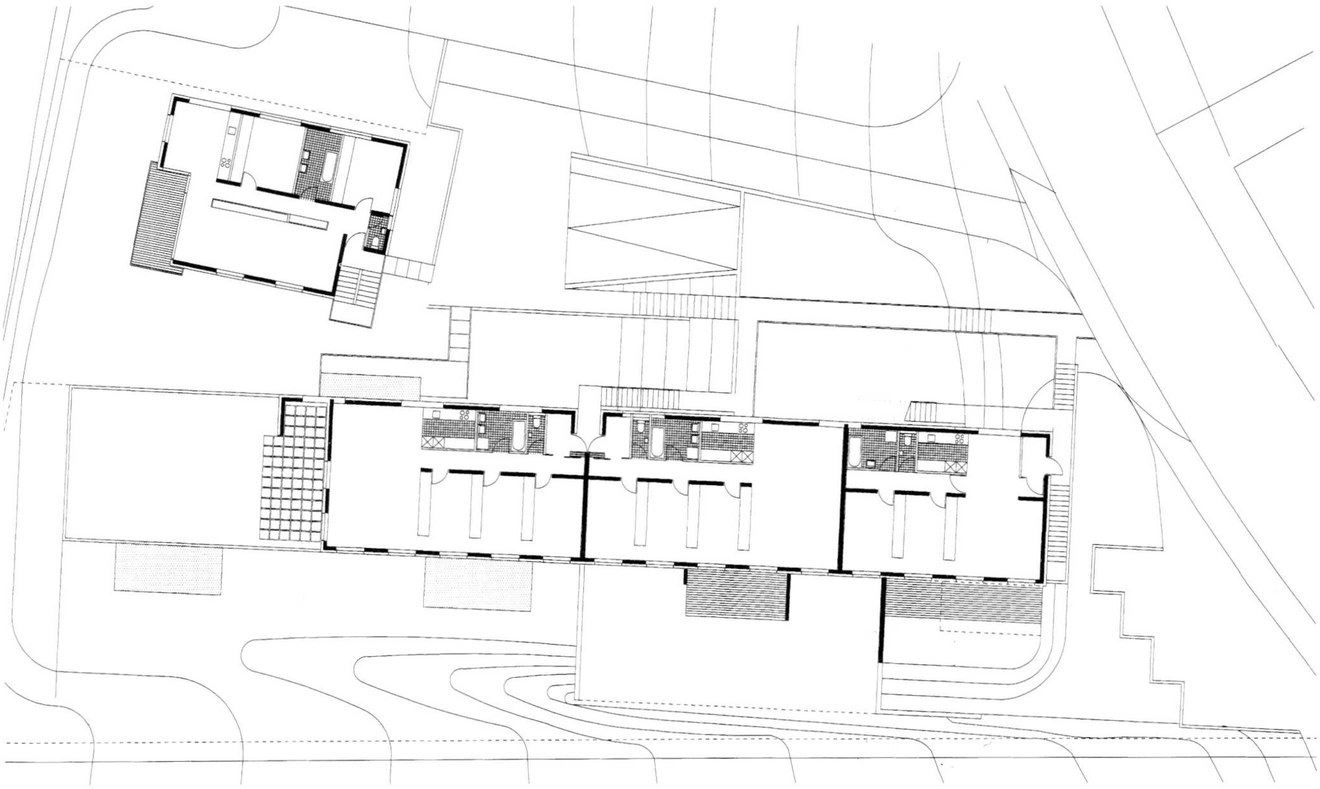

2. Obergeschoß | 2nd floor

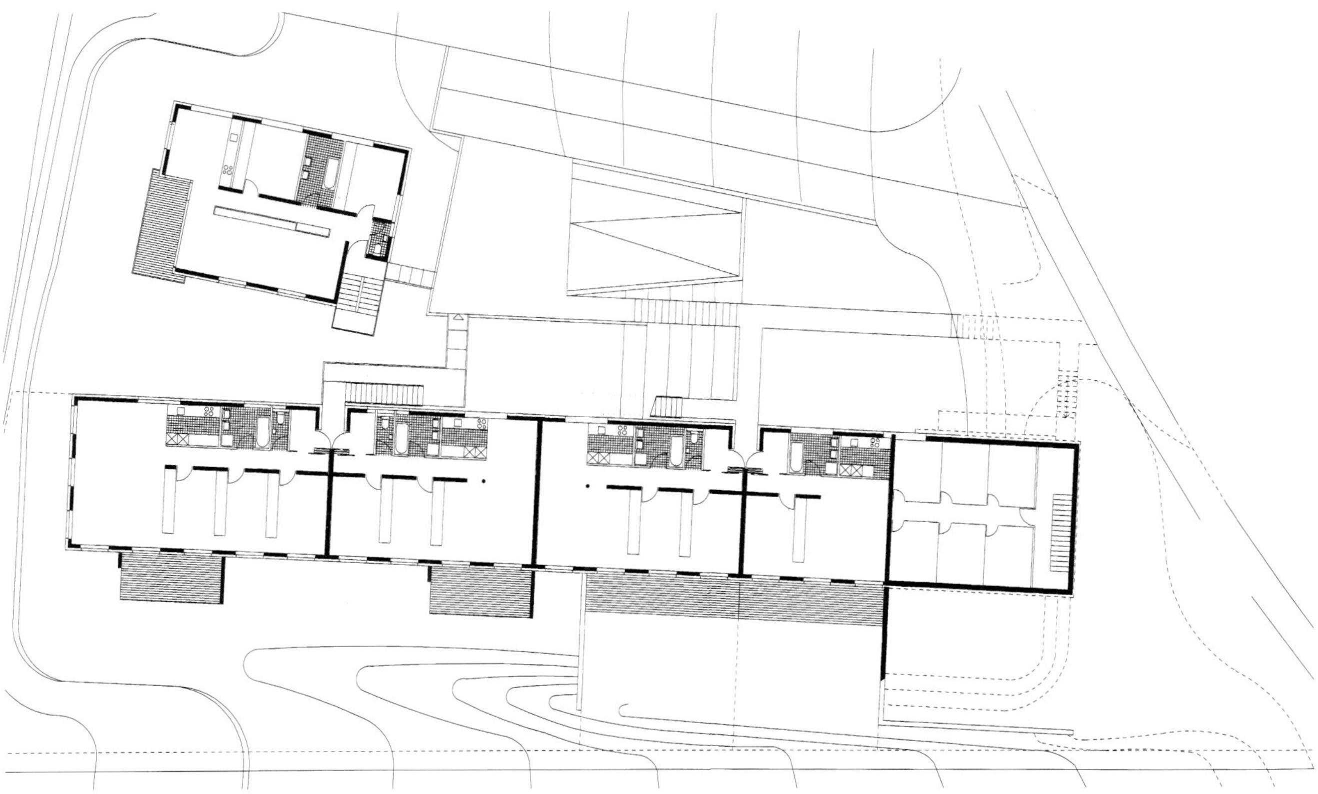

1. Obergeschoß | 1st floor

Ostansicht | east view

Westansicht | west view

Das Beispiel Eulentobel
Eulentobel

Man könnte von einem Vorläufermodell von Nüziders sprechen. Bei allen diesen Wohnbauten – und da gehören auch Mildenberg und Lochau-Süd dazu – geht es um ganz spezielle Situationen, gewissermaßen um Inselgrundstücke. Das heißt, rundherum gibt es praktisch nichts, an das man sich anhalten könnte, aber es gibt die Lage, den Ausblick, den Fernbezug. Insofern kann sich die intensive Beschäftigung mit dem Ort nicht auf Modelle wie terrassierte Gebäude etc. berufen, weil ein solcher Bestand nicht existiert. Die nähere Umgebung ist oft durch Einfamilienhäuser charakterisiert. Im Fall von Eulentobel handelt es sich wiederum um zwei Baukörper. Das langgestreckte Grundstück liegt auf einem Osthang, am höchsten Punkt steht ein mächtiger Baum, der erhalten wurde. Nach unten zu wird das Grundstück schmäler. Die schlichten Baukörper sind entsprechend dem Hangverlauf gestaffelt, die flachen Dächer werden als Terrassen genutzt. Die Anlage umfaßt zehn Wohnungen, fünf davon Maisonetten. Jede dieser Wohnungen verfügt entweder über einen eigenen Garten oder über eine Terrasse, von der man einen prachtvollen Ausblick über das Rheintal hat. Die Baukörper sind in Ziegelmauerwerk errichtet, dem eine hinterlüftete Lärchenholzfassade in Stülpschalung vorgeblendet ist. Das obere der beiden Häuser weist eine formale Besonderheit auf: Die Zugänge sind durch tunnelartige Kuben artikuliert, die sich aus dem Gebäude herausschieben und außen mit Titanzinkblech, innen mit Seekiefer verkleidet sind. Maßstäblich, aber auch durch die Wahl des Fassadenmaterials fügen sich die beiden Baukörper relativ unauffällig in ihre Umgebung ein. Vor allem die strenge Geometrie der Baukörperformulierung schafft andererseits Distanz gegenüber der Bebauung des Umfeldes.

One could call this a forerunner of the Nüziders project. All these residential complexes – including Mildenberg and Lochau-Süd – have one thing in common: a very special location, they are all "island" properties. There is practically nothing around them, nothing in any way tangible, but there is the setting, the view, the interaction with distance. The intensive study of the site therefore bears no relation to models such as terraced buildings etc. because none exist here. The immediate surroundings are largely characterized by one-family homes. In the case of Eulentobel there are again two separate structures. The elongated property lies on an eastern slope with a huge tree (that was left standing) at its highest point. On the downward plane it narrows gradually. The sleek structures are placed on different levels, following the surface of the slope with their flat roofs serving as terraces. The complex consists of ten apartments, five being maisonettes. Each has either a garden or a terrace with a splendid view of the Rhine Valley. The buildings are brick structures with a ventilated larch wood façade in crisscross pattern. The upper building has a special design detail: the entrances are articulated by tunnel-like cubes that protrude from the building and are covered by titanium-zinc tin on the outside and pine on the inside. The dimensions of both buildings, as well as the choice of material for the façade, blend unobtrusively into their natural surroundings. Their strict geometric form, on the other hand, creates a certain distance to the surrounding developed area.

Haus 2 Westen | house 2 west

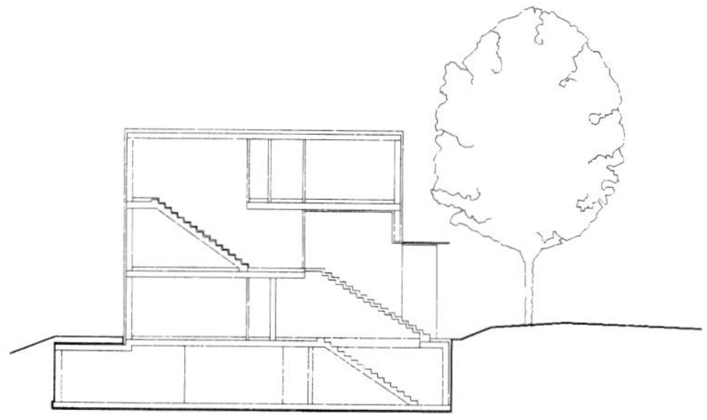

Querschnitt | cross section

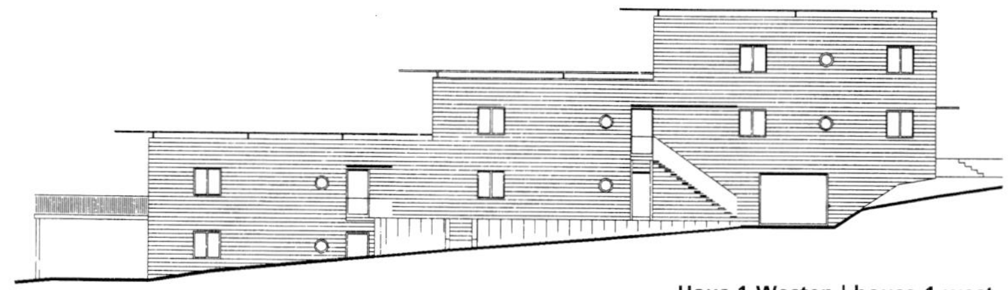

Haus 1 Westen | house 1 west

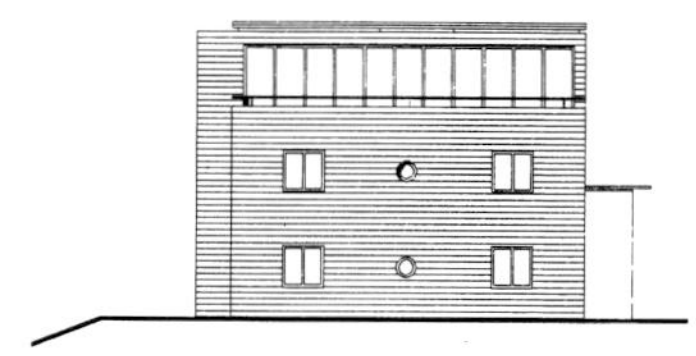

Haus 2 Süden | house 2 south

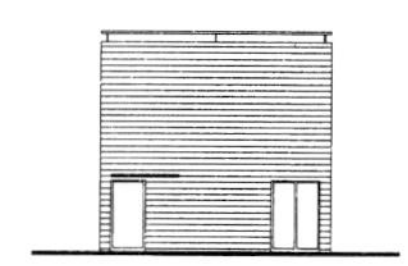

Haus 1 Norden | house 1 north

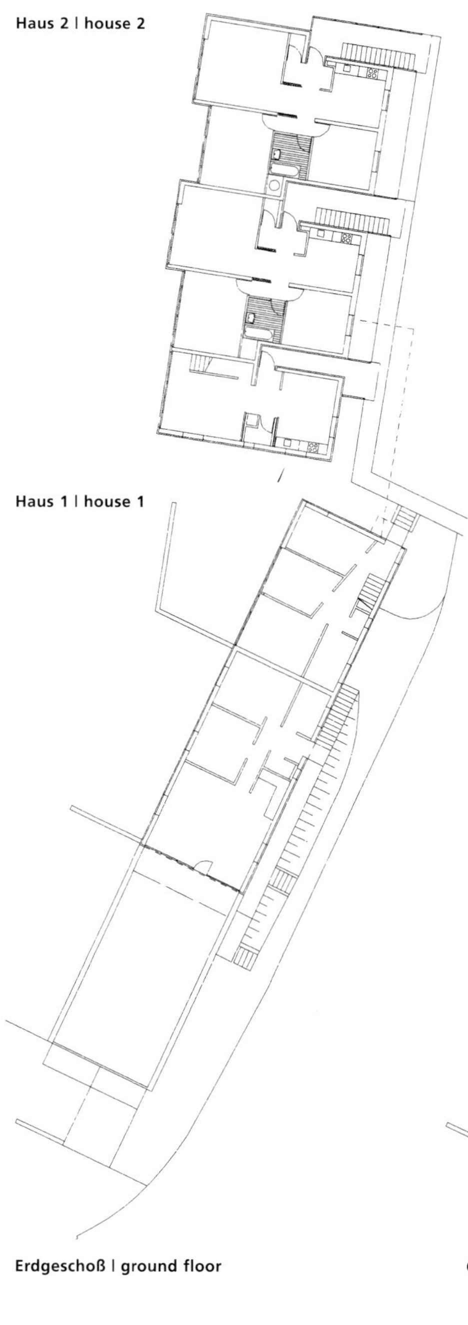

Erdgeschoß | ground floor

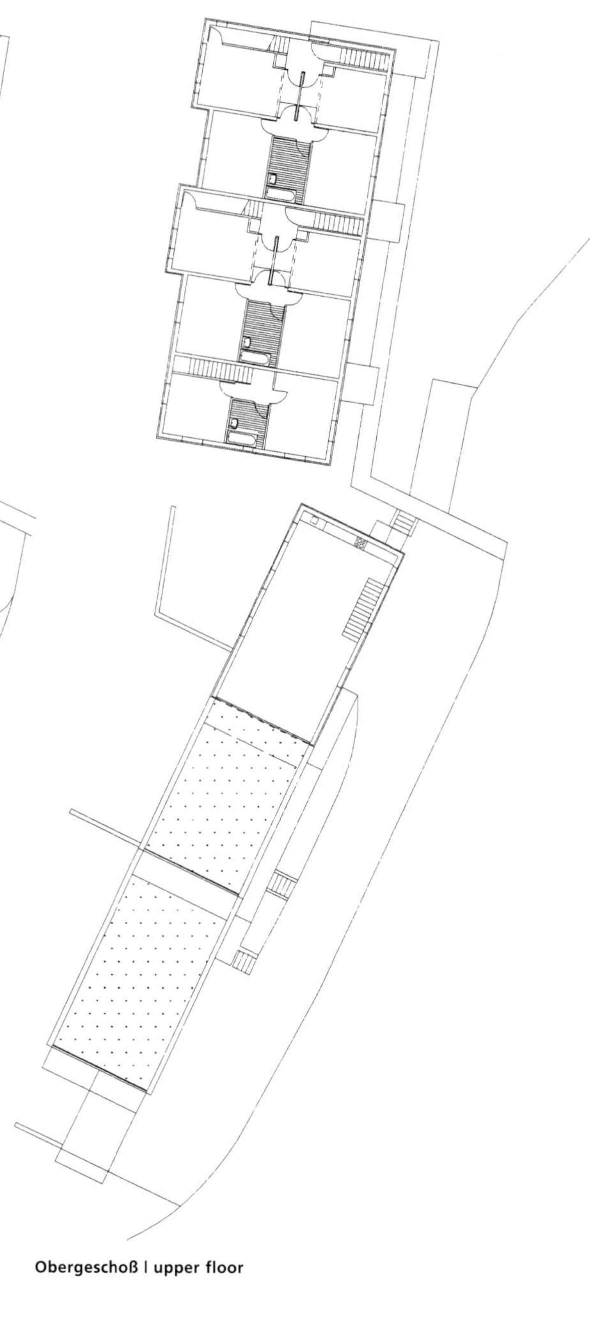

Obergeschoß | upper floor

Excursus 2: The Ulmer House
Exkurs 2: Das Haus Ulmer

Auch beim Haus Ulmer wurde ein in der Fläche organisierter Grundriß durchgespielt. Dieses Haus ist nicht kompakt, sondern flächig ins Gelände eingebettet, es funktioniert im kleinen also genauso wie Nüziders oder Eulentobel. Wenn es am Ort kein Thema gibt, auf das man sich beziehen könnte, wenn man innerhalb einer gegebenen Struktur also eine eigene Situation formulieren muß, dann kommt man mit dem „Punkthaus" nicht wirklich weiter. Vor allem wenn sich diese Strategie nicht in der bebauten Umgebung fortsetzt, hinter der dann der Naturraum kommt, zu dem man mit den „Punkthäusern" Durchsichten schafft; wenn es diese Spannung nicht gibt, dann muß man nach einer anderen Lösung suchen. Denn sonst baut man etwas, das den Bezug zum Außenraum genauso nicht bewältigt, wie das so viele Häuser heute tun, egal ob es sich dabei um Wohnanlagen oder um Einfamilienhäuser handelt.
Das Haus Ulmer ist ein Versuch, alle geforderten Funktionen in die Fläche zu zerlegen. Das Haus ist wie ein S organisiert und teilt damit einen öffentlichen Außenraum von einem privaten Außenraum ab. Das gesamte Erdgeschoß ist eigentlich eine Formulierung des Außenraumes. Das ist natürlich nicht im strengen Sinn ökonomisch, weil all das nebeneinander entwickelt wird, was man sonst möglicherweise kompakt organisiert. Aber an diesem Beispiel zeigt sich, wie komplex letztlich alles ist, was mit Bauen zu tun hat. Da spielen so viele Ebenen und Schichten mit, die wichtig sind. Da geht es um die Ökonomie genauso wie um die Ökologie, die städtebauliche Frage ist ebenso wichtig wie die architektonische oder die räumliche, die formale genauso wie die Frage des Umganges mit dem Licht. Das alles sind Aspekte, die zunächst gleich wichtig sind. Erst aus der Konstellation mit dem Bauherrn, auch aus dem Ort selbst ergibt sich die Notwendigkeit zur Gewichtung. Und da kann es durchaus sein, daß die städtebauliche Situation es erfordert, daß ich teurer baue als das aus der Erfahrung heraus unbedingt notwendig wäre. Das „Punkthaus" ist ökonomisch erfolgreich, aber wie gesagt, städtebaulich ist es nicht immer richtig. Und das Haus Ulmer ist ein Ansatz, der in eine andere Richtung weist. Man könnte sagen, es ist ein Vorreiter für Bebauungen, die wir in Zukunft machen werden. Auch das Projekt Achbrücke zählt dazu. Es ist zwar etwas ganz anderes, ein funktionell gemischter Bau, aber er ist zerlegt, und es ist ein Baukörper, der bei aller Größe über Außenräume funktioniert. Das heißt, er hat eine wesentlich höhere Oberflächenabwicklung, und damit auch einen höheren Energieverbrauch, also durchaus Dinge, die zunächst gar nicht so ganz optimal erscheinen, dafür ist die städtebauliche Form aber umso überzeugender. Außerdem kann das Gebäude räumlich sehr viel. Das alles sind Fragen, die man in bezug auf ihre Bedeutung jeweils abwägen muß.

Here, too, we played with the possibilities of a floor plan organize by area. This building is not a compact structure, but spreads over the terrain; its functional details are similar to Nüziders and Eulentobel. If there is no particular theme to relate to on a specific site, if one has to formulate one's own situation within an existing structure, then the "point house" structure is not really an option. One has to search for a different solution, especially when such a strategy does not find continuity in the surrounding developed area behind which then lies the nature zone that these "point houses" are designed to afford a view of, when in other words this contrast is lacking. Otherwise one could create something that does not successfully relate to outside space, as happens today with many buildings, both residential complexes and one-family homes.

The Ulmer House is an attempt to spatially segment all the required functions. The building is designed in an S-shape that separates the public from the private outside area. The entire ground level is really a formulation of the outside area. This is, of course, not economic in the strictest sense, because everything was developed side by side that might otherwise have been organized compactly. But this example shows the complexity of anything to do with architecture. There are so many levels and layers involved that are important. It is about economic as much as ecological matters, questions regarding urban structure are as important as architecture and site, design as important as the question of how to handle light. These are all aspects of equal substance. Only from the perspective of the building contractor, and from that of the site itself, the need to accord priorities arises. Thus it may well happen that urban building conditions make it preferable to build at higher cost than experience shows is absolutely necessary. The "point house" is successful in economic terms, but is not always right from an urban structural view point. The Ulmer House is an attempt to point in a different direction. One could call it an outrider of future building activities. The Achbrücke project is also part of this. Although it is a different kind of structure, functionally mixed, it is segmented and relates to the outside space despite its size. It has a significantly higher surface exchange and therefore a higher energy consumption, which at first sight might not seem that optimal, but its urban architectural style is totally convincing. In addition, the building "can do a lot" in terms of space. These are all questions that need to be considered.

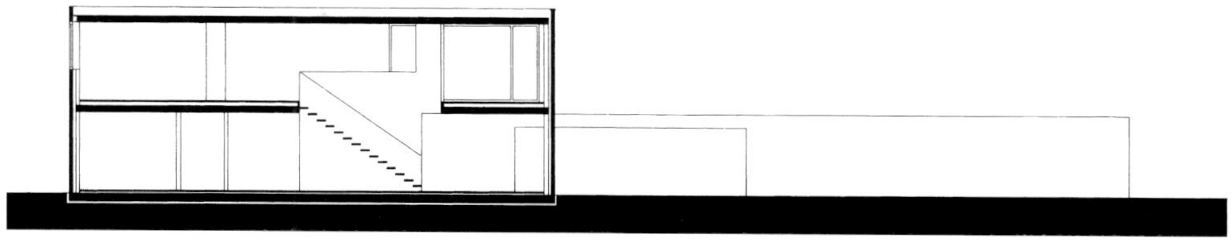

Längsschnitt | longitudinal section

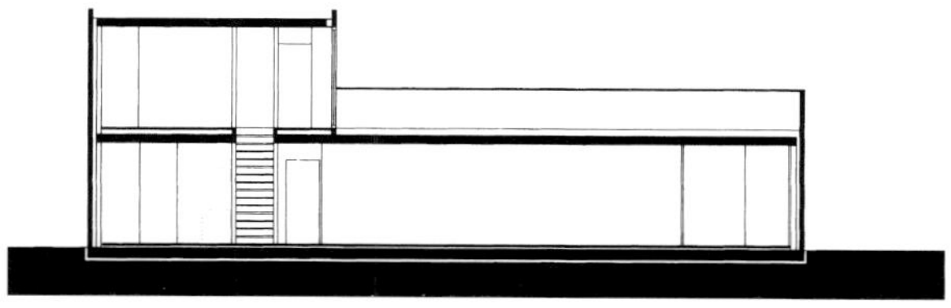

Querschnitt | cross section

1 Zimmer | room
2 Arbeitsraum | work area
3 Bad | bath
4 Ankleide | dressing area
5 Diele | corridor
6 Terrasse | terrace
7 Garage | garage
8 Abstellraum | storage
9 Küche | kitchen
10 Essen/Wohnen | dining/living area
11 Lager | store room
12 Geräte | appliances

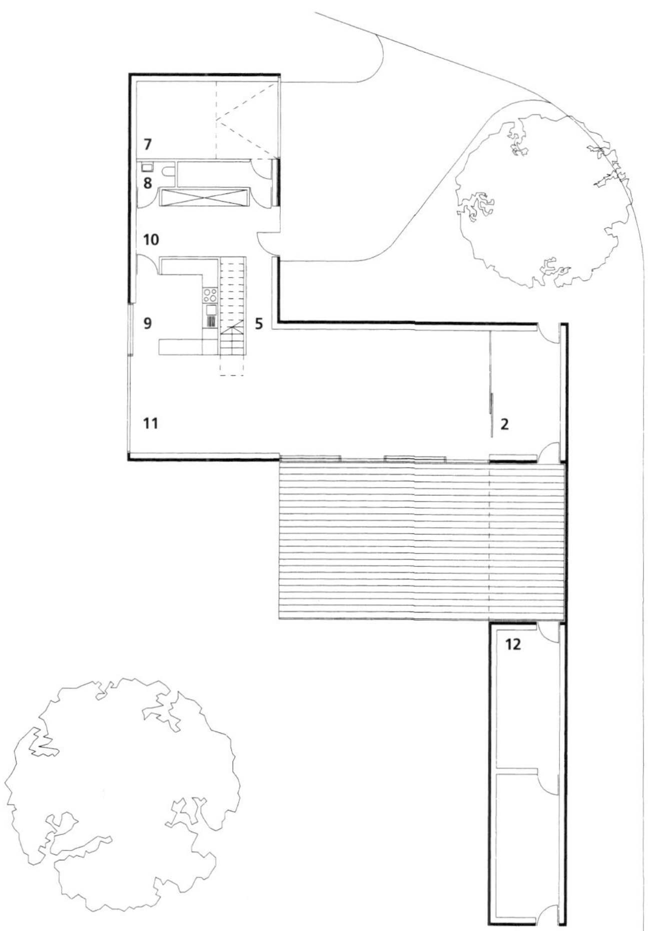

Erdgeschoß | ground floor

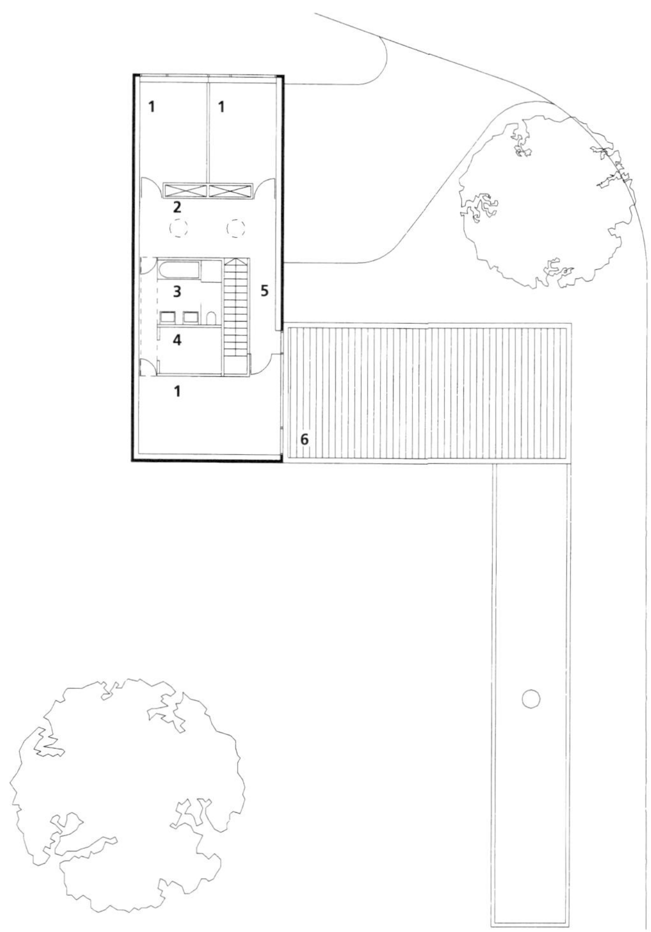

Obergeschoß | upper floor

Innenhof | courtyard

Funktionell gemischte Bebauungen

Achbrücke ist ein gutes Beispiel für Typologien, wie sie in dicht bebauten Gebieten beziehungsweise im innerstädtischen Raum heute immer wichtiger werden. Denn dabei handelt es sich um ein relativ großes Gebäude, das vom Einkaufszentrum und zwei Autohäusern mit Werkstatt über Büros bis zu einigen Wohnungen ganz oben einen sehr urbanen Nutzungsmix enthält. Städtebaulich ging es, wie gesagt, darum, eine gegliederte Großform zu entwickeln, die an dieser Straßenkreuzung einen deutlichen Akzent setzt, gleichzeitig aber so aufgelöst ist, daß das Volumen nicht zur Barriere wird, sondern sich maßstäblich in ein Umfeld einfügt, das in Zukunft noch weiter entwickelt werden wird. Bei diesem Gebäude kippt das Verhältnis der unterschiedlichen Nutzungen zugunsten der riesigen Verkaufsfläche, die hier einfach die Hauptsache ist. Auf dem Einkaufszentrum aufgesetzt sind die Bürogeschosse und darüber die Wohnungen. Die räumliche Konstellation der Verkaufsflächen, der einzelnen Nutzungen wird in der Beziehung der kubischen Gebäudeteile zueinander reflektiert, das drückt sich also sichtbar aus. Man könnte auch von einer Hierarchie der Nutzungen sprechen. Das Erdgeschoß ist ganz zugebaut, da ist das Einkaufszentrum, da sind Läden und eine Bank, im Obergeschoß sind die Autohäuser und die Büros, die sich dann schon um einen Innenhof herum organisieren, und dann gibt es noch die Geschosse darüber: Und da steigert sich gewissermaßen das Verhältnis zum Außenraum. Die Büros haben die Dachfläche des Einkaufszentrums als Terrasse vor sich, und die Wohnungen oben sind eigentlich penthouseartig formuliert.
Solche Ideen verfolgen wir auch bei anderen Projekten, an denen derzeit gearbeitet wird. Etwa ein großes Einkaufszentrum in Bludenz, auch eines in Bregenz, das mit einem Wohnhochhaus kombiniert ist. Dieses letzte Projekt ist für eine Situation geplant, in der es schon eine Hochhauskonstellation gibt. Wenn man von der Schweiz kommend nach Bregenz hineinfährt, dann markieren diese Hochhäuser die Stadt. Sie liegen alle an dieser Hauptstraße, und insofern ist ein weiteres Hochhaus auch sinnvoll, weil dort die Geschoßflächenzahl in Wirklichkeit

Functionally Mixed Buildings

Achbrücke is a good example of a typology that is gaining more and more significance in densely built-up areas as well as in inner-city areas. This is a relatively large building complex containing a decidedly urban mix of facilities, from shopping center, 2 auto houses and offices to apartments at the very top. Architecturally, the objective was to develop a diversified mega-structure that would make a big impact at this intersection and that would at the same time be resolved in such a way that its volume does not become a barrier but fits dimensionally into an environment earmarked for future development. The ratio of distribution of utilized space tilts in favor of the huge shopping area, which is simply the main consideration here. On top of the shopping center are the office floors and on top of that apartments. The space constellation of the shopping area, of the individual utilization, is reflected in the way the different cubic building sections interact and articulated visually. One could refer to it as a hierarchy of utilization. The ground floor is completely built-up, it holds the shopping center, individual shops and a bank, on the upper level are the auto showrooms and the offices, but now organized around an inner court, and there are further stories above this: the proportion of outside space is increasing, as it were. The roof of the shopping center serves as a terrace for the offices and the apartments at the top are in a penthouse style.
These ideas are also being followed through on several other projects currently in progress, such as a large shopping center in Bludenz and a second one in Bregenz, designed in combination with a high rise apartment block. The latter is planned for a site where a high rise constellation is already in place. These skyscrapers pinpoint the

Ansicht von der Kreuzung | view from the junction

Ansicht straßenseitig | view from street

Fassadendetail | detail of façade

unendlich steigerbar ist. Im Grund braucht man die Gebäudemasse nur mit Nutzungen zu füllen – das sind in diesem Fall im Erdgeschoß und im ersten Obergeschoß Verkaufsflächen, darüber kommen Büromöglichkeiten und dann Wohnungen. Zusätzlich zu diesem Wohnhochhaus sind schließlich noch zwei Wohnzeilen vorgesehen, die durch städtebauliche Überlegungen begründet sind und etwas mit dem Anschluß an die bestehenden Gebäude zu tun haben. Die Situation ist in diesem Fall ziemlich kompliziert, denn es gibt in dieser Gegend eine kuriose Mischung: Hochhäuser und Einfamilienhäuser. Darauf reagiert der Entwurf. Er reagiert aber auch auf die heutige Forderung nach mehr Dichte. Dieser erdgeschossigen Verkaufsfläche ist eine fast adäquat große Nutzung im Obergeschoß zugeordnet, und im Hochhaus selbst gibt es natürlich sehr viele Wohnungen, so daß das Grundstück auch zu Zeiten, wenn das Einkaufszentrum geschlossen ist, intensiv genutzt wird. Das ist also ein Projekt, das zeigt, wie ein solcher Mix funktionieren kann und über den gesamten Tageszeitraum hinweg eine urbane Belegung und Belebung ermöglicht.

town when driving towards Bregenz from the direction of Switzerland. All are situated along this main road, where an additional high rise makes good sense, since the number of stories can in fact be increased infinitely. Basically the mass of the building simply needs to be utilized to capacity – in this case shops on the ground floor and first floor, above it office facilities and then apartments. In addition to this high rise, two housing blocks are also under consideration. They are motivated by urban architectural considerations and are seen as a continuation of the existing structures. The situation is rather complicated in this case, because the area is a curious mixture of skyscrapers and one-family homes. The designs react to this fact, but they also react to the current demand for greater density. Both the upper floor and to the ground floor shopping area are given adequate and extensive utilization and the high-rise itself contains numerous apartments, so that the property is intensively utilized even at times when the shopping center is closed. This project demonstrates how such a mix can function and how it can enliven an urban situation over a 24 hour period.

Durchgang | passage

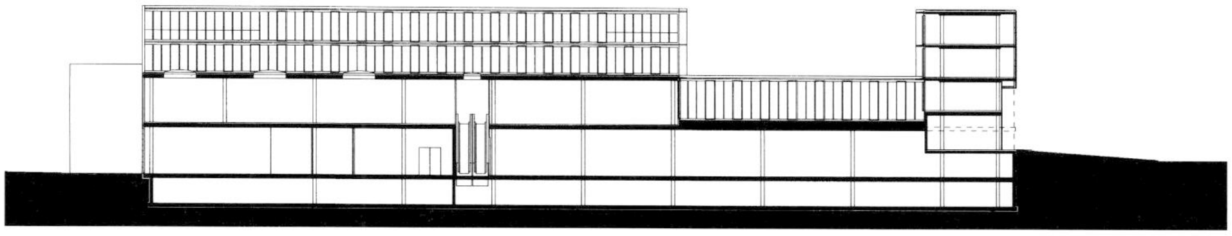

Längsschnitt | longitudinal section

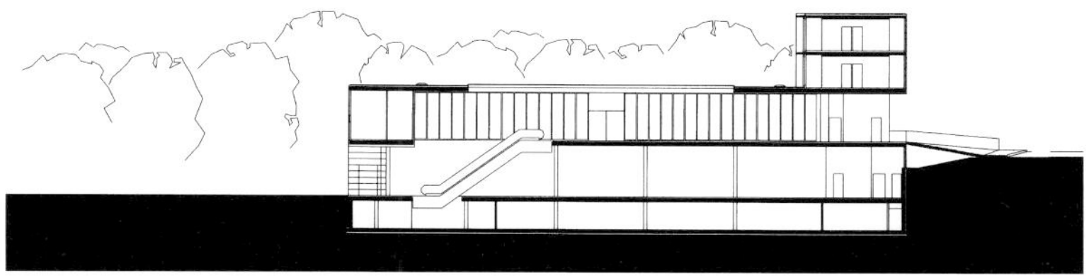

Querschnitt | cross section

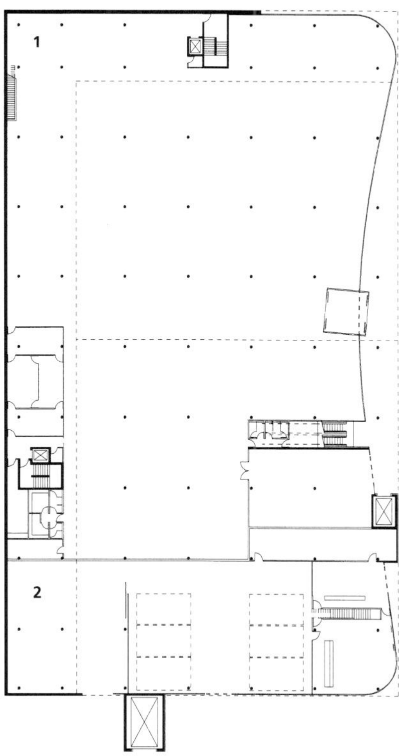

Erdgeschoß | ground floor

1 Baumarkt | hardware store
2 KFZ-Werkstätte | auto mechanic

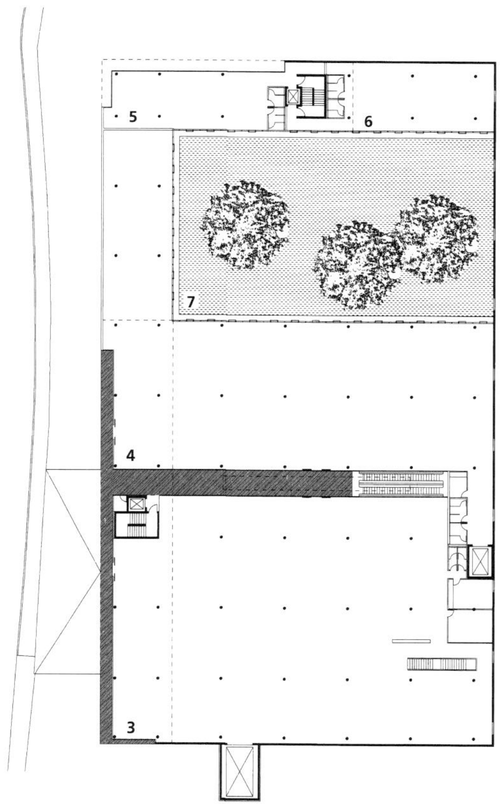

1. Obergeschoß | 1st floor

3 KFZ-Ausstellung | auto showroom
4 Büro | office
5 Bank | bank
6 Büro | office
7 Hof | courtyard

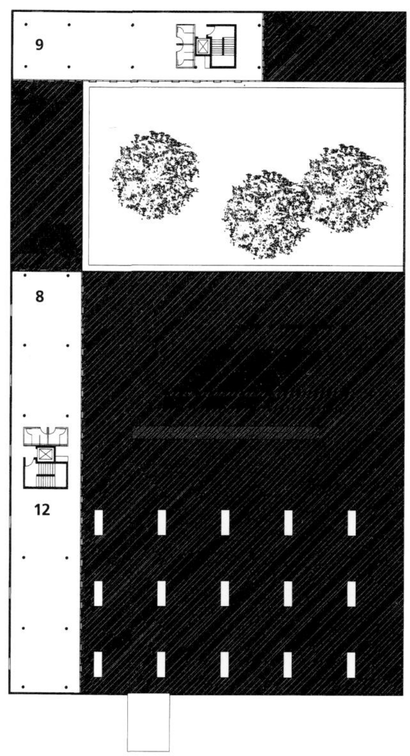

2. Obergeschoß | 2nd floor

8 Büro | office
9 Büro | office
10 Büro | office
11 Wohnungen | apartments
12 Büro | office

Bauen in der Stadt: Mozartstraße

Building in an Urban Zone: Mozartstrasse

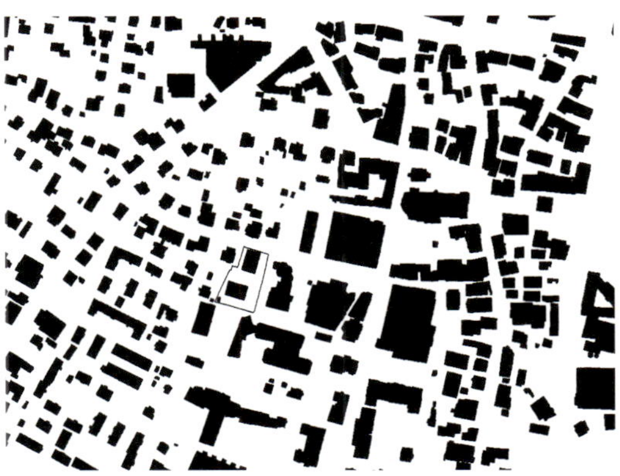

Südansicht Haus 2 | south view house 2

Unser Büro hat in Dornbirn, in Sichtweite vom Hotel Martinspark entfernt ein Projekt realisiert, das ebenfalls sehr eng mit dem urbanen Kontext verflochten ist. Es handelt sich um zwei Wohnhäuser, in denen in der straßenseitigen Erdgeschoßzone auch Geschäfte sind. Der Grund, warum wir die geforderten Wohnungen in zwei Baukörpern untergebracht haben, liegt wiederum in der städtebaulichen Situation. Durchlässigkeit war hier das Thema, denn die beiden Baukörper reagieren durch ihre Stellung zueinander auf die Umgebung und schaffen Freiräume, die einerseits den notwendigen Zwischenraum zwischen den Gebäuden herstellen, die aber andererseits auch solche Verteilerflächen einbeziehen, wie sie der öffentliche Raum verlangt. Und da gibt es öffentlichen Raum, da kann man durchgehen bis zu einem Kindergarten weiter hinten. Durch die Stellung der Baukörper kommt es zu einem gewissen Ablauf an Flächen. Es ist zuerst eng, dann wird es weit und geht um das Haus herum, dann gibt es auf der rechten Seite einen Kinderspielplatz, und dann kommt noch einmal eine große freie Fläche. Also allein schon durch die Lage der beiden Baukörper entsteht eine gewisse Formulierung des Außenraumes, er wird in differenzierte Bereiche gegliedert. Und das ist eigentlich das Maximum, das sich mit solchen – kompakten – Baukörpern herstellen läßt. Aber da in diesem Fall das gesamte umliegende städtebauliche System so funktioniert, ist eine solche Strategie richtig. Gäbe es dagegen ein Konglomerat mit einem völlig ungeklärten Verhältnis zum Außenraum, dann müßte man möglicherweise das Beispiel Nüziders weiterentwickeln, weil diese Bebauungsform einfach noch viel spezieller auf den Ort reagiert, indem sie selbst kleinere Bereiche genau definiert. In der Mozartstraße konnte der Außenraum eher grob formuliert werden, er ist letztlich nur durch den Abstand bestimmt, den man zwischen den Gebäuden auch auf Grund ihrer Höhe tatsächlich braucht.

Our office has realized a project in Dornbirn, within sight of the Martinspark Hotel which is also closely interlinked with urban contexts. These are two residential buildings. The reason for accommodating all the apartments in two separate structures lies once more in the urban building situation. The main objective here was permeability, since both buildings react with the environment by their spatial relationship to one another and create a free space which, on the one hand, produces the necessary distance between the buildings and on the other hand allows for the inclusion of areas of movement necessitated by public spaces. There is plenty of public space, one can walk all the way through to a kindergarten further back. The position of the buildings creates a continuous succession of spaces: which narrow at first, then widen and run around the building, then comes a children's playground to the right and after that, another large free space. The positioning of the buildings itself can generate a certain configuration of the outside space, it is being segmented into different zones. This is really the maximum one can achieve with such – compact – structures. In this case, where the entire surrounding architectural system functions in this way, it proved to be the right strategy. Had there been a conglomerate with an unclear rapport to outside space, one might have had to further develop the Nüziders example, as its architectural form reacts far more specifically to site, defining even smaller zones very precisely. For Mozartstrasse, it was possible to define the outside space more broadly, as it is ultimately only determined by the distance that is needed between the buildings due to their height.
In other respects this type is organized like any centrally planned arrangement. There is the service and access core with a belt of bathrooms and ancillary rooms around it, while the main room structure, which can be adapted at will, is aligned behind the façade. The only thing that, in this particular case, differs from comparable typologies is that the kitchen too lies at the façade. Mostly this is not the case in even more compact types, nor is it the case when apartments are even larger and the inner service belt is consequently larger also.

Im übrigen ist der Typ wie viele andere zentral erschlossene Typen organisiert. Es gibt den Erschließungskern und darum herum einen Gürtel von Naßräumen und Nebenräumen, während an der Fassade eine Zimmerstruktur liegt, die man verändern kann, wie man will. Das einzige, was in diesem speziellen Fall anders ist als bei vergleichbaren Typologien: Auch die Küche liegt an der Fassade. Bei noch kompakteren Typen ist das meistens nicht der Fall. Und es ist nicht der Fall, wenn die Wohnungen noch größer sind und damit auch der innere Service-Gürtel größer wird.

Westansicht | west view

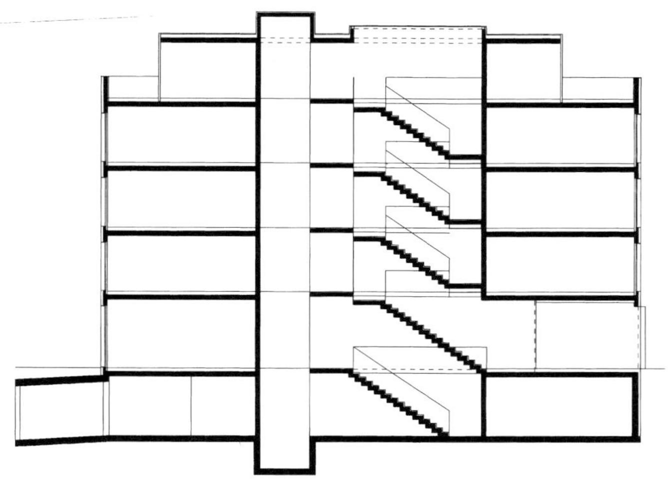

Schnitt | section

1 Küche | kitchen
2 Essen | dining area
3 Wohnen | living area
4 Zimmer | bedroom
5 Bad/WC | bath/WC
6 WC | WC
7 Vorraum | hall
8 Veranda | veranda
9 mögliche Veranda | possible veranda
10 Foyer | lobby
11 Waschküche | laundry
12 Fahrrad | bicycles
13 Kinderwagen | prams
14 Müll | rubbish

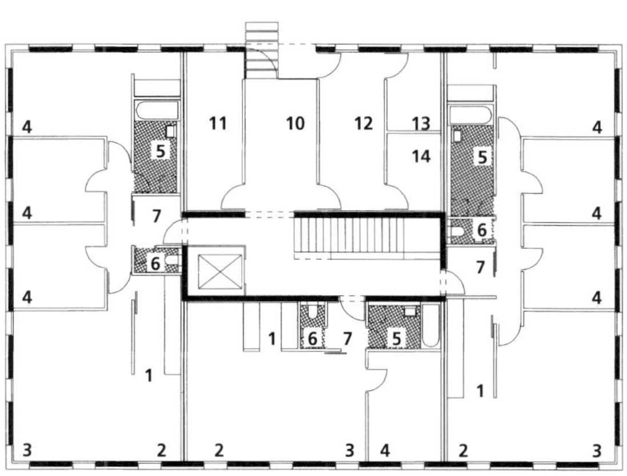

Erdgeschoß | ground floor

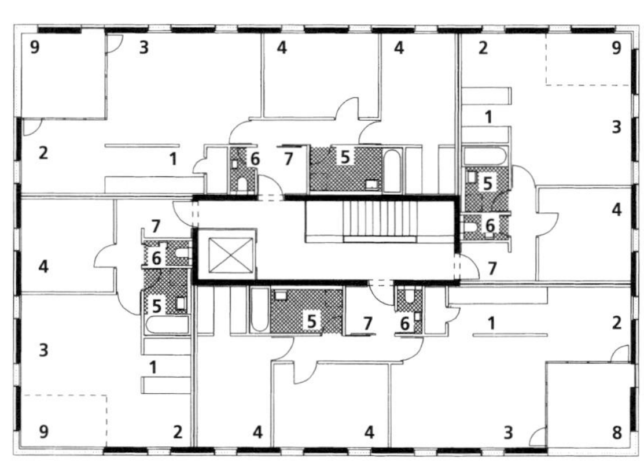

Obergeschoß | upper floor

Bauen in der Stadt: Pongartstraße

Unser Büro hat in Dornbirn schon zuvor Wohnanlagen realisiert, allerdings in nicht ganz so prominenter Lage wie der Mozartstraße, obwohl zum Beispiel auch die Wohnhäuser in der Pongartstraße unmittelbar an der Grenze zum Stadtzentrum sind. Das ist übrigens ein interessantes Phänomen: Schon 300 Meter können entscheidend sein für das Image der Lage und damit natürlich auch für den Preis der Wohnungen. Es ist nahezu gleich weit weg vom Zentrum wie die Mozartstraße, aber dadurch, daß eine Bundesstraße dazwischen liegt und in der Umgebung Einfamilienhäuser, auch Bauernhäuser sind, ist der Lagewert einfach niedriger. Wir haben hier einen kompakten Haustyp mit drei Geschossen realisiert, einer Höhe, die es auch bei den Gebäuden in der Umgebung gibt.
Die Stellung der Baukörper zueinander leitet sich ebenfalls von der Stellung der bestehenden Gebäude her. Die Häuser haben Terrassen mit einer horizontalen Lärchenholzschalung, ansonsten ist die Fassade geschindelt. Es gibt französische Fenster, bei denen wir zum ersten Mal auf eine Außenbeschattung verzichtet haben, statt dessen gibt es Glas mit einem sehr niedrigen G-Wert. Und darin liegt auch das Problem, denn das funktioniert theoretisch, aber nicht praktisch. An der Südseite schafft es das Glas bei Sonne einfach nicht. Da müßte man das Fenster kippen, dann entsteht bei heruntergelassener Innenjalousie eine Thermik mit der man einen Großteil der Hitze wieder wegbekommt. Wir haben das bauphysikalisch genau untersuchen lassen. Nur: Wenn die Leute zum Beispiel zur Arbeit gehen, dann kippen sie die Fenster nicht, sie machen sie zu – einfach aus einem Sicherheitsbedürfnis heraus.

Building in an Urban Zone: Pongartstrasse Our office has previously realized two other residential complexes in Dornbirn, albeit not in as prominent a location as Mozartstrasse, although the buildings in Pongartstrasse, for instance, are built right next to the edge of the town center. This, by the way, is an interesting phenomenon: as little as 300 meters can be crucial for the image of a location and, by definition, to the price of an apartment. The sites are in reality no further from the town center than Mozartstrasse, but because of a main road that runs in between and one-family homes, even farmhouses are in the area, their value will simply be lower. Here we realized a compact house-type, with three stories with the same height as other structures in the area.
The juxtaposing of the buildings also originates from the position of existing houses. All have terraces with horizontal larch sheathing, while the rest of the façade is shingled. There are French windows for which we relinquished exterior shading for the first time, instead we used glass with very low thermal conductivity. The problem is, this functions in theory, but not in practice. Glass is simply not effective on the south side when the sun is shining. One would have to tilt the windows, so that, with drawn inside blinds, thermal conditions inside would absorb most of the heat. We have had this thoroughly investigated. However, when people go out to work, they prefer not leave their windows ajar – they shut them, simply to feel safer.

Ostansicht | east view

Westansicht | west view

Nordansicht | north view

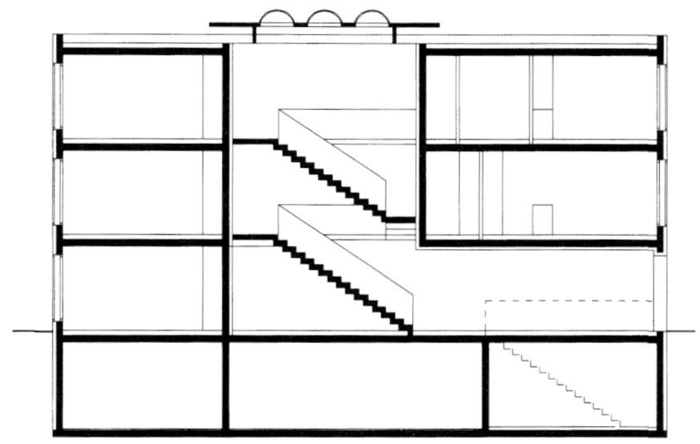

Schnitt | section

1 Kochen | cooking area
2 Essen | dining area
3 Wohnen | living area
4 Zimmer | room
5 Bad | bath
6 WC | WC
7 Vorraum | hall
9 Veranda | veranda

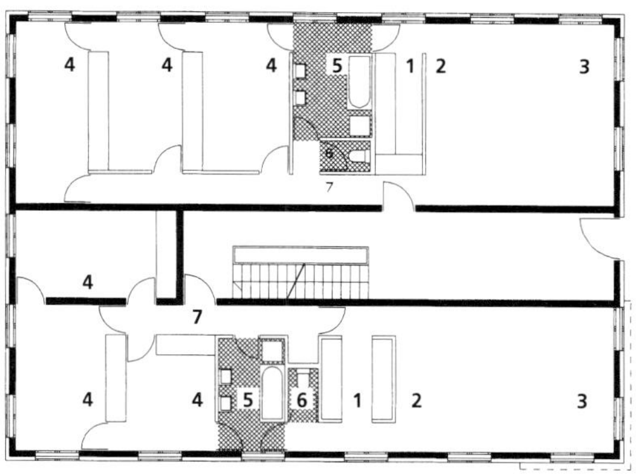

Erdgeschoß | ground floor

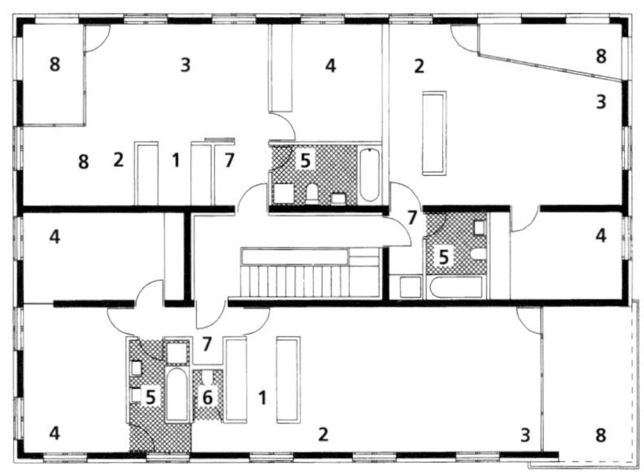

Obergeschoß | upper floor

Und tatsächlich kann man ja auch niemandem vorschreiben, daß er sein Fenster kippt. Die Bewohner wünschen sich daher eine außenliegende Beschattung, aber das schmerzt einen als Architekt, weil Außenjalousien dort eigentlich nicht hingehören. Es sind so kleine Baukörper und die Geometrie ist so rigide, es gibt so wenige Details, eigentlich nur diese minimalen Größenunterschiede bei den Fenstern. Das ist alles ganz exakt überlegt. Und wenn man da außen daran Jalousien oder Läden montiert – der eine womöglich gelbe, der andere grüne, der nächste gar keine – dann wird das alles verwässert und unklar. Bei einem sehr langen Gebäude kann es schon wieder gut sein, solche Dinge zu haben, aber bei so kleinen Baukörpern wirkt es zerstörerisch.

Of course, there is no way anyone can be ordered to open his window against his will. Tenants would therefore much prefer exterior shading, however, that would greatly inconvenience the architect, as exterior blends do not properly belong there. The buildings are small, the geometry rigid, there are few details, just minimal differences in the size of the windows. All this is carefully thought through. If one were to mount blinds or shutters on the outside – possibly in yellow for one occupant, green for another and none for a third – it would all become diluted and unclear. For a very long building it might actually be desirable to have such things, but in these small structures they would be disruptive.

Bauen in der Stadt: Rohrbach 2

Building in an Urban Zone: Rohrbach 2

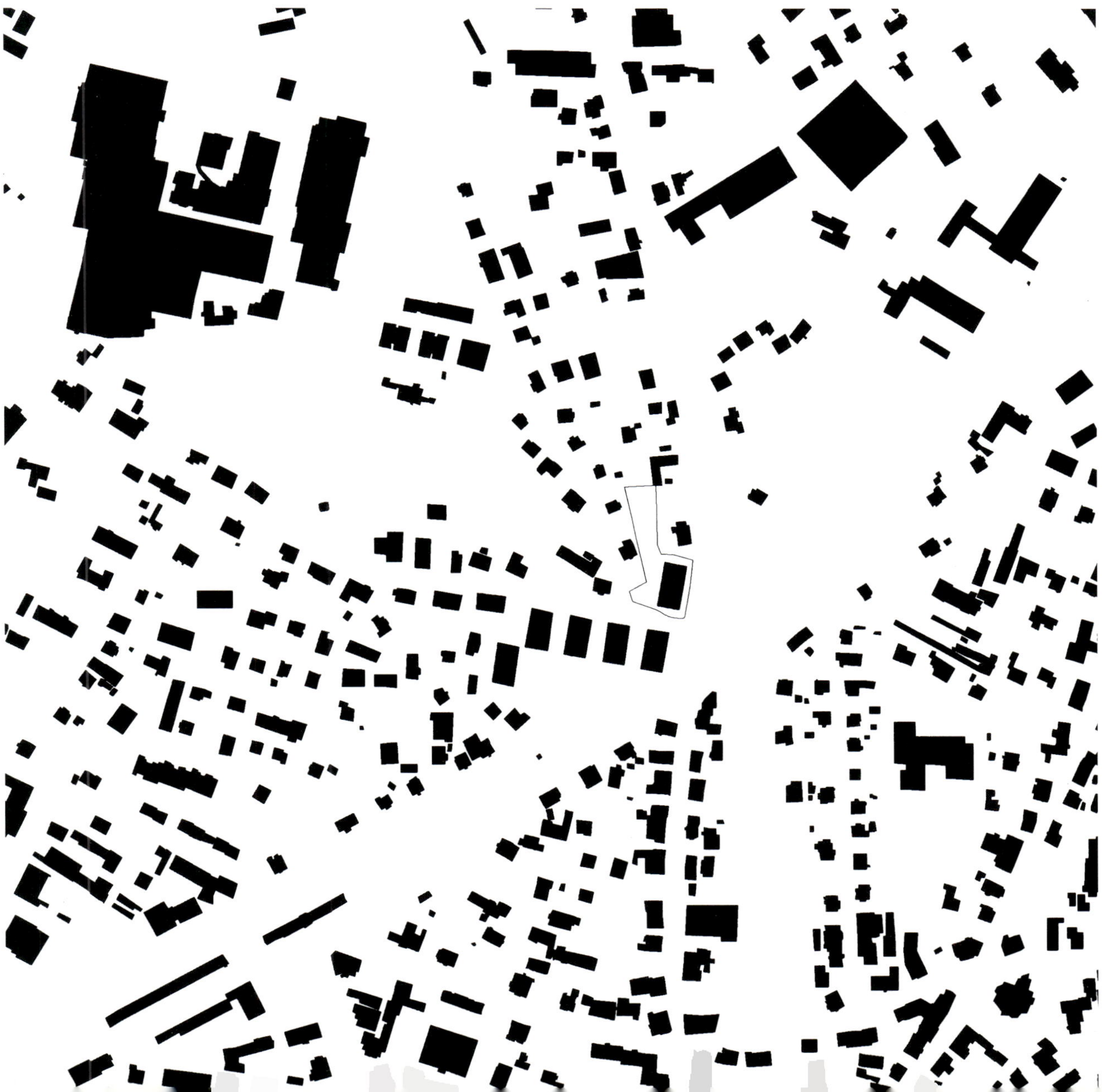

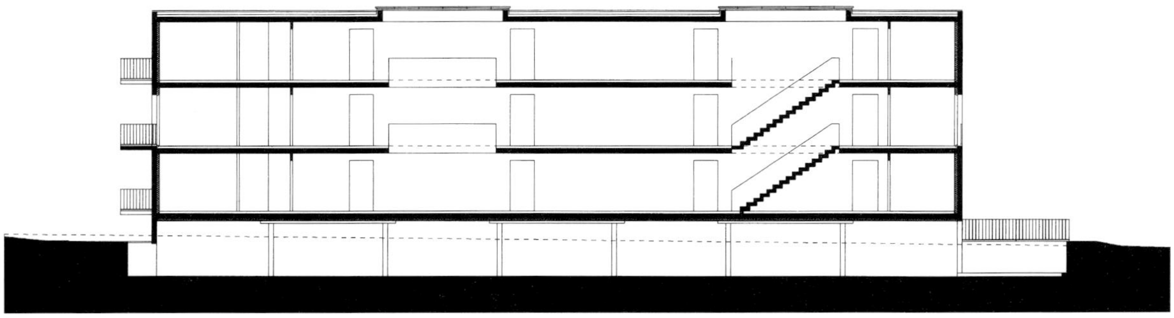

Längsschnitt | longitudinal section

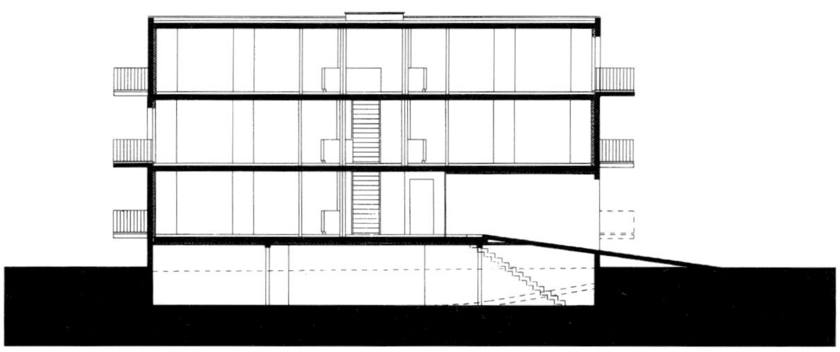

Querschnitt | cross section

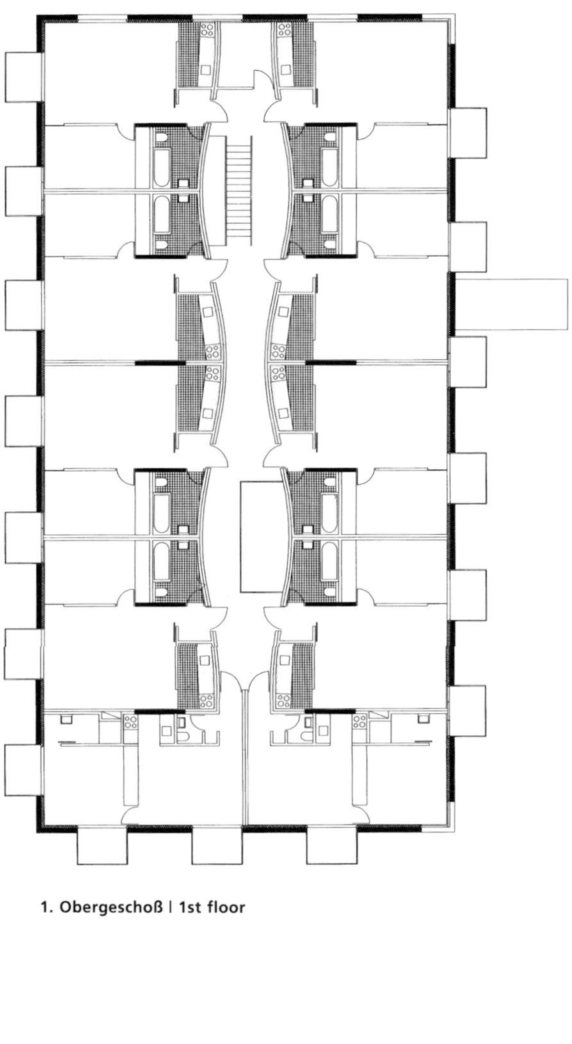

1. Obergeschoß | 1st floor

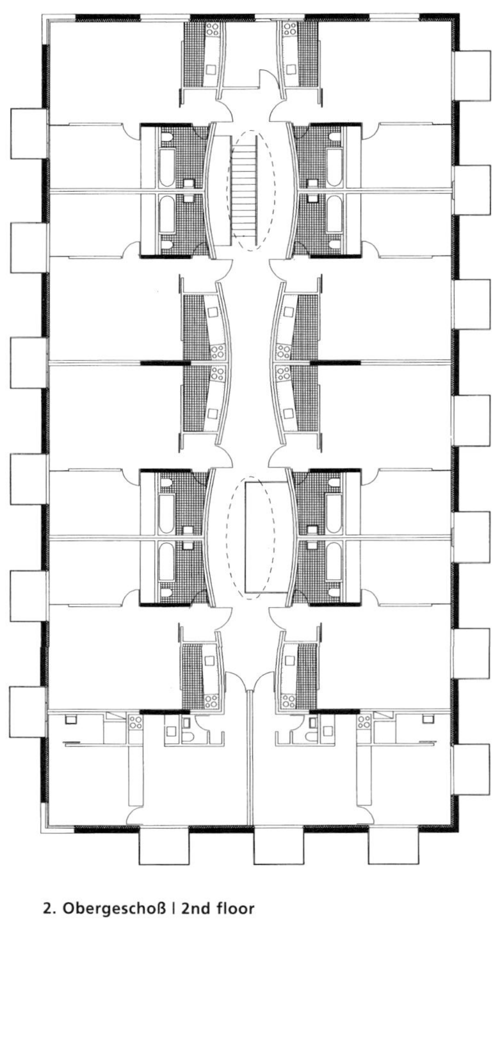

2. Obergeschoß | 2nd floor

Von seiner Lage her ist das Projekt insofern typisch für gewisse städtische Situationen im Rheintal, als es sich bei diesem sehr kleinen Grundstück eigentlich um eine Restfläche handelt. Sie hat ursprünglich zu einem alten Bauernhaus gehört, das auch jetzt noch dort steht, sie war also zuvor landwirtschaftliche Nutzfläche. Aber die wurde schon längst nicht mehr bewirtschaftet, außerdem liegt das Areal heute ja mitten in der Stadt. Es wurde also ein Teil davon abgetrennt und in Bauland umgewidmet. Das Grundstück ist direkt an der Bahn gelegen, vis-à-vis vom Bahnhof, nur zehn Gehminuten vom Zentrum entfernt, aber durch die Bahn davon abgeschnitten. Solche Grundstücke gibt es viele. Man hat sie lang nicht genutzt, weil sie eben doch nicht so optimal angebunden sind und weil sie von ihrer Größenordnung her eigentlich eher für ein komfortableres Einfamilienhaus das richtige wären. Aber jetzt, wo es in der Stadt selbst kein Entwicklungspotential mehr gibt, jetzt werden auch solche „Inselgrundstücke" bebaut. Durch die Nähe der Bahn – sie bedeutet Lärm und Schmutz – mußte man allerdings davon ausgehen, daß das Grundstück für Familienwohnungen und eine Nutzung des Außenraumes nicht geeignet ist. Der Bauherr entschied daher, daß dieses Wohnhaus Kleinwohnungen beinhalten sollte. Wir haben eine zwei-Zimmer-Typologie entwickelt, typische Singlewohnungen, die auf Grund einer Vereinbarung mit der Stadt jüngeren städtischen Bediensteten zur Verfügung stehen. Die Wohnungen sind nur zwischen 43 und 45 Quadratmeter groß, da bringt man normalerweise ein- oder eineinhalb-Zimmer-Apartments unter. Dadurch, daß wir die Erschließungsflächen in den Wohnungen aber auf fast einen Quadratmeter Eingangssituation minimiert haben, ist uns doch eine brauchbare zwei-Zimmer-Lösung gelungen. Die Typen sind sehr kompakt und durch die großen Öffnungen in der Fassade auch lichtdurchflutet. Die Kompaktheit der Wohnungen trägt zu ihrer Wirtschaftlichkeit bei, das heißt die Betriebskosten sind sehr niedrig. Und das macht diese Singlewohnungen natürlich zusätzlich attraktiv.

With regard to site, this project is typical of certain urban environments in the Rhine Valley, in as much as it is a very small plot, actually a left-over piece of land. Originally the plot belonged to an old farmhouse that still exists and was once agricultural land. It had not been worked for a long time and furthermore, it now lies in the middle of town. Part of it had been fenced off and turned into a building plot. It lies directly at the railway, opposite the train station and is just a ten minute walk from the center, but separated from it by the railway lines. There are many such properties around. They haven't been put to use until recently, precisely because they were not optimally situated and their size actually makes them more suitable for a comfortable one-family home. Now, that the town's potential for new building is exhausted, these "island properties" have also become targets for development. The vicinity of the railway – and with it, noise and pollution – makes the property ill-suited for family accommodation or the use of the outside space. Thus the building contractor opted for a building containing small apartments. Accordingly, we developed a two-room typology – a typical single's apartment – which the municipal authorities proposed to be made available for young city workers. The apartments only measure between 43 to 45 m^2, normally sufficient for a one or a one-and-a-half room apartment. However, by minimizing the access area to an entrance situation of just under 1 m^2, we succeeded in achieving a very adaptable two-room solution. The apartments are very compact and due to large openings in the façade, also bright. Their compactness also contributes to their profitability by keeping maintenance costs very low. This adds to the attractiveness of these single's apartments.
An interesting point concerning this project is the correlation of the semi-public access area with the geometry of the building and the outside space. It has to be said, that the inhospitality of the location had a decisive influence on the external appearance of the building. To over-emphasize the point: it almost appears defensive, it does not

Interessant ist bei diesem Projekt das Verhältnis zwischen dem halböffentlichen Erschließungsbereich, der Geometrie des Gebäudes und dem Außenraum. Grundsätzlich muß man sagen, daß die Unwirtlichkeit des Ortes auf die äußere Erscheinung des Bauwerkes maßgeblichen Einfluß hatte. Um es übertrieben zu formulieren: Es gibt sich fast ein wenig wehrhaft, es versucht erst gar nicht, in einen Dialog mit der Umgebung zu treten. Das Gebäude ist sehr kantig, streng, rigid, es macht einen abgeschlossenen Eindruck. Wenn man das Haus aber betritt, dann empfängt einen dort eine völlig andere Situation. Denn die Erschließung ist großzügig und hell, durch das natürliche Licht von oben, die geschwungenen Wände und das Verengen und Aufweiten der Erschließungszone entsteht hier eine Aufenthaltsqualität, die die Zugangssituation zu den Wohnungen sehr angenehm macht. Wir haben versucht, damit einen räumlichen Mehrwert zu schaffen, der das Fehlen eines benutzbaren Außenraumes zumindest relativiert. Es gibt draußen zwar eine Rasenfläche, aber man kann dort eigentlich nichts damit anfangen, das ist Abstandsgrün. Daher die Anstrengung im Innenraum. Das heißt, hier hat das Innere mit dem Äußeren absolut nichts zu tun. Das setzt sich übrigens fort bis in die konstruktive Lösung: Denn diese Betonfassade ist ja eigentlich eine vorgestellte Fassade, in die das Gebäude selbst wie in eine Schachtel eingestellt ist. Die Fassade fungiert beinahe als Maske, die den Gebäudeorganismus nach außen abschirmt. Sogar die Statik hat nichts mit dieser Fassade zu tun, denn die funktioniert über Stahlstützen, die innen stehen und über die die Deckenlast abgeleitet wird. Die Betonfassade trägt also nur sich selbst.

even make an attempt to open up a dialogue with its surroundings. It is a very angular, austere and rigid structure and appears confined. But on entering the building, a completely different situation unfolds. The access area is generous and bright, the natural light from above as well as the curving walls and narrowing and widening of this zone create an ambiance that makes the access to the apartments very pleasant. We tried to enhance the space here to compensate for the lack of usable outside space. Actually there is a lawn outside, but nothing can be done with it, it is just a buffer zone. Hence the efforts put into the interior. This means that here the interior has nothing to do with the exterior. This is also true of the structural solution as well: since the concrete façade is in reality a screen façade, behind which the building itself is placed as if put into a box. The façade acts like a mask, shielding the building organism from the outside. Even static considerations have nothing to do with this façade, the structure relies on steel supports in the interior to distribute the weight of the ceiling. So the concrete façade only supports itself.

Exkurs 3: Das Haus Häusler
Excursus 3: The Häusler House

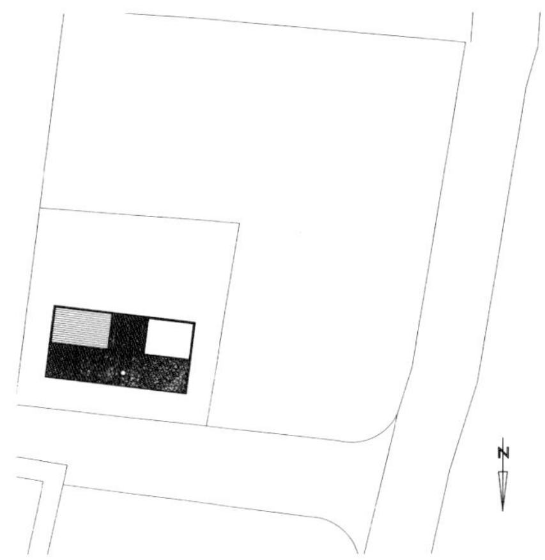

Es gibt ein Einfamilienhaus in Hard, das man in diesem Zusammenhang nennen könnte. Denn es ist ein gutes Beispiel dafür, wie bestimmte Typologien zuerst im kleinen getestet werden. Dem Haus Häusler liegt ebenfalls ein Konzept zu Grunde, das nach innen organisiert ist. Es handelt sich um ein Betonhaus, das sich sehr weitgehend abschirmt, so daß der Blick nach draußen nur ausschnitthaft möglich ist. Das hat in diesem Fall zwar nicht mit Lärm zu tun, aber nicht weit entfernt ist eine Fabrik, und auch die Bebauung der Umgebung ist eher heterogen. In einem so unwirtlichen Umfeld scheint es immer schwierig, etwas wie Privatheit herzustellen, es ist schwierig, all das wegzublenden, was man eigentlich nicht sehen möchte. Daher ist das Haus auf einen Innenhof orientiert, während die Außenfassade an der Zufahrtsseite weitgehend geschlossen ist, da gibt es nur einen schmalen, liegenden Schlitz und die Einfahrt. Die Qualitäten dieses Hauses bestehen in der innenräumlichen Lösung, die erledigt all das ganz selbstverständlich, was man sonst mit großem Aufwand in den Außenraum verlegt. Das ist genau wie bei Rohrbach 2: Von außen sieht man nur eine rigide Kiste, die sich ziemlich unkommunkativ verhält und der man nicht anmerkt, was sie innenräumlich alles leistet. Wenn das Gesprächsklima mit der Umgebung nicht attraktiv ist, dann kann das die richtige Strategie sein.

Another one-family home, located in Hard, should also be mentioned in this context. It is a good example of how certain typologies can initially be tested on a small scale. The Häusler House too is based on a concept that favors the interior layout. It is a concrete structure, largely blocked off, so that views from it are only intermittently possible. In this case, it has nothing to do with noise, but there is a factory nearby and the developed surroundings are somewhat heterogeneous. Given an inhospitable environment such as this, it will always be difficult to create some sort of privacy and to blend out the things one does not want to see. As a result the house is organized around an inner courtyard, while the exterior façade on the driveway side is largely closed; there is just a narrow, horizontal gap and the entrance itself. The qualities of this house lie in the interior solutions, which achieve with ease what is otherwise transported with effort to the outside. It is identical to Rohrbach 2: from the outside one just sees a rigid box that seems rather uncommunicative and allows no guess of its accomplishments on the inside. This could be the right strategy when the climate for dialogue with the surrounding area is unattractive.

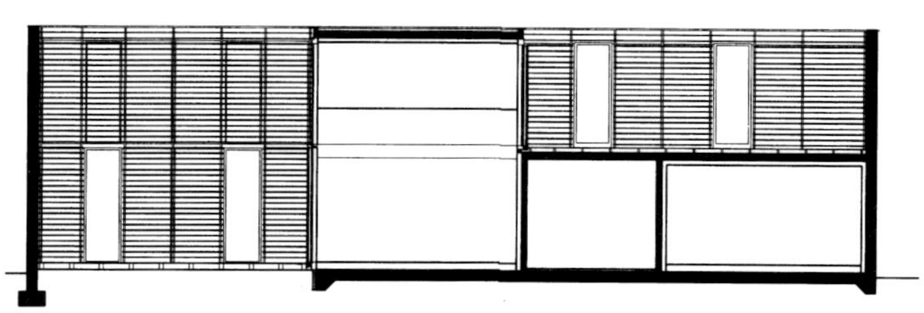

Längsschnitt I longitudinal section

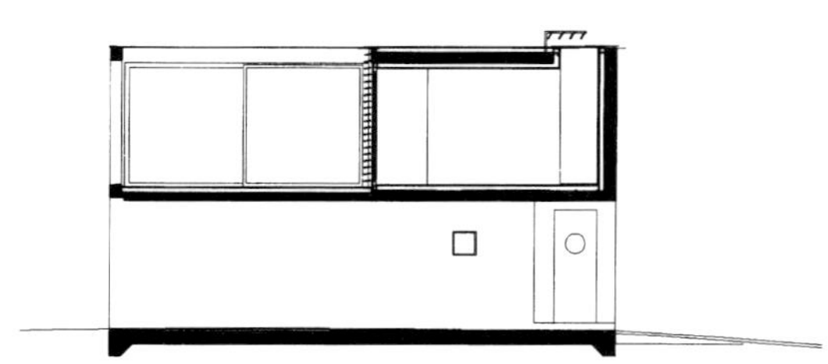

Querschnitt I cross section

Westansicht | west view

Nordansicht | north view

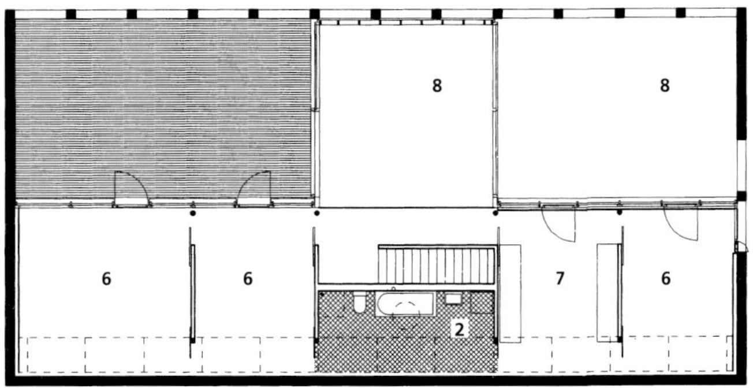

Obergeschoß | upper floor

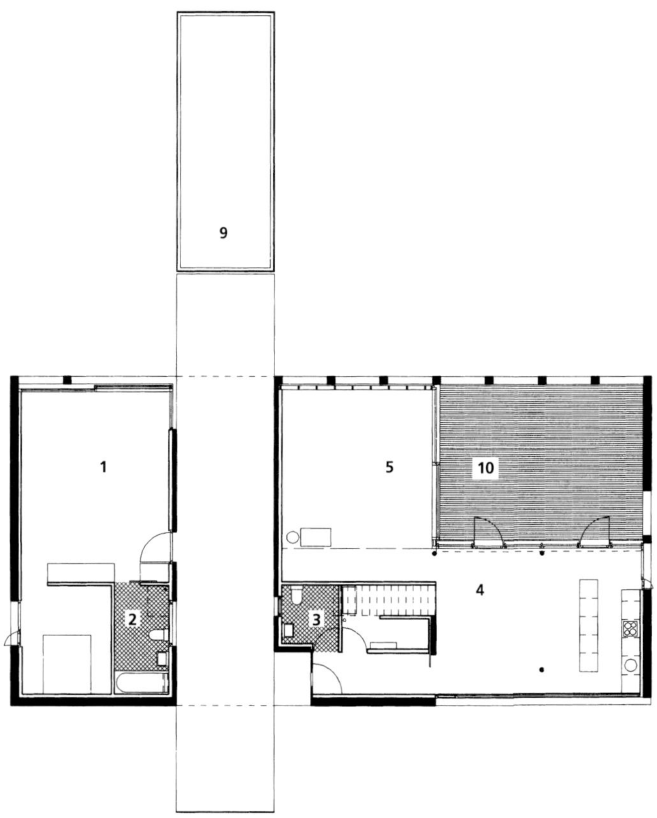

Erdgeschoß | ground floor

1 Einliegerwohnung | guest apartment
2 Bad | bath
3 WC | WC
4 Essen/Kochen | dining/cooking area
5 Wohnzimmer | living area
6 Zimmer | room
7 Ankleide | dressing area
8 Luftraum | empty space
9 Gartenhaus | sommer house
10 Terrasse | terrace

Südansicht | south view

Ostansicht | east view

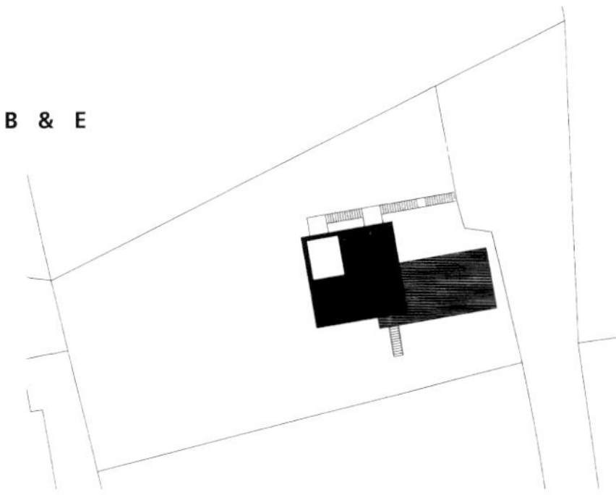

Exkurs 4: Das Haus Allgaier

Dieses Einfamilienhaus paßt in den Kontext des Bauens im städtischen Raum nur insofern, als es sozusagen der kompakte Typ in Form eines Hochhauses en miniature ist. Es ist über fünf Geschosse organisiert. Das ist sicher ungewöhnlich und kommt – wenn man in Einfamilienhaus-Dimensionen denkt – schon sehr in die Nähe eines Turms. Tatsächlich ist es auch ein ziemlich großes Einfamilienhaus, dem man von außen nicht ansieht, daß es für eine einzige Familie geplant wurde. Im Grund wäre die nächste Dimension dieses Typs das Hochhaus. Das geht schon fast in Corbusier-Ideen hinein, daß man alle Funktionen in ein einziges Gebäude, ein Hochhaus hineinpackt, und daß dadurch die Distanz zwischen den Gebäuden größer werden kann. Die Vorstellung, daß sich im Grünraum dazwischen dann das wahre Leben abspielt, kompensatorisch zum Leben im 27. Stock, die ist allerdings obsolet. Das weiß man heute.

In diesem Zusammenhang sind vielleicht noch ein paar persönliche Anmerkungen zum Thema Wohnhochhaus angebracht: In unserem Büro herrscht die Meinung vor, daß ein Wohnhochhaus, wenn es im richtigen Umfeld steht – siehe auch unser erwähntes Projekt für Bregenz –, seine Berechtigung hat. Das Hochhaus kann etwas. Es führt sicher zu einer gewaltigen Verdichtung, aber wenn die im richtigen Kontext stattfindet, wenn das Zusammenspiel mit den übrigen Strukturen stimmt, dann haben wir mit dem Wohnhochhaus überhaupt keine Schwierigkeiten. Die Wohnqualität im Hochhaus kann ohne Zweifel sehr groß sein. Die Typologie muß stimmen, und man darf nicht die Fehler wiederholen, die in den sechziger Jahren gemacht wurden. Damals ging es schlicht um Profitoptimierungsmaschinen, die auf Typenvarianten, auf bauphysikalische Qualitäten, einfach auf die ganze technische Ausführungsqualität überhaupt keine Rücksicht genommen haben. Aber wenn das ordentlich gemacht ist, dann gibt es gerade im urbanen Kontext ganz bestimmt eine Menge Leute, die mit solchen Wohnformen etwas anfangen können. Man kann objektiv sagen, daß es Situationen gibt, in denen eine solche Bebauung, eine solche Haltung richtig ist. Da muß allerdings der Ort passen, es muß das städtebauliche Umfeld passen, und es braucht gewisse Distanzen. Wohnhochhäuser kann man nicht in enge Strukturen hineinpflanzen. Sie brauchen Luft.

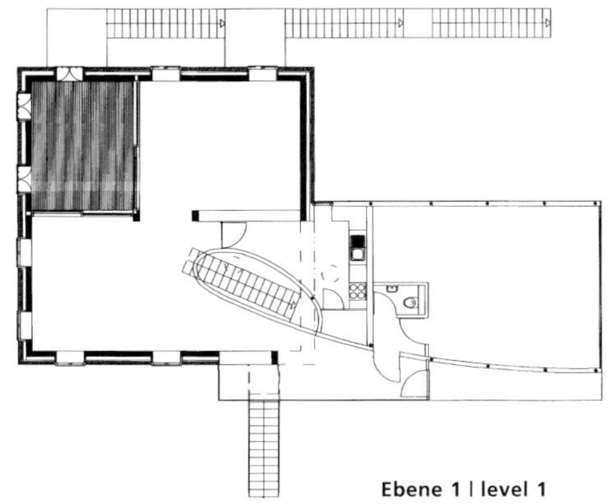

Ebene 1 | level 1

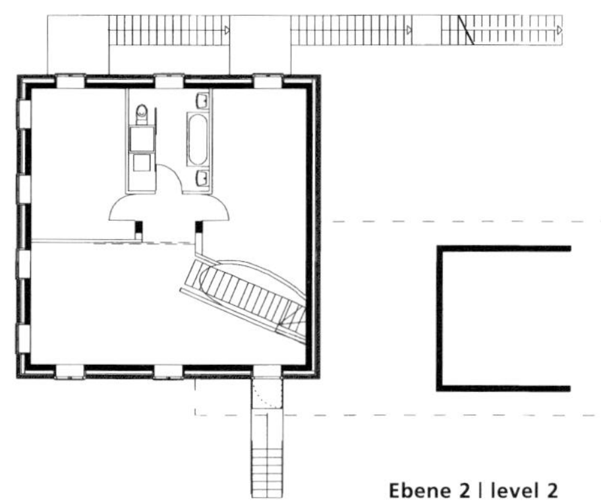

Ebene 2 | level 2

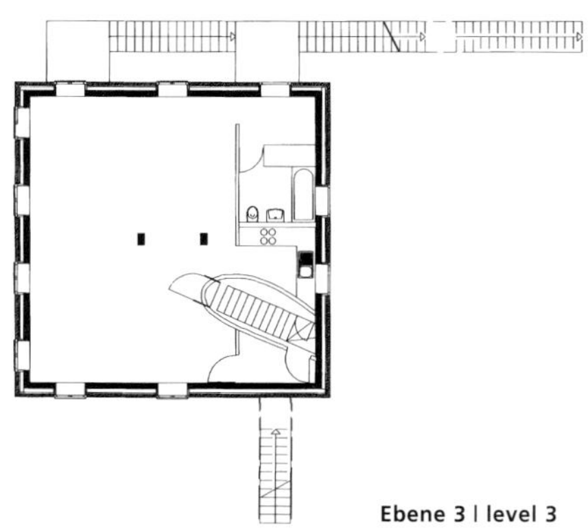

Ebene 3 | level 3

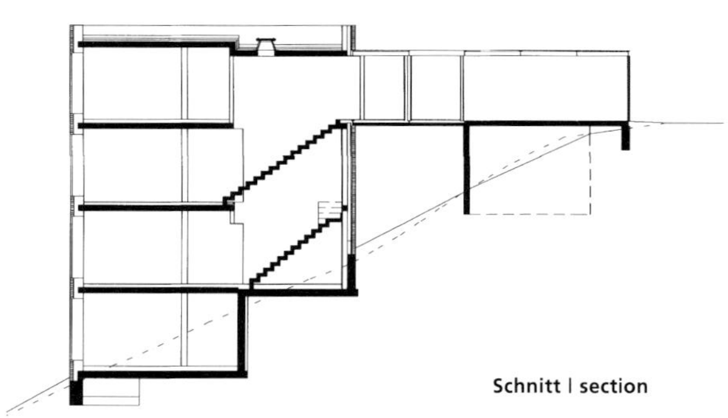

Schnitt | section

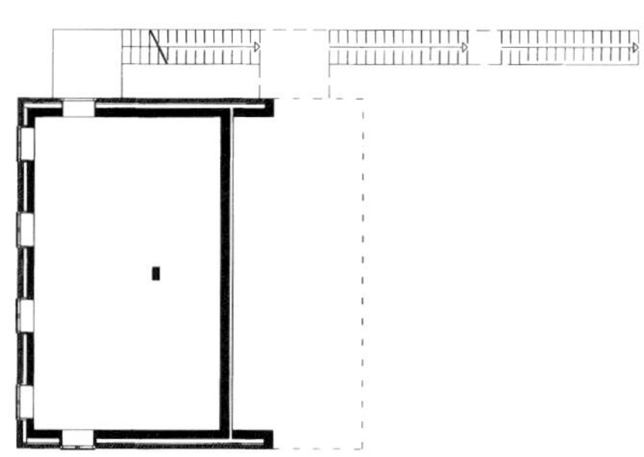

Ebene 4 | level 4

Seeansicht | lakeside view

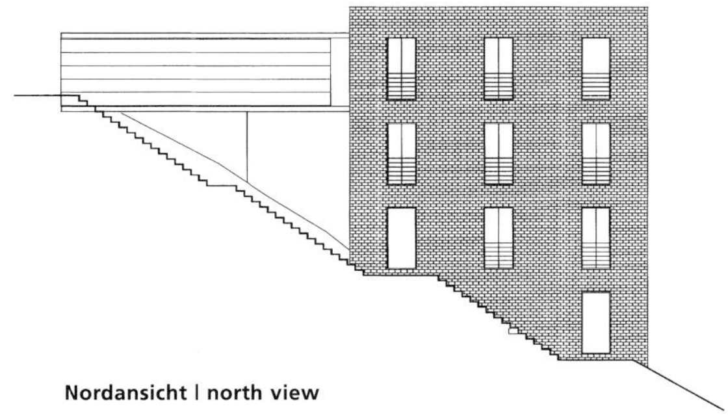

Nordansicht | north view

Excursus 4: The Allgaier House

This one-family home fits into the context of urban building only in as much as it is a compact type in the shape of a miniature high rise, as it were. It is organized over five stories. This is certainly unusual and – considering one-family home dimensions – comes very close to a tower. It is indeed a very big home, one would never guess from the outside that it was planned with just one single family in mind. Fundamentally, the next larger version of this type would be a high rise structure. It almost touches on Corbusier's ideas, to pack all functions into a single building, a high rise structure, and thus be able to leave more space between the buildings. The idea that real life will then take place in the green zones between them, to compensate for life on the 27th floor, is, however, obsolete. This has since become clear to us.

A few personal observations on this subject might be appropriate here: in our office we strongly believe that the high rise apartment building is justified, provided it is placed in the right environment – we refer to our previously mentioned project for Bregenz. The high rise building is "versatile": it does create enormous density, but, in the right context and if the interaction with all other structures is right, we have no difficulty with it at all. The living quality in a residential high rise can undoubtedly be of the highest standard. But the typology must be right and mistakes, such as made in the '60s, must not be repeated. In those days, high rises were simply profit-optimizing machines, disregarding type variations, structural qualities, and in fact all aspects of quality in their technical realization. If done properly, it will certainly appeal to a lot of people, particularly in urban situations, who can relate to such forms of accommodation. One can say objectively that there are situations in which this type of building, this point of view, is right. Yet the location must be correct and the structural environment must be right, and there has to be a certain distance between the buildings. High rise residential buildings cannot be planted in narrow confines. They need air.

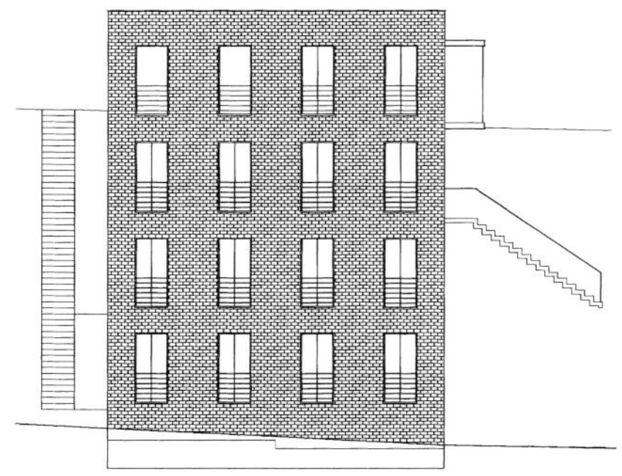

Westansicht | west view

Erschließung | stairwell

Eingang | entrance

Zugang | access

Bauen im regional spezifischen Kontext

Das Gesprächsklima mit der Umgebung ist ein Faktor, dessen Bedeutung man auf keinen Fall unterschätzen darf. Vorarlberg zum Beispiel ist in weiten Teilen – wenn man von städtischen Ballungszentren, die es hier natürlich ebenfalls gibt, einmal absieht – von einer ziemlich dichten, kleinteiligen Bebauungsstruktur überzogen, die von Verkehrswegen durchnitten ist. Der Vergleich mit Los Angeles ist gar nicht so weit hergeholt. Unter den heutigen Vorgaben in bezug auf Dichte, auf Ökonomie in solchen Gegenden sozialen Wohnbau zu realisieren, bedeutet daher immer wieder eine Gratwanderung. Mit diesem Problem war unser Büro schon oft konfrontiert. Unter anderem bei einer ganz kleinen Wohnanlage – es geht um neun Wohnungen – in Mäder. Einem Außenstehenden erscheint es möglicherweise absurd, daß die Entscheidung damals zugunsten von zwei Baukörpern gefallen ist. Denn das bedeutet doppelte Erschließung, das führt schon fast zu Einfamilienhäusern. Tatsächlich ist im vorderen Gebäude im Erdgeschoß nur eine einzige Wohnung, darüber gibt es noch zwei, und im hinteren Gebäude liegen auf drei Geschossen jeweils zwei Wohnungen. Es gibt sehr enge Stellen zwischen den Gebäuden, es gibt einen Weg durch die Struktur, da sind nur zwei Meter Abstand. Aber das ist für diese Gegend typisch. Denn die Wohnanlage liegt in einem sehr schwierigen Umfeld, im ehemaligen Überschwemmungsgebiet des Rheins. Dort wurde nur jemand angesiedelt, der sich gar nichts leisten konnte. Die alten Häuser dort haben Raumhöhen von zwei Metern und teilweise sogar darunter. In einer solchen, extrem kleinteiligen Einfamilienhausbebauung stehen also diese beiden Wohnbauten. Die historisch gewachsene Enge der dortigen Bebauung nehmen sie städtebaulich auf. Allerdings wurde versucht ein Geflecht räumlich spannender Situationen mit diesen beiden Baukörpern herzustellen. Und es wurde natürlich versucht, die Schwierigkeit der Nachbarschaften, die auf diese Weise entstehen, durch eine spezifische Typologie auch wieder zu relativieren. Die Wohnungen sind um einen internen Kern organisiert, dem Küche und Bad zugeordnet wurden. Am Kopfteil des Kerns finden Essen und Wohnen statt, und an der Längsfassade

Building in a Specific Regional Context The climate for dialogue with the environment is a factor not to be underestimated. Vorarlberg, for instance, has – apart from urban agglomerations, which naturally exist here as well – large areas with a rather dense, small-scale development structure dissected by roads. The comparison with Los Angeles is not at all far-fetched. To realize a subsidized housing project under present conditions, while taking into account density and economics in such a region, is always a tricky business. We are frequently confronted with this problem, for example in connection with a very small residential complex – consisting of nine apartments – in Mäder. To an outsider it might seem absurd that at the time we decided in favor of two separate structures. It meant double access, coming close to a one-family home development. And, in fact, there is only one apartment located on the ground floor of the front building, two more above it and the building behind contains two apartments on each of the three floors. The space between the buildings is very narrow in some places; the passage through the structures is just two meters wide. This is typical of the area. The complex lies in a very difficult environment, an area once regularly inundated by the Rhine. Only those unable to afford anything else used to be housed there. The height of the rooms in these old houses is only two meters and in some cases less. So these two apartment buildings rise in the middle of this extremely small-scale one-family home development. Architecturally, they maintain the historically developed narrowness of the surrounding buildings. However, we were trying to create a mesh of spatially interesting situations in the two building units. We also tried to balance out the difficulties of the immediate environment by adopting a specific typology. The apartments are organized around an inner nucleus, consisting of kitchen and bathroom. At the top end of this nucleus are the living and dining area, the bedrooms are aligned along the long façade. We were especially careful to avoid a constellation, whereby the living room window of one apartment would lie directly opposite the bedroom window of another. This is fairly easy with

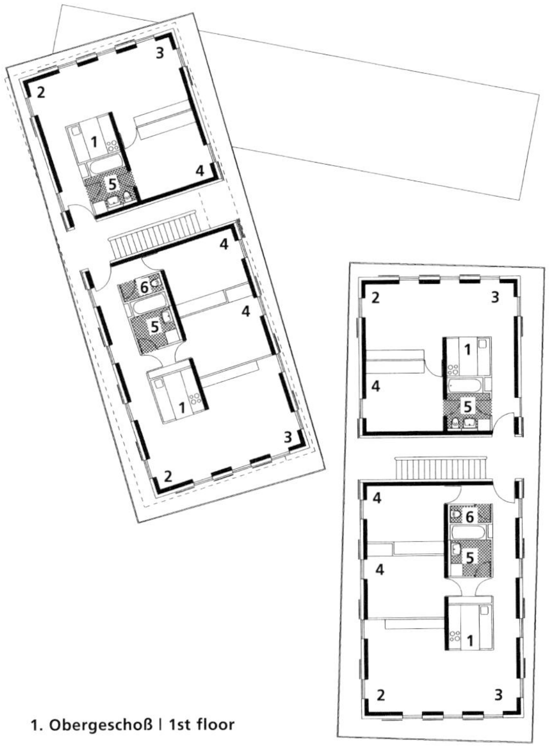

1. Obergeschoß | 1st floor

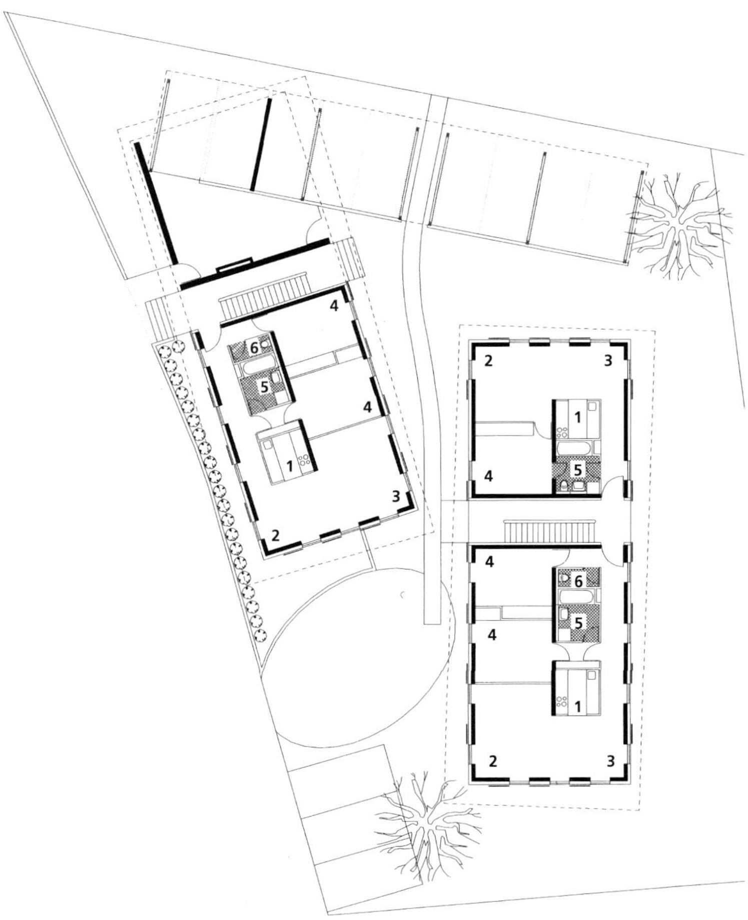

Erdgeschoß | ground floor

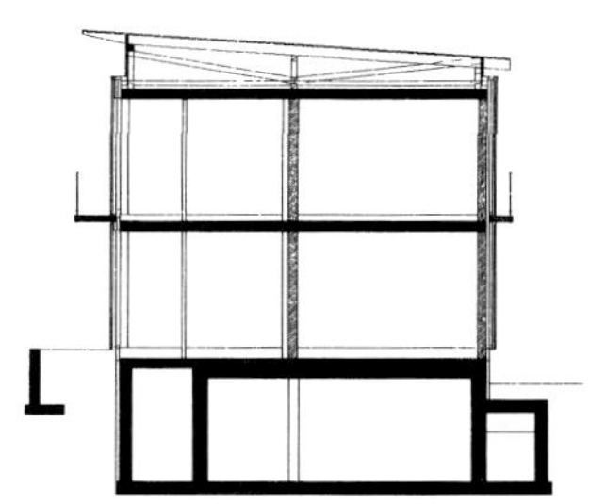

Querschnitt | cross section

1 Küche | kitchen
2 Essen | dining area
3 Wohnen | living area
4 Zimmer | bedroom
5 Bad/WC | bath/WC
6 WC | WC

liegen die Zimmer. Wobei speziell darauf geachtet wurde, daß es nicht zu Konstellationen kommt, wo dann das Fenster vom Wohnraum der einen Wohnung genau gegenüber vom Fenster des Schlafzimmers einer anderen liegt. Das ist bei diesem Typ allerdings leicht möglich: Wenn man den Kern als solchen einmal akzeptiert, dann kann man alles daraus machen – von der Einraumwohnung bis zu mehreren gleichwertigen Zimmern. Es ist sicher ein aufwendigerer Typ, weil er vergleichsweise viel Fassade produziert, da hat jede Wohnung drei Fassaden. Aber die Grundrisse sind doch sehr auf individuelle Nutzung hin optimiert. Außerdem erklären sich die kleinen Baukörper einfach aus den Einfamilienhausstrukturen rundherum.
Es gibt noch ein zweites Projekt unseres Büros für Mäder, das ist derzeit in der Baueingabephase. Auch das hat mit der Problematik zu tun, daß es sehr kleine Gebäude sein müssen, obwohl die Dichte mit knapp über 0,8 (bei Mäder 1 betrug sie noch 0,6) deutlich höher liegt. Die Entscheidung fiel zugunsten sehr kompakt organisierter Wohnbauten, wobei die drei Gebäude eine Art eigene städtebauliche Struktur formulieren, denn es gibt einen internen Platz, und es gibt in dem Fall auch eine Tiefgarage. Der Bauherr dachte ursprünglich an Reihenhäuser. Das wurde versucht, aber eine so hohe Dichte ist damit nicht zu erreichen. Man sieht das auch an den Siedlungen von Roland Rainer – was die Dichte angeht, gibt es da einfach eine Grenze. Deswegen ist doch ein Geschoßwohnungsbau daraus geworden, der sich aber durch die Kleinheit der Baukörper in die Umgebung einfügt. Es gilt auch in diesem Fall: Sie haben mehr mit der individuellen Haltung von Einfamilienhäusern zu tun als mit der Haltung eines großen Geschoßwohnungsbaues.

a type of this kind: if one accepts the nucleus as such, anything is possible from a one-room apartment to one with several, equivalent rooms. It is undoubtedly an elaborate type, as it creates a comparatively large number of façades, each apartment opens out on at least three. Nevertheless, the ground plans have been optimized with respect to their individual utilization. The small building units simply reflect the surrounding one-family home structures.
A second project for Mäder that our office is currently working on is at present submitted for planning permission. Again, the difficulty is that the buildings have to be very small, although the density of 0.8 (for Mäder 1 it was 0.6) is significantly higher. We decided in favor of very compact apartment buildings, with the three building units forming a kind of independent urban architectural structure with an internal courtyard as well as, in this case, an underground garage. Originally the building contractor considered a housing estate. We studied its feasibility, but could not achieve the high density. This can also be seen in the developments by Roland Rainer – there is simply a limit, as far as density is concerned. We finally settled for a multi-storey structure, that blends into the environmental landscape due to the small size of the buildings. Here too, they possess rather more the individual aspect of a one-family home than that of a multi-storey apartment block.

Westansicht | west view

Ostansicht | east view

Eine additive Typologie: das Beispiel Negrellistraße

An Additive Typology: Negrellistrasse

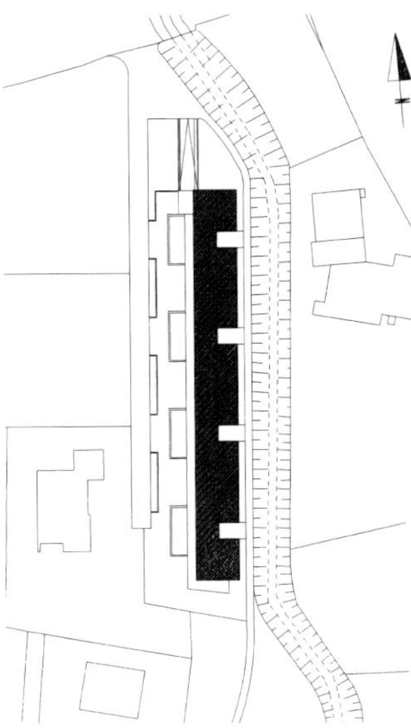

Nordansicht | north view

Auch dieses Projekt ist ein Sonderfall. Denn das Grundstück ist extrem schmal und grenzt an der einen Seite an einen Bach, an der anderen an ein Einfamilienhausgebiet. Also hier Naturraum, da kleinteilige Bebauungsstruktur, das alles aber mitten im Kern einer Gemeinde, so daß es die Möglichkeit gab, eine Dichte von 0,9 zu bauen. Die Idee, die hinter der Negrellistraße steckt, besteht in der Verschränkung zweier unterschiedlicher Typologien. Im Grund wurden vier Einfamilienhausblöcke gebaut, die durch einen zweigeschossigen Riegel überlagert sind, in dem die Stiegen jeweils einen Zweispänner erschließen. Das gesamte Gebäude ist Ost-West-gerichtet und beinhaltet eine Vielzahl an typologischen Möglichkeiten. Es gibt diese Einfamilienhausblöcke, in denen jeweils vier Wohneinheiten liegen, die man aber unterschiedlich zusammenlegen kann: Man kann sie sowohl als Maisonette nutzen als auch als Geschoßwohnung. Ein ähnliches Spiel ist im Riegel darüber möglich. Sicher ist das eine vergleichsweise aufwendige Typologie, aber es handelt sich in diesem Fall ja auch um einen privaten Wohnbau, der übrigens bei den Bewohnern eine ziemliche hohe Akzeptanz gefunden hat. Und das hängt bestimmt auch damit zusammen, daß an einem Stiegenhaus nur zwei Wohnungen liegen und in den einfamilienhausartigen Gebäudeteilen ebenfalls zwei bis maximal drei Wohnungen sind. Es wurde sehr darauf geachtet, daß diese Nachbarschaften räumlich stark voneinander getrennt sind. Und der Baukörper vermittelt auch nicht den Eindruck einer Großform, durch diese Durchsichten, die es jeweils gibt, wirkt er eigentlich sehr transparent.

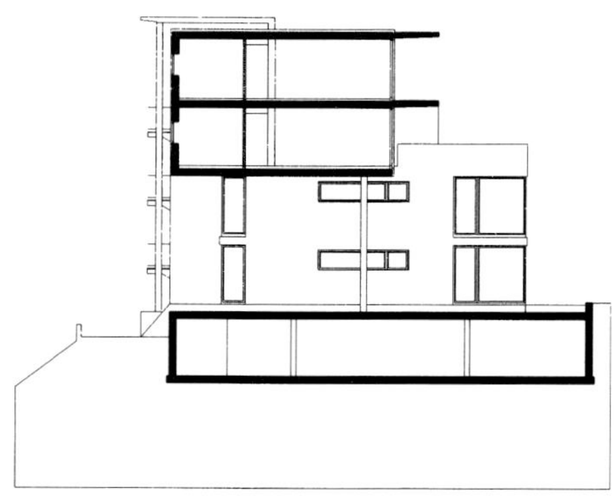

Querschnitt | cross section

This project, too, is a special case. The property is extremely narrow and adjoins a stream on one side and a housing estate on the other. So we have a natural environment as well as a small-scale building development structure, all of it right in the middle of a community, as a result of which a density of 0.9 was feasible. The idea behind the Negrellistrasse project was to combine two different typologies. We basically built four one-family home blocks, with a superimposed two-story strip in which each staircase allows access to a pair of apartments. The entire structure is east-west orientated and contains a multitude of possibilities. There are the one-family home blocks with four apartments each, which permit individual constellations: they can be used as maisonettes or as single-floor apartments. A similar arrangement is possible in the strip above. This is a comparatively costly typology, but in this case it is for a privately funded housing project, and it has proven highly acceptable to the occupants, probably because there are only two apartments per staircase and no more than two or three apartments in the one-family home type structures. Special care was taken to create as much space as possible between these. The building itself also does not seem to suggest a large-scale work but actually appears transparent due to these vistas.

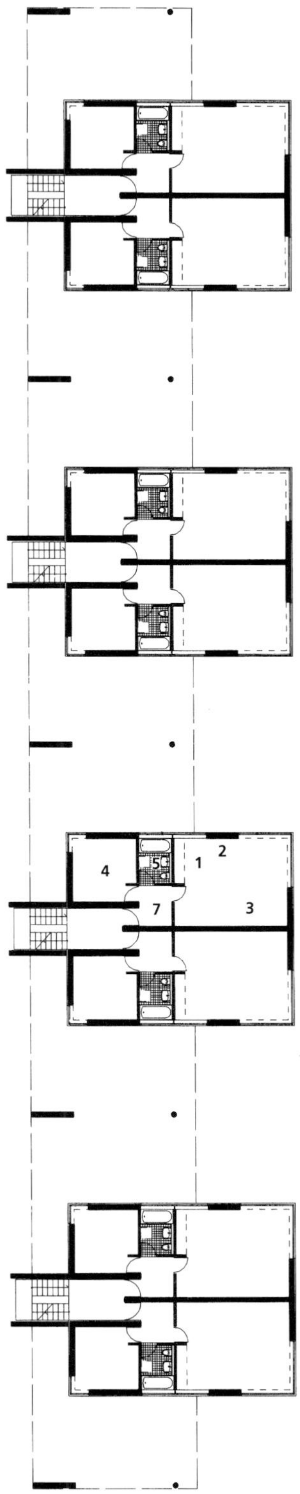

1. Obergeschoß | 1st floor

1 Kochen | cooking
2 Essen | dining
3 Wohnen | living
4 Zimmer | room
5 Bad | bath
6 WC | WC
7 Vorraum | hall
8 Terrasse | terrace

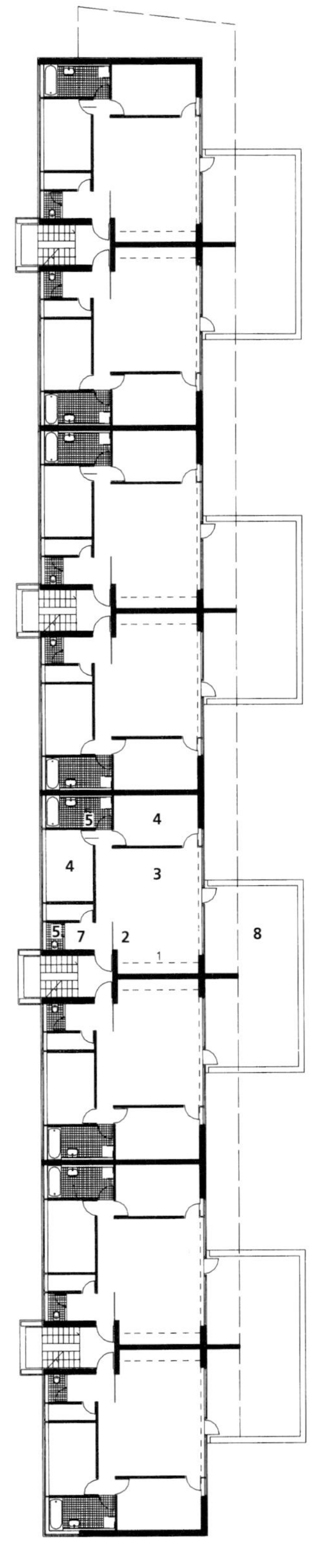

2. Obergeschoß | 2nd floor

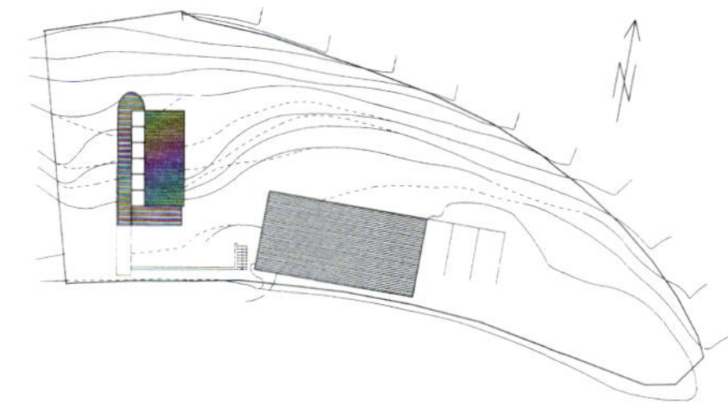

Exkurs 5: Das Haus Bernhard Burger
Excursus 5: The Bernhard Burger House

Es mag zunächst unverständlich sein, wenn im Zusammenhang mit einer additiven Typologie – und in weiterer Folge Reihenhäusern – von einem Einfamilienhaus die Rede ist, dessen Besonderheit scheinbar im Materialspiel an der Fassade besteht. Das Haus liegt oben auf einem Steilhang und hat einen wundervollen Ausblick auf den Bodensee. Der wurde mit dem vorspringenden, gerundeten Baukörper entsprechend in Szene gesetzt. Daran schließt ein rechteckiger, zurückgesetzter Baukörper an. Der kantige Bauteil hat eine gelbe Holzfassade, der gerundete hat ebenfalls eine Holzfassade – aber die konnte man eben nur mit dem traditionellen Material der Holzschindel problemlos herstellen. Wichtig in diesem Zusammenhang ist: Mit diesem Einfamilienhaus wurde ein Typ entwickelt, der im Grund beliebig addierbar und außerdem auch noch für schwierige Hanglagen geeignet ist. Man tritt in dieses Haus auf der Ebene des ersten Obergeschosses ein, von dort geht es über eine präzis und detailgenau erarbeitete Erschließung hinauf und hinunter. Es ist tatsächlich ein solitäres Einfamilienhaus – zugeschnitten auf eine Familie mit zwei Kindern –, das sich zur Potenzierung im verdichteten Flachbau größerer Dimension aber ganz sicher eignet.

It may at first seem confusing if a one-family home whose uniqueness apparently lies in the contrasting materials used on the façade is mentioned in connection with additive typology (and subsequently detached terrace houses). The house is perched atop a steep slope and has a spectacular view of Lake Constance. This was emphasized by a protruding, curved structure. Adjoining it is a rectangular, recessed structure. The angular part has a yellow wood façade, the curved part also has a wooden façade – but its manufacture was only possible by using traditional wood shingles. It is worth pointing out that, with this one-family home, it was possible to develop a type to which one can add at will and which is suitable for a difficult sloping location. This house is entered on the first floor level, from where upper and lower levels are accessed by a precise and carefully designed access area. It is effectively a solitary one-family home – tailored to meet the needs of a family with two children – but undoubtedly well suited for inclusion in large scale low rise developments.

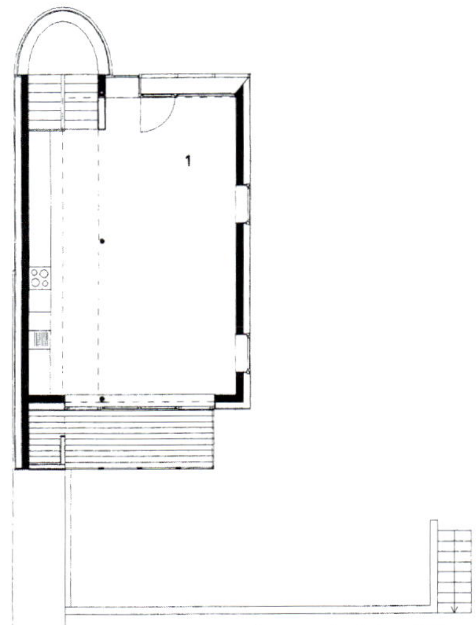

2. Obergeschoß I 2nd floor

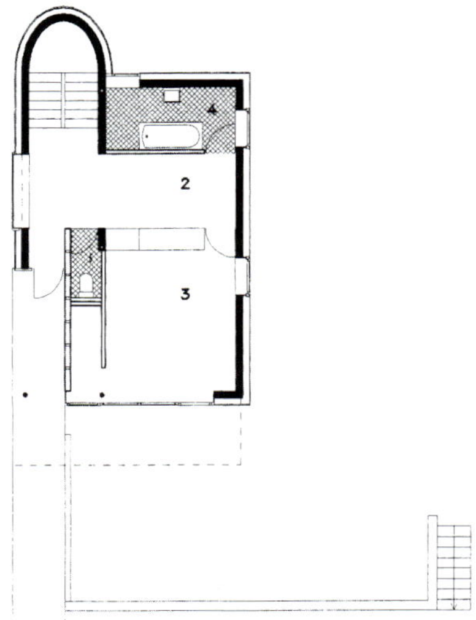

1. Obergeschoß I 1st floor

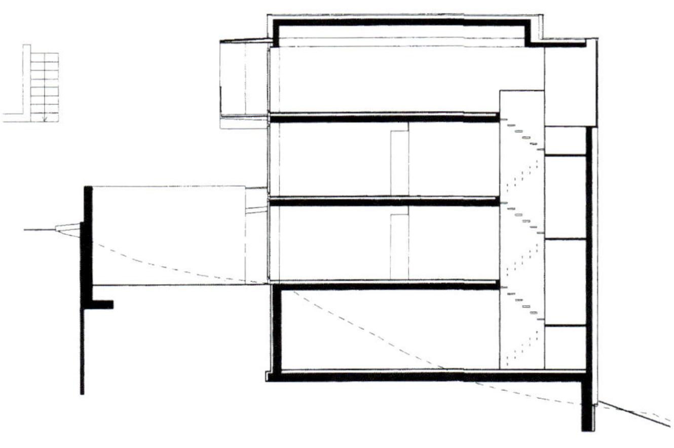

Schnitt I section

Erdgeschoß I ground floor

Südansicht | south view

Ostansicht | east view

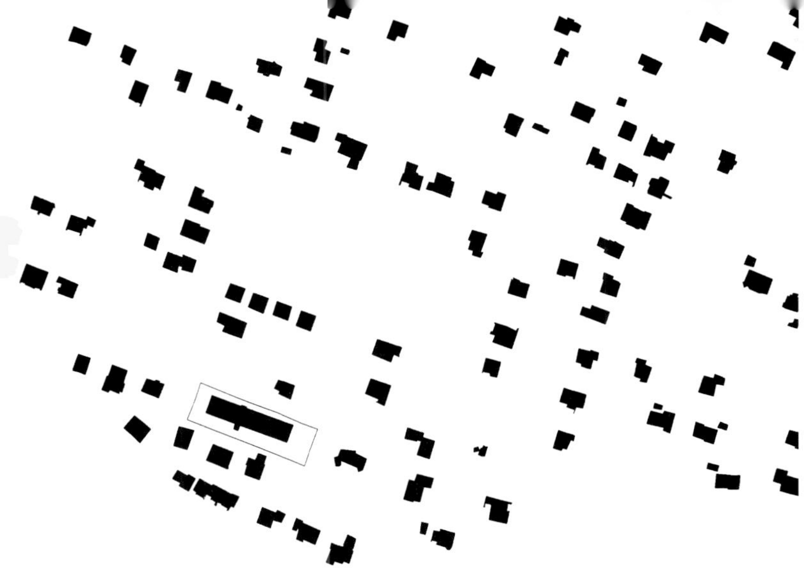

Die Reihenhäuser in Nofels

Nofels ist ein Ortsteil von Feldkirch, der eine ziemliche Randlage hat, also eine fast ländliche Gegend, die erst in den letzten zehn Jahren bebaut worden ist. Das ist eigentlich eine eigene Gemeinde mit eigener Infrastruktur: Dort gibt es eine Kirche, eine Schule, einen Kindergarten, auch ein Altersheim. Die Verbindung zum Stadtzentrum von Feldkirch ist hingegen durch den Schellenberg unterbrochen. Die Reihenhäuser stehen abseits vom alten Ortskern in einem Neubaugebiet, in dem es vor allem Einfamilienhäuser gibt. Insofern war es strategisch eine plausible Entscheidung, dort Reihenhäuser zu bauen. Der verdichtete Flachbau ist zwar an sich eine sehr luxuriöse Variante des sozialen Wohnbaus, aber damals war er die Lösung mit der höchsten Akzeptanz. Man muß hinzufügen, daß diese Reihenhäuser mit 0,9 eine extrem hohe Geschoßflächenzahl haben. Insofern ist das verdichteter Flachbau, der schon an der Grenze zum Geschoßwohnungsbau liegt. Diese Dichte wurde mit einer ganz besonders schmalen, versetzt-geschossig organisierten Grundrißlösung erreicht. Das heißt, man wohnt dort auf drei halbgeschossig gesplitteten Niveaus. Dadurch konnten auch die Garagen eingespart werden, weil der Split-Level genutzt wurde, um einen Abstellplatz unter dem Gebäude zu schaffen, von dem man ein halbes Geschoß hinauf ins Haus geht. Man kommt zuerst in das Wohngeschoß, geht ein halbes Geschoß hinauf in den Koch-Eß-Bereich, geht wieder ein halbes Geschoß hinauf und kommt zum Kinderzimmer, und wieder ein halbes Geschoß höher liegt das Elternschlafzimmer. Aus diesem Schnitt ergibt sich schließlich ein weiteres halbes Geschoß, das noch höher liegt, und das ist als Terrasse genutzt. Jede Wohnung hat einen kleinen, auf Grund der hohen Dichte nicht sehr tiefen Gartenanteil, und jede hat eine Dachterrasse. Diese Häuser bieten also sehr viel. Und sie sind bei den Bewohnern auch äußerst beliebt, denn die haben um den Preis einer vier-Zimmer-Wohnung in irgendeinem Geschoßwohnungsbau fast so etwas wie ein Einfamilienhaus bekommen.

A Row of Detached Houses in Nofels Nofels is a part of Feldkirch at the outskirts of the town, almost a rural area that has only been developed during the last ten years. It is in fact a separate community with a separate infrastructure: there is a church, a school, a kindergarten and a home for the elderly. Communication with the town center is, however, hindered by the Schellenberg. The row of houses is located off from the heart of the town, in a newly developed area of mostly one-family homes. So the decision to build detached houses there was strategically plausible. This low rise as such is of course a very luxurious variation of the subsidized housing concept, but at the time it was the solution with the highest approval rating. It must also be said that these row houses have an extremely high proportion of stories to area of 0.9 – structurally bordering on multi-storied apartment building. This density was achieved by an exceptionally narrow split-level ground plan design. It means living on three entresol split-levels. Garages were repudiated because the split-level feature could be used to create a parking space underneath the building, from where one walks up a short flight of stairs to enter the house. First one comes to the living-room level, walks up half a floor to the kitchen and dining area, a further half floor to the children's room and another half floor to the master bedroom. This sectional plan produces an additional level, even higher up and this was exploited as a terrace. Each apartment has a small, but not very deep share of the garden, given the high density, and each has a roof terrace. These houses have really a lot to offer. Also, they enjoy wide popularity with the occupants who appreciate having acquired something resembling a one-family home at the price of a four-room apartment in a normal multistory apartment building.

Dachterrasse | roof terrace

Westansicht | west view

Südansicht | south view

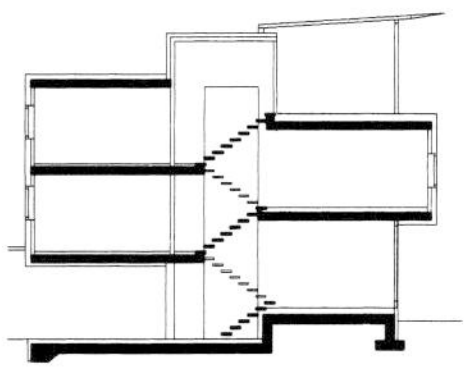

Schnitt | section

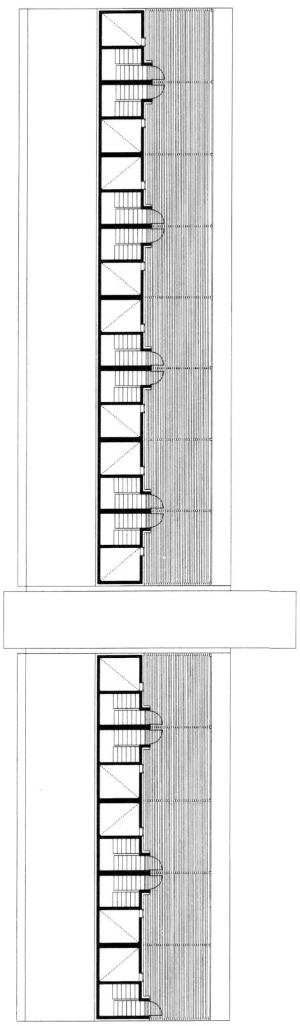

Dachgeschoß | roof plan

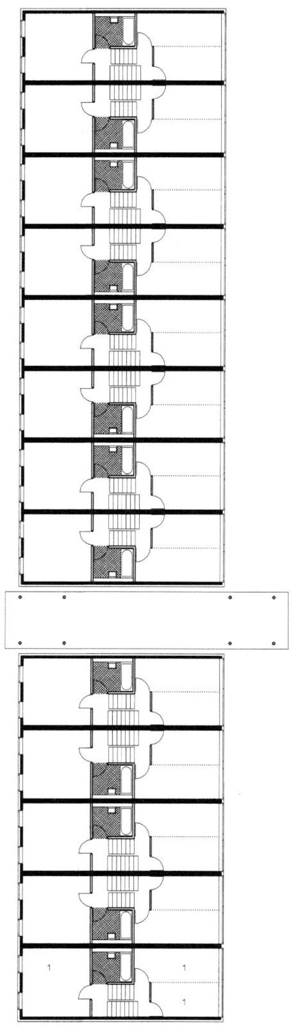

Obergeschoß | upper floor

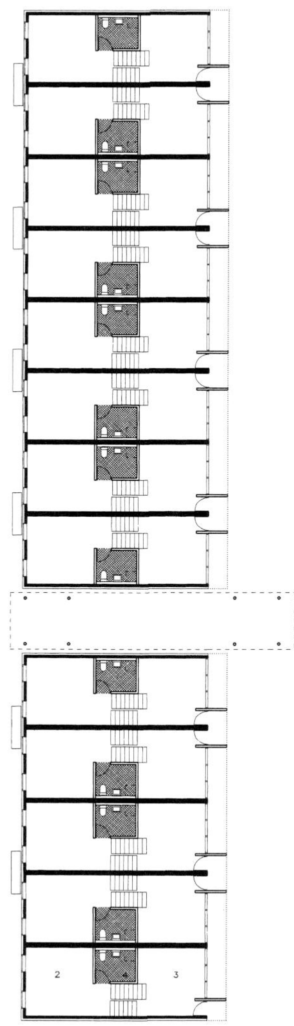

Erdgeschoß | ground floor

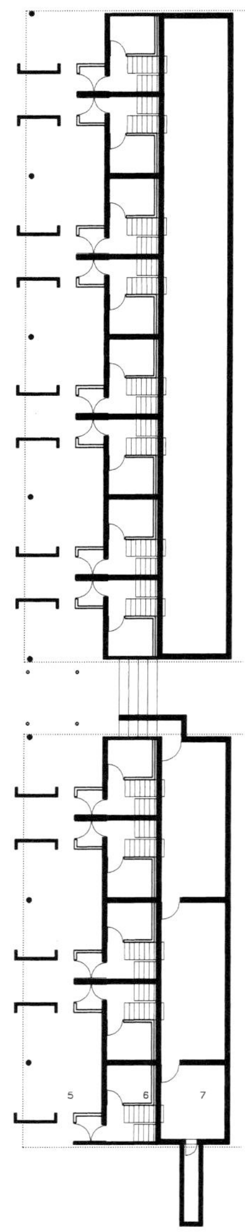

Kellergeschoß | basement

Im Zusammenhang mit Nofels müßte man über das Thema Vorfertigung reden. Es war unsere erste Wohnanlage, bei der vorgefertigte Fassadenelemente eine Rolle gespielt haben. Viele Überlegungen und in der Folge auch viele Erfahrungen, die sich im Lauf der Umsetzung ergeben haben, sind dann, sehr viel später, zum Beispiel in die Wohnanlage V 78 in Bludenz eingeflossen. Das Projekt in Nofels ist so organisiert, daß es tragende Scheiben gibt, die die einzelnen Wohnungen trennen, während das Fassadenelement dazwischen aus einem vorgefertigten Element besteht. Es ist im Grund eine Tafel, die in der Halle gebaut wurde. Die Entscheidung zugunsten einer Faserzementfassade hat damit unmittelbar zu tun. Auf diese Weise konnte man das Problem der Fugen bewältigen. Die Unterkonstruktion, die Isolierung, das Fenster waren vorgefertigt. Sie wurden montiert, anschließend wurden am Bau die Schuppen der Eternitfassade darüber gezogen, und damit waren die Fugen verschwunden. Gerade bei dieser Bauweise läßt sich andererseits sehr gut beobachten, welche Probleme entstehen, wenn man teilweise mit Vorfertigung arbeitet. Die Schwierigkeit liegt in der Vermischung von auf der Baustelle realisierter Massivbauweise – mit all ihren Ungenauigkeiten – und millimetergenauer Vorfertigung aus der Halle. Wo beides aufeinander trifft, spießt es sich oft. Das muß man von vornherein bedenken.
Nofels war ein wichtiges Projekt. Denn diese Erfahrung mit der Vorfertigung war eine Lehre für spätere Bauten. Und der Umgang mit einer so relativ großen Dichte im Zusammenhang mit Reihenhäusern, mit verdichtetem Flachbau, der ist auch heute noch, obwohl das eigentlich ein altes Projekt ist, überzeugend. Das Verhältnis zwischen der bebauten Fläche des Grundstücks und der unbebauten, die dann durch diese Optionen der Dachterrassen erweitert wird, was man daraus alles machen kann und wie locker das eigentlich auf dem kleinen Grundstück steht, das ist nach wie vor gelungen. Außerdem zeigt die Anlage, wie man über technische Lösungen, die als Gestaltungsmittel eingesetzt werden, zu dauerhaften Qualitäten kommen kann. Die Anlage ist inzwischen viele Jahre alt und allein schon auf Grund ihrer Dichte intensivst gebraucht. Aber sie ist nicht schäbig geworden.

While discussing Nofels, the issue of pre-fabrication should also be mentioned. It was the first housing project where we used pre-fabricated façade elements. Many of the discussions and eventual experiences during its realization have later had an impact on other projects, such as, for instance, on the housing complex V 78 in Bludenz. The Nofels project features supporting braces which separate the apartments, the façade elements in between being pre-fabricated. The fact that this was essentially a factory-fabricated panel was instrumental in deciding in favor of a fiber concrete façade and thus in overcoming the problem of joints. The base construction, insulation and the windows were all pre-fabricated: these were mounted and the façade covered with asbestos cement cladding, thus concealing the joints. This building method in particular reveals the problems arising from working with pre-fabricated parts. The difficulty lies in combining solid construction on the building site – with all its inaccuracies – and highly exact factory pre-fabrications. Where the two meet, discrepancies frequently occur. All of this may needs to be taken into account from the start.
Nofels was an important project. The insights gained from using pre-fabricated elements proved valuable for later constructions. The management of this relatively high density development also applies for row houses and low rise developments and remains useable today, although it is actually an old project. The ratio between the built-up and non-built-up space of the property, the additional open space gained by the options of roof terraces, the possibilities they offer and how attractive it appears on this small property, are all still successful. It also demonstrates how one can achieve lasting quality by applying a technical solution as a design tool. The complex is now many years old and has been extensively utilized, not least because of its density. But it has not become shabby.

Reihen- und Doppelhäuser, Geschoßwohnungsbau für Berlin: das Quartier McNair

Es handelt sich um eine der größten Wohnanlagen, die unser Büro bisher geplant hat. Sie entstand in Zusammenarbeit mit dem Schweizer Architekturbüro d-company und im Rahmen eines Investoren-Auswahlverfahrens, keines Architekturwettbewerbes im engen Sinn. Es ging darum, für das Gelände einer ehemaligen amerikanischen Kaserne in Berlin-Steglitz ein Bebauungskonzept zu Fixpreisen anzubieten. Dieses Verfahren konnten wir für uns entscheiden. Das Areal – ein ehemaliger Exerzierplatz im Anschluß an die denkmalgeschützten Telefunken-Gebäude aus der NS-Zeit, für die derzeit nach einer Nutzung gesucht wird – liegt mitten im Grünen, ist aber auch ausgezeichnet an das innerstädtische Gebiet angebunden. Man ist in 20 Minuten im Zentrum. Gefordert waren rund 600 Wohneinheiten, von denen unser Projekt 370 in Form von Reihen- und Doppelwohnhäusern und 240 in Form von Geschoßwohnungsbauten – Terrassenhäusern – vorschlägt. Dafür gab es mehrere Gründe, der wichtigste und ausschlaggebende: Im Gegensatz zum in Berlin sonst üblichen Mietwohnungsbau handelt es sich hier um eine Wohnanlage, die im Eigentum vergeben wird. Deswegen dieser hohe Anteil „erdgebundener" Wohnformen,

Terrace and Semi-detached Houses, Apartment Blocks for Berlin: the McNair Quarter This represents the most ambitious housing development to be planned by our office. It evolved in collaboration with d-company, a Swiss architectural bureau, on the basis of the preferences of the investors, rather than an architectural competition in the narrow sense of the term. The objective was to draw up a development concept with fixed funding for the site of the former American barracks in Berlin-Steglitz. We were able to decide the selection process in our favor.

The site itself – the former parade ground next to the listed Telefunken Building from the Nazi era (for which, incidentally, a use has yet to be found) – lies in the midst of a green belt but is nevertheless well connected to the inner city area by public transport. It only takes 20 minutes to reach the center of town. 600 units of housing were planned: our project suggested the erection of 370 in the form of terrace and semi-detached houses and 240 in the form of terraced blocks of apartments. There were a number of reasons for this, the most important and decisive being that this housing project would actually belong to the residents, unlike the usual rented housing so characteristic of Berlin. For this reason there was a large proportion of low-level housing as well as an emphasis on suitable private areas for the individual and a green concept that creates clear hierarchies in the outside spaces. Continuous public green areas that punctuate the urban building and semi-public spaces are arranged next to those which lead to individual private areas. This differentiated green concept is particularly significant for the structuring of such a large number of dwellings. One could say: the arrangement into individual, identifiable housing areas is not brought about here by architecture but by the carefully considered differentiation of the exterior space.

deswegen auch ein Schwerpunkt bei der Formulierung individueller Freiräume, deswegen ein Grünkonzept, das klare Hierarchien bei den Außenräumen schafft. Durchgehende öffentliche Grünbereiche gliedern den Städtebau, daran angelagert sind die halböffentlichen Räume, und die leiten wiederum zu den individuellen Freiräumen über. Dieses differenzierte Grünkonzept ist für die Strukturierung einer so großen Anzahl von Wohnungen besonders wichtig. Man könnte sagen: Das Auflösen in einzelne, identifizierbare Siedlungsteile erfolgt hier nicht mittels Architektur, es wird durch die überlegte Differenzierung des Außenraumes erreicht.
Die Terrassenhäuser sind an den Rand gelegt – sie sind viereinhalb Geschosse hoch, also genauso hoch wie die Telefunken-Gebäude und schaffen damit maßstäblich eine Anbindung. Die Reihen- und Doppelwohnhäuser sind zwei- bis dreigeschossig. Tiefgaragen gibt es nur bei den Terrassenhäusern, der niedrigeren Bebauung sind dezentral, aber gut überschaubare und an den Straßenraum angebundene Sammelstellplätze zugeordnet. Im Inneren ist die Anlage dadurch autofrei.
Im Grund folgt das Konzept den tradierten Vorgaben des klassischen Siedlungsbaus. Alle Wohnungen sind Ost-West-orientiert. Es sind schlichte Mauerwerksbauten mit einem Flachdach. Besonderes Augenmerk wurde darauf gelegt, daß die Privatgärten wirklich privat sind. Das wurde in diesem Fall so gelöst, daß die Gärten 80 Zentimeter höher liegen als die Erschließung.

The terraced apartment blocks are situated at the edge – they are four and a half stories high just like the Telefunken Building itself and thus are related to one another by their scale. The terrace and semi-detached houses are two to three stories high. Underground garages are only to be found in the terraced blocks and although the low buildings are not centralized, they are readily recognizable and have adjacent collective parking lots with connections to the street. Thus, the interior of the entire complex has been kept free of motor traffic.
Basically the concept follows the traditional objectives of classic residential building. All apartments are oriented east-west. They are simple brick buildings with flat roofs. Particular attention was paid to the fact that private gardens actually are private. In this case this problem was solved by locating the gardens 80 cm above the access areas.
A special theme in the development of the concept was the treatment of foreseeable desires of the future owners. We catered to this in advance by developing housing units where only the outer walls, the situation of the stairs and the installation shaft were predetermined. Everything else was completely flexible. We offer three different types of operational arrangements for every type and every floor: ranging from a very open floor plan with free-moving spaces to a conventional version with closed-off individual rooms to a little more generous type with the kitchen next to the façade and a connection to the living and dining area. In purely numerical terms, a three-story terrace house can offer a total of 27 different floor plans for the potential occupants to chose from.

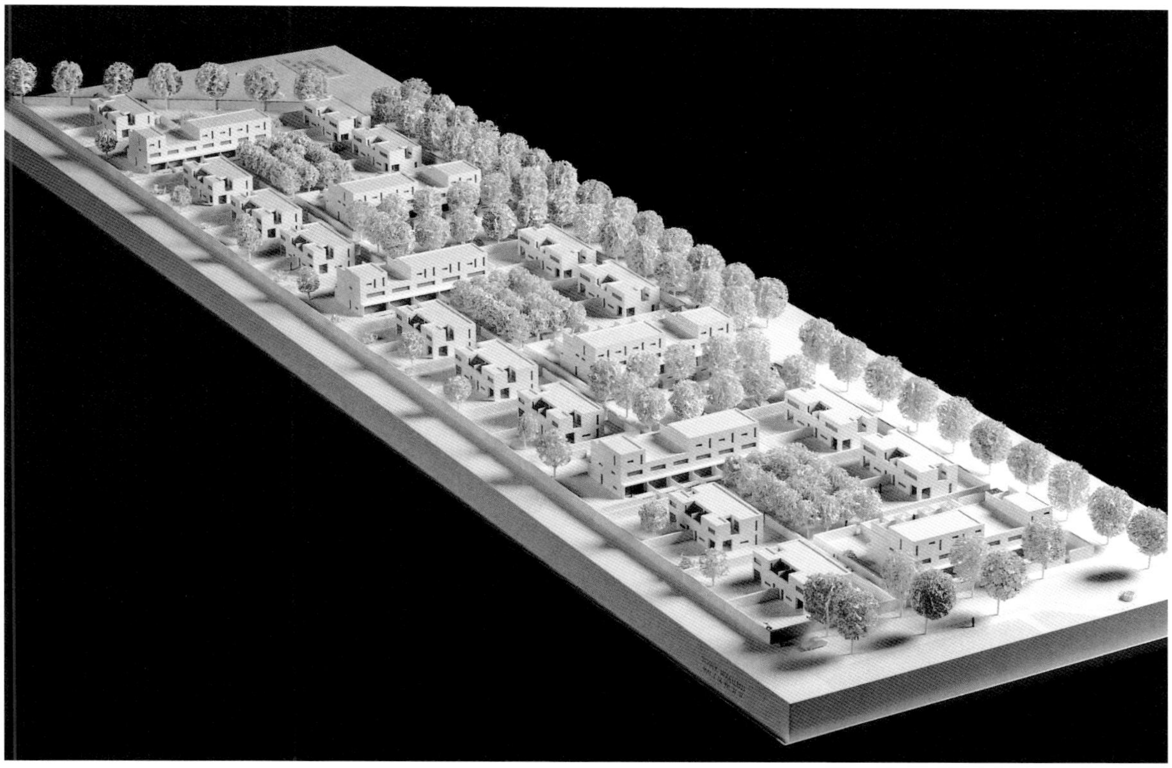

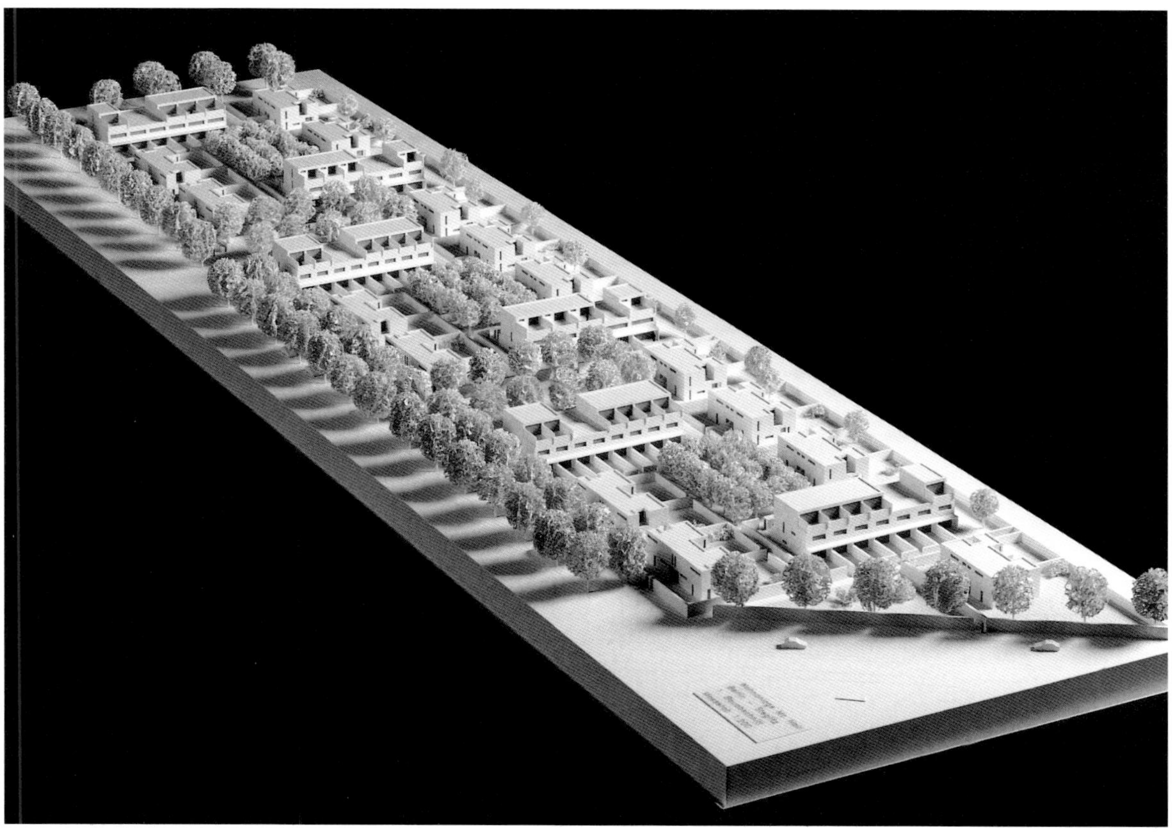

Ein besonderes Thema bei der Entwicklung des Konzepts war der Umgang mit den zu erwartenden Eigentümerwünschen. Wir haben darauf schon vorweg reagiert, indem wir Wohneinheiten entwickelten, die nur durch die Außenhülle, die Lage der Treppe und des Installationsschachtes festgelegt sind. Alles andere ist völlig variabel. Wir bieten für jeden Typ und für jedes Geschoß drei verschiedene Nutzungsvarianten an, aus denen der Interessent wählen kann: vom sehr offenen Grundriß mit fließenden Räumen über eine konventionelle Variante mit abgeschlossenen Einzelräumen bis zu einer etwas großzügigeren mit der Küche an der Fassade und einer Verbindung zum Wohn- und Eßraum. Rein rechnerisch gesehen: Ein dreigeschossiges Reihenhaus bietet also insgesamt 27 verschiedene Grundrisse, aus denen der Wohnungswerber wählen kann.
Dieser theoretische Ansatz erscheint uns auch deshalb besonders interessant, weil man bei einer so großen Wohnanlage nicht davon ausgehen kann, daß alle Wohneinheiten bei Baubeginn verkauft sind. Das Problem war: Wie kann man innerhalb einer solchen Typologie sowohl die technischen als auch die ökonomischen Voraussetzungen schaffen, daß sich die Häuser trotzdem realisieren lassen. Hier kann man das, von der Außenhülle über die Treppe und die Installationen bis hin zu den Außenanlagen. Wenn ein Haus später verkauft wird, dann ist es nur noch eine Frage des Innenausbaus, um der Typenentscheidung des künftigen Bewohners Rechnung zu tragen.
Für unser Büro war die Lösung dieser Problemstellung eine intellektuelle Herausforderung. Denn wir sind längst zu der Einsicht gekommen, daß es keine architektonische Frage ist, ob jemand eine offene Küche, eine Wohnküche oder gar keine Küche will. Im Wohnbau findet Architektur woanders statt.

We see this theoretical starting point of our work as being of special interest, because you cannot presume in a large residential complex that all housing units will be sold before commencement of building. The problem was how can the necessary technical and economic conditions be created within such a typology so that the houses could be realized in spite of everything. This is possible here, from the exterior walls to the staircase to the installations and exterior arrangement. Should a house be later sold, only the interior remains to be adapted so as to comply to the wishes of the future resident as far as type is concerned.
The solution of this set of problems was an intellectual challenge for our office. We have long come round to the point of view that it no longer represents an architectural problem if someone wants an open-plan kitchen, a kitchen-cum-living room or even no kitchen at all. Architecture takes place on another level in residential buildings.

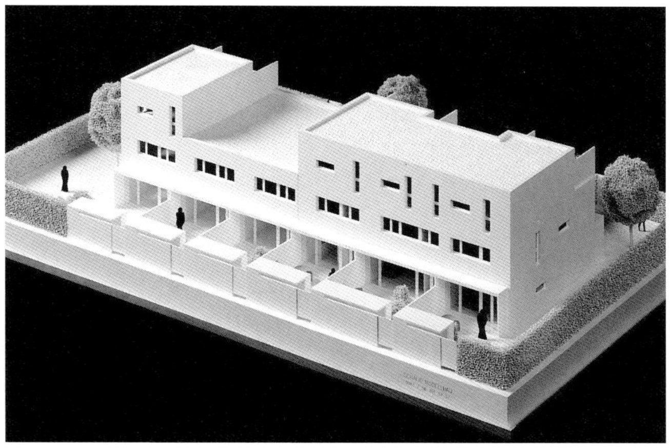

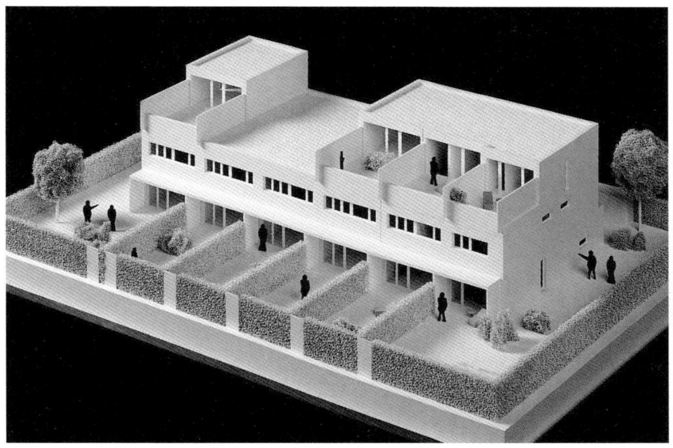

Eine 16 Meter tiefe Typologie: V 78 in Bludenz

Das Grundstück liegt am Rand von Bludenz, Richtung Arlberg. Seine Lagequalität ist letztlich sehr bescheiden, denn das Umfeld ist alles andere als attraktiv. Davon abgesehen, wird es durch den gegenüberliegenden Berg auch stark beschattet, besonders in der Wintermitte. Der Baukörper ist als langgestreckter Block formuliert, der – theoretisch – in beide Richtungen noch beliebig verlängerbar wäre. Diese Lösung läßt sich aus der Situation heraus in Wahrheit nicht wirklich rechtfertigen: Sie kann zwar so sein, sie muß es aber nicht, der Ort selbst hat eine dermaßen offene, konglomerathafte Struktur, daß aus seiner Analyse nicht zwingend ein Projekt resultiert. Die Wohnanlage ist relativ klein, und ihr liegt ein sehr spezifisches typologisches Konzept zu Grunde: Die Grundrisse sind 16 Meter tief. Eine solche Typologie ist im Wohnbau eher selten. Möglich wurde sie, weil wir eine besondere Art von Erschließung in Form kaskadenartiger Stiegenhäuser entwickelt haben, die das Gebäude gewissermaßen durchschneiden, so daß es zu einer Zonierung – südorientierte Wohnräume, Stiegenhaus, nordorientierte Schlafräume – kommt, die auch

A 16 Meters Deep Typology: V 78 in Bludenz This property lies on the outskirts of Bludenz, in the direction of Arlberg. The quality of its location must be described as modest, because its surroundings are anything but attractive. In addition, it is located facing a mountain, so it lies mostly in the shade, particularly in mid-winter. The building was designed as an elongated block and is – theoretically – extendible at will in both directions. In reality, this design is not really justified by the nature of the location: one can opt for it, but one need not, the surroundings have such an open, conglomerate-type structure that no specific project would be an inevitable choice. The complex is relatively small and is based on a specific typological concept: all the ground plans have depths of 16 m. This is rare in a housing project. It became feasible by developing an unusual type of access in the shape of cascading staircases that cut through the building. As a result the building appears divided into zones – south facing living rooms, staircase, north facing bedrooms – which also has an economic impact. V 78 is the most economical example of a non-profit housing project in Vorarlberg in recent years. It essentially complies with all the criteria of economic domestic architecture. The numbers with respect to compactness and ratio between utilized space and

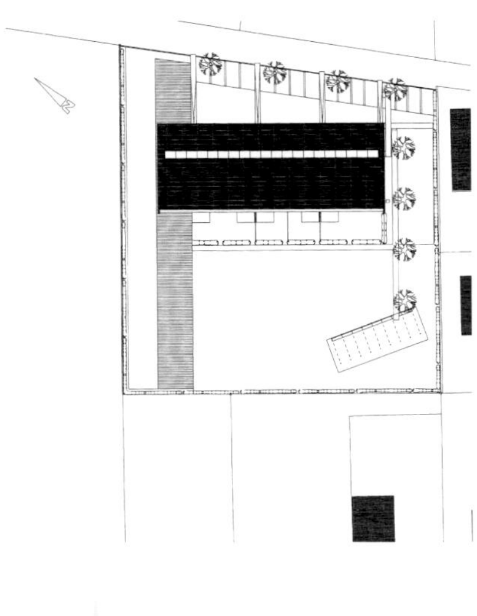

ökonomisch wirksam wird. V 78 ist der billigste Wohnbau, den ein gemeinnütziger Bauträger in den letzten Jahren in Vorarlberg gebaut hat. Damit ist eine Latte gelegt, die im Grund alle Kriterien erfüllt, die ein ökonomischer Wohnbau haben sollte. Die Zahlen, was seine Kompaktheit oder das Verhältnis zwischen Nutzfläche und Fassade betrifft, sind einfach optimal. Allerdings ist auch alles vermieden, was Mehrkosten verursachen könnte: Es gibt weder eine Tiefgarage – nur ein Carboard –, noch gibt es Keller, die Abstellräume liegen ebenerdig. Das heißt, bautechnisch wurde in jeder Hinsicht optimiert, dafür ist das energetische Konzept äußerst anspruchsvoll. Es gibt eine kontrollierte Lüftung mit Wärmerückgewinnung, und wer davon Gebrauch macht, hat pro Jahr Energiekosten einzukalkulieren, die weit unter den Normen liegen, die es in Österreich, der Schweiz und Deutschland sonst gibt. Und deswegen ist unser Büro davon überzeugt, daß diese Technologie echte Chancen für den Wohnbau bietet. Das sind Optimierungen, die sich berechnen und überprüfen lassen, deswegen wird Bludenz auch immer wieder als Beispiel herangezogen.
In dieser 16 Meter tiefen Typologie steckt jedenfalls Entwicklungsarbeit – man wird in der Literatur nach einem solchen Typ wahrscheinlich vergeblich suchen. Dabei läßt sich diese Typologie sicher noch optimieren. In Bludenz gibt es zum Beispiel keine Terrassen. Das hängt damit zusammen, daß der Bau um einen sehr niedrigen Preis erstellt werden sollte. Das ist auch gelungen. Die Voraussetzung war allerdings, daß gewisse Standards im Wohnbau diskutiert wurden. Zum Beispiel diese Frage der Terrasse. Wir haben für das Projekt einen Lösungsvorschlag entwickelt, bei dem der Wohnraum die gesamte Südfläche belegt und durch eine große Schiebetür die Hälfte der Fassade geöffnet werden kann. Außerdem sind 90 Prozent dieser südseitigen Fassadenfläche verglast, es gibt nur das Element eines ganz schmalen geschlossenen Lüftungsflügels. Das führt einerseits wieder zu einem bestimmten Muster an der Fassade, andererseits hat der Wohnraum dadurch, daß die Glashaut vom Boden bis zur Decke durchgeht, einen sehr großzügigen Charakter. Besonders in der warmen Jahreszeit ist es wirklich fast so, als würde man

façade are optimal. Anything that might incur additional cost, however, has been avoided: there is no underground garage – only a car board – and no cellars, the storage rooms being located on the ground floor. Technically all was optimised in every possible respect, as its energy concept is highly sophisticated. There is a controlled ventilation system with heat reflux that would, if taken advantage of, keep annual energy costs way below the standards of Austria, Switzerland and Germany. Our office strongly believes this technology to have a future in domestic architecture. These improvements can be measured and verified and are the reason that Bludenz cited is time and again.
In any case, there is much development work behind this 16-meter deep typology – one will probably search the standard literature in vain for a similar type. Yet, the concept can definitely still be optimized. In Bludenz, for instance, there are no terraces because the building was meant to be realized at very low cost and we succeeded in this. One of the prerequisites was, however, that certain standards of domestic architecture had to be discussed. Such as the question of terraces, for example. We developed a proposal for this project where the living-room area occupies the entire south side and where half of the façade can be opened up by a large sliding door. 90 % of the south façade is made of glass, other than that there is only a very narrow enclosed element for ventilation purposes. This is not only legible on the façade but the living-room has very generous proportions because of the floor to ceiling glass skin. It is almost as if one was sitting in open air, particularly in warm weather, and when the sliding door is open, the entire living has a terrace-like atmosphere. Nevertheless, if these apartments were to be offered on the free market, a terrace would simply have to be added. One would also have to consider how to access such a building with a lift – the building in Bludenz is only three stories high and can manage without one. But for a larger and taller building it becomes a pertinent issue. The floor plans themselves cannot be improved in any significant way. They are highly flexible and inter-changeable. This is due to the bedroom zone on the north

Detail Nordansicht | north view, detail

im Freien sitzen, bei offener Schiebetür stellt sich eigentlich im gesamten Wohnraum Terrassenatmosphäre ein. Trotzdem: Sobald solche Wohnungen auf dem freien Markt angeboten werden, muß man einfach doch eine Terrasse vorschalten. Und man muß sich überlegen, wie man eine solche Typologie mit einem Lift erschließen kann. Der Wohnbau in Bludenz ist nur drei Geschosse hoch, da geht es noch ohne. Aber wenn ein solches Haus größer und höher ist, dann kommt man um dieses Thema nicht mehr herum.
Die Grundrisse selbst sind fast nicht mehr zu verbessern. Der Typ ist äußerst flexibel und sehr gut zusammenschaltbar. Das hängt mit der Schicht der Schlafzimmer an der Nordseite zusammen. Wenn man die Grundrisse nun so konzipiert, daß man von einer drei-Zimmer-Wohnung auch ein Schlafzimmer abkoppeln kann, dann erhält man auf der einen Seite eine zwei-Zimmer-Wohnung und auf der anderen eine vier-Zimmer-Wohnung, wobei Wohnraum, Küche, Eßplatz immer gleich groß bleiben. Das Hin- und Herschalten bleibt also auf die Zimmerschicht an der Nordfassade beschränkt. Bei diesem Typ kommt außerdem noch hinzu, daß er sich – wie Nofels – sehr gut für die Vorfertigung eignet. Denn die Konstruktion ist an sich simpel: Stahlstützen, die in Leichtbautrennwände ein-

Nordansicht | north view

side. If the floor plans are drafted in such a way as to allow the uncoupling of one bedroom from a three-room-apartment, one is left with a two-room-apartment on one side and a four-room-apartment on the other; whereas living-room, kitchen and dining area always remain the same size. This switching to and fro is limited to the bedroom zone on the north façade. In addition, this type is – like the Nofels project – compatible with prefabrication. The construction is essentially simple: steel supports encased in lightweight partition walls, concrete ceilings, and, on the north side, large façade elements that somehow suggested encasement with panels of fiber cement. All joints are hidden behind the panel skin. In addition to the geometry of the paneling, there is a horizontal division in the form of an oak ledge running the entire length of the building, indicating that the size of the panel elements, not the height of the floors, was instrumental in choosing this particular façade. This is an important economic aspect because the façade is always the biggest cost factor. It demonstrates how one can carefully approach optimization here, how it is possible to build at a lower cost after all. The project generally yields ideas and solutions for many important sectors of domestic architecture: from construction to energy management

gepackt sind, Betondecken, und an der Nordseite große Fassadenelemente, die eine Verkleidung mit faserzementgebundenen Platten irgendwie nahe gelegt haben. Denn hinter der Plattenhaut verschwinden alle Fugen. Abgesehen von dieser Plattengeometrie gibt es bei dem Wohnbau auch noch eine horizontale Gliederung durch eine Eichenleiste, die sich über die gesamte Länge des Bauwerks zieht und einen Hinweis darauf liefert, daß nicht die Geschoßhöhe sondern die Elementgröße der Platten den Ausschlag für diese Fassadenlösung gegeben hat. Das ist ein wichtiger ökonomischer Aspekt, denn die Fassade ist immer ein sehr großer Kostenfaktor. Hier sieht man, wie man sich auch in dieser Frage an eine Optimierung herantasten kann, wie es doch möglich ist, so etwas billiger zu bauen. Auch sonst liefert das Projekt Lösungsvorschläge für viele wichtige Teilbereiche im Wohnbau: von der Konstruktion über die energetische Thematik bis hin zum Grundriß. Die Schwierigkeit besteht ja heute oft darin, daß es entweder um die ökonomische Frage geht oder um die ökologische, um die technische, was auch immer. Aber nur wenn man versucht, alle diese Teilbereiche zu optimieren, kommt unter dem Strich das heraus, was man eigentlich erreichen möchte.

Südansicht | south view

to floor plan design. Nowadays the difficulty frequently is that one is either concerned with the economic question or the ecological or the technical question or whatever. But unless all the components are optimized, it will not add up to what one essentially set out to achieve.
The public this apartment building was designed for was anonymous. These are not occupants who tend to get excited about any one form of accommodation, they also come from vastly different social backgrounds. We had not met any of them beforehand. But they are apparently very pleased. One thing, however, is difficult to explain: that there is no balcony zone. It is an additional space that people obviously miss. The balcony is not merely – as mentioned before – a place where one can sit, it is often used for the storage of all kinds of things. They miss it in that sense, not in terms of outside space quality. Other than that, they feel comfortable, they can relate to this typology. It is important that occupants understand what is offered them and that they can handle it. We realize, of course, that one can create far more interesting, more exciting living spaces (and we do), but it is not the right approach in subsidized housing, it demands more generally valid concepts.

Das Publikum, für das dieser Wohnbau geplant wurde, war anonym. Das sind keine Bewohner, die sich für eine bestimmte Wohnform begeistern, sie sind auch von der sozialen Struktur her völlig unterschiedlich. Wir haben die Leute vorher nicht kennengelernt. Aber sie sind offensichtlich sehr zufrieden. Nur eines ist doch schwer zu vermitteln: daß es diese Balkonzone nicht gibt. Das scheint einfach eine Zusatzfläche zu sein, die ihnen fehlt. Denn der Balkon dient ja – es wurde schon früher erwähnt – nicht nur dazu, daß man dort sitzt, er ist oft auch Lagerplatz für alle erdenklichen Dinge. Und diesen Leuten geht ein Balkon in diesem Sinn ab, nicht im Sinn von Außenraumqualität. Aber sonst fühlen sie sich sichtlich wohl, sie können mit dieser Typologie umgehen. Das ist ja eine entscheidende Frage, ob die Bewohner das Angebot verstehen, das man ihnen macht, ob sie es handhaben können. Natürlich wissen wir, daß man auch sehr viel interessantere, spannendere Wohnformen kreieren kann (wir tun es auch). Für den sozialen Wohnbau ist das aber nicht der richtige Ansatz, der verlangt nach allgemeingültigeren Konzepten.
In Bludenz wurde versucht, den gesamten Entstehungsprozeß eines solchen Gebäudes, von der Planung über die Ausschreibung und Beauftragung bis zum Bauen selbst, zu optimieren. Wir haben sogar zwei Arten von Ausschreibungen gemacht. Eine, die an verschiedene Firmen ging, und eine, die an Generalunternehmer ging. Inter-

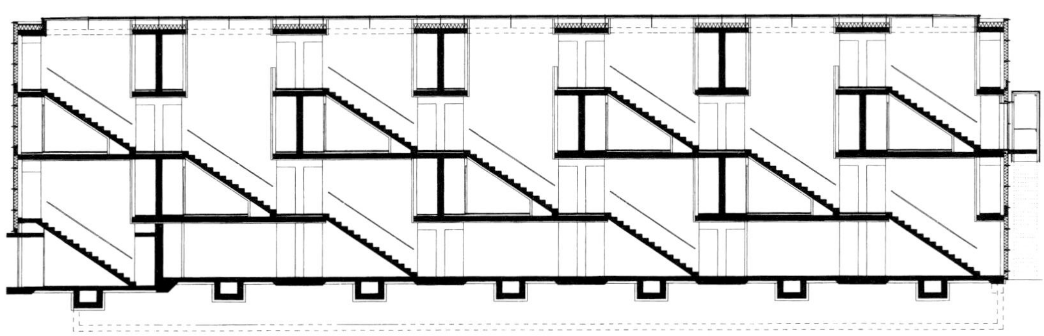

Längsschnitt | longitudinal section

In Bludenz we tried to optimize the entire development process of such a structure, from planning to invitations to tender, commissioning and actual construction. We even submitted two kinds of tenders. One foresaw a number of different kinds of firms, the other a general contractor. Interestingly, the general contractor offered a better price for the same quality. In this way, the system itself, how something like this is built, also comes under scrutiny. The entire planning down to the last detail had to be in place before tenders could be submitted. Otherwise one might not have been able to react with any significant flexibility should something have proven too cost intensive. All structural experimentation was also done beforehand. This is particularly important in the case of a pre-fabricated

essanterweise war der Generalunternehmer bei gleicher Qualität billiger. Es wurde also auch das System selbst, wie so etwas gebaut wird, untersucht. Allerdings mußte dafür die gesamte Planung, selbst die Detailplanung fertig sein, bevor ausgeschrieben wurde. Sonst hätte man nicht flexibel genug reagieren können, falls sich herausgestellt hätte, daß etwas zu kostenintensiv ist. Auch alle bauphysikalischen Untersuchungen gab es vorher. Das ist bei einer vorgefertigten Fassade besonders wichtig, weil mit dem Problem der Fuge auch akustische und wärmetechnische Probleme verbunden sind. Es wurde also im vorhinein durch eine exakte Simulation nachgewiesen, daß das energetische Konzept aufgeht. Das mußte man schon deswegen speziell beachten, weil im Winter so wenig Sonne dorthin fällt. Das heißt, es gab ein präzises technisches Konzept, und es gab exakt berechnete Kosten, erst dann hat man angefangen zu bauen. Und das spiegelt sich auch im Ergebnis wieder. Man konnte die Kosten durch Optimierung gewisser Details sogar noch unterschreiten. Was in der Folge dazu geführt hat, daß es zu einer Diskussion über die Förderungspraktiken gekommen ist. Denn in der Regel wird man ja bestraft, wenn man billiger baut als vorgeschrieben.

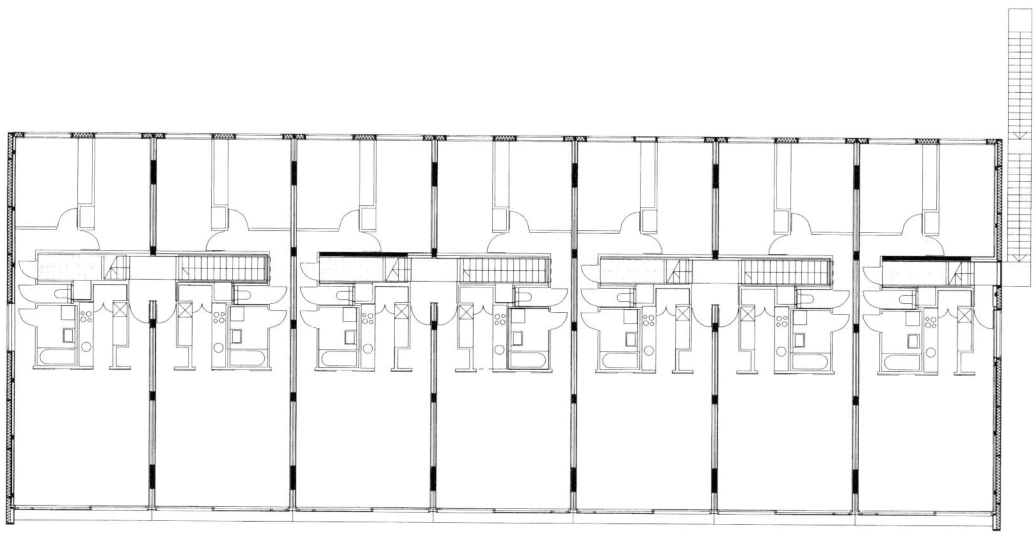

Regelgeschoß | standard floor plan

façade, because the problem with the joints also involves problems relating to acoustics and insulation. We demonstrated through exact simulation that our energy concept could actually be implemented. This was an important point for the simple reason that there is little direct sunlight there in winter. That means, that there was a precise technical concept and an exact calculation of cost in place before construction began. And that is also reflected in the final results. In optimizing certain details we even succeeded in remaining below the initial estimates. Eventually this led to a discussion about subsidy practices. As a rule, one gets penalized if one builds cheaper than previously agreed on.

Das Problem der sozialen Akzeptanz: Lustenau-Sand

Wenn zuvor davon die Rede war, daß es im sozialen Wohnbau darum geht, den Bewohnern Grundrisse anzubieten, die sie verstehen, die sie gebrauchen können, dann muß in diesem Zusammenhang auch dem Thema der Wohnbedürfnisse von Mitbürgern ausländischer Herkunft Aufmerksamkeit geschenkt werden. Es geht hier um eine Frage, die sich überall in Europa stellt, die aber kaum jemals befriedigend beantwortet wird. Denn, erstens, macht sich niemand die Mühe, den tatsächlichen Bedarf von Bewohnern ausländischer Herkunft zu analysieren, und, zweitens, spukt in den Köpfen der Architekten (aber sicher auch der Politiker) die Idee der sozialen Vermischung, der Integration herum. Letzteres ist natürlich berechtigt, aber was das an konkreten Maßnahmen nach sich zieht, das funktioniert meistens nicht. Es gibt ein Projekt, das wir gemeinsam mit Norbert Schweitzer erarbeitet haben, bei dem uns das schmerzlich bewußt wurde. Es handelt sich um eine Wohnanlage in Lustenau-Sand, die in zwei Bauetappen realisiert wurde. Sie umfaßt rund hundert Wohnungen und einen Kindergarten und befindet sich in unmittelbarer Nachbarschaft von zwei älteren Wohnanlagen, es kommen hier also sehr viele soziale Wohnbauten zusammen. Darin liegt schon die erste große Schwierigkeit: Wenn man das Gebiet insgesamt betrachtet, dann ist die Anzahl an Wohnungen – bei fehlender Infrastruktur – einfach zu groß.

A Problem of Social Acceptance: Lustenau-Sand Having previously discussed, with regard to subsidized housing, that occupants should be offered ground-plans they can understand and use, we must also address the issue of needs of fellow-citizens of foreign origin. This question is relevant everywhere in Europe, but hardly ever answered in a satisfactory way. For one thing, no one makes an effort to analyze the real needs of a foreign occupant and for another, architects (and, no doubt, politicians too) tend of like the idea of a social mix, of integration. There is, of course, every justification for this, but in many cases measures to this end do not work. We had occasion to become painfully aware of this with one of our own projects which we developed together with Norbert Schweitzer. It concerns a housing complex in Lustenau-Sand, which was realized in two stages. It consists of around one hundred apartments and a kindergarten in the immediate neighborhood of two older complexes. This makes for a considerable accumulation of subsidized housing and therein lies the first great difficulty: looking at the whole area, one realizes that there are – in view of the lack of infrastructure – simply too many apartments.

Fotos | photos **Christian Richters**

Straßenansicht |
view from street

Lustenau-Sand besteht aus einem Geschoßwohnungsbau, der zur stark befahrenen Straße hin den Schirm bildet und einen Außenraum formuliert. Diesem Geschoßwohnungsbau sind dann Reihenhäuser angelagert, die allerdings aufgesetzt auf das Reihenhaus noch ein zusätzliches Geschoß mit einer Wohnung haben, die über einen Laubengang organisiert ist. Diese Reihenhäuser wurden in einem ersten Bauabschnitt realisiert und problemlos mit einem sehr guten sozialen Mix belegt. Der große Geschoßwohnungsbau wurde als zweite Etappe umgesetzt und hatte das Pech, in eine Zeit zu fallen, als es in Österreich das sogenannte „Sparpaket" gab und es in der Bevölkerung zu einer großen Verunsicherung in bezug auf Arbeitsplätze, auf den künftigen ökonomischen Standard kam. Für die Genossenschaft hat das bedeutet, daß dieser zweite Bauabschnitt, der ursprünglich genauso voll war wie der erste, plötzlich halb leer stand. Und das hatte zur Folge, daß man diese Wohnungen wahllos an Leute vergeben hat, die auf irgendwelchen Listen mit Wohnungssuchenden standen, ohne soziale Gesichtspunkte mitzubedenken. Das heißt, im großen Geschoßwohnungsbau gibt es nun einen sehr hohen Anteil von Bewohnern, die ausländischer Herkunft sind. Es sind also nicht nur die gebauten Typologien sehr unterschiedlich, es ist auch die Belegung der beiden Bauabschnitte sehr unterschiedlich. Und das hat jede Menge Schwierigkeiten nach sich gezogen, in der Nutzung des Außenraums, aber auch in der Nutzung der Architektur selbst, und vor allem in der Nutzung der Balkonzone. Man muß sich klar machen, daß da in einer drei-Zimmer-Wohnung manchmal bis zu acht Menschen wohnen. Was das für einen herkömmlichen Wohnungsgrundriß bedeutet, bedarf wohl keiner Erläuterung. Und es bedeutet, daß diesen Menschen Nutzfläche fehlt, Lagerfläche, die sie zwangsläufig nach außen verlegen, auf die Balkonzone, aber auch in den gemeinschaftlich nutzbaren Freiraum. Da werden Autos repariert, da findet der Ölwechsel statt, da hängt meterweise die Wäsche zum Trocknen. Und da grillt einer im ersten Obergeschoß ein halbes Lamm. Uns selbst ist das keineswegs unsympathisch, aber es führt zwangsläufig zu jeder Menge Reibereien mit den Bewohnern des ersten Bauabschnittes, die ihre individuellen Gärten, ihre Freibereiche total privatisiert haben – natürlich mit dem ganzen Wahnsinn, den Baumärkte heute anbieten – und einfach nicht damit zurecht kommen, was sich bei ihrem Gegenüber abspielt. Da prallen ganz konträre Wohnvorstellungen aufeinander.

Hofansicht |
view from courtyard

Südansicht | south view

Lustenau-Sand consists of a multistory residential structure, faces onto a busy road and formulates the outside space. Adjoining it are row houses which however have an additional floor superimposed on them that contains an apartment that is reached from an arcade. These row houses were constructed as a first building stage and are occupied by a good social mix. The large multistory structure was built during a second phase that unfortunately coincided with an austerity period in Austria that caused many people to feel highly insecure about their jobs and future economic prospects. For the housing cooperative it meant that this second phase, although originally as full as the first, became half empty all of a sudden. As a result, these apartments were indiscriminately given away to people on different housing waiting lists, without proper consideration of social aspects. There is now a high proportion of occupants of foreign origin in that building. Not only are the typologies of the buildings different, but occupancy in the two building phases differs widely also. It caused numerous difficulties with respect to the utilization of outside space, but also of the building itself, above all the balcony zone. One has to realize that a three-room apartment was sometimes occupied by as many as eight people and what this means for a traditional floor plan needs no further explanation. These people simply lack adequate usable space as well as storage space, which is then by necessity transported outside, to the balcony, but also to the communal open space. Cars are being repaired, oil changes carried out, laundry hangs out to dry on meters of clothes lines, half a lamb cooks on the grill on an upper floor. We do not at all find this unpleasant, but it naturally led to constant friction with the occupants of the first building phase, who had totally privatized their individual gardens and open zones – with the help of the nonsense that is on offer in the home and garden centers, of course – and who simply cannot come to terms with what is going on opposite them. The upshot is a clash of totally conflicting life styles.

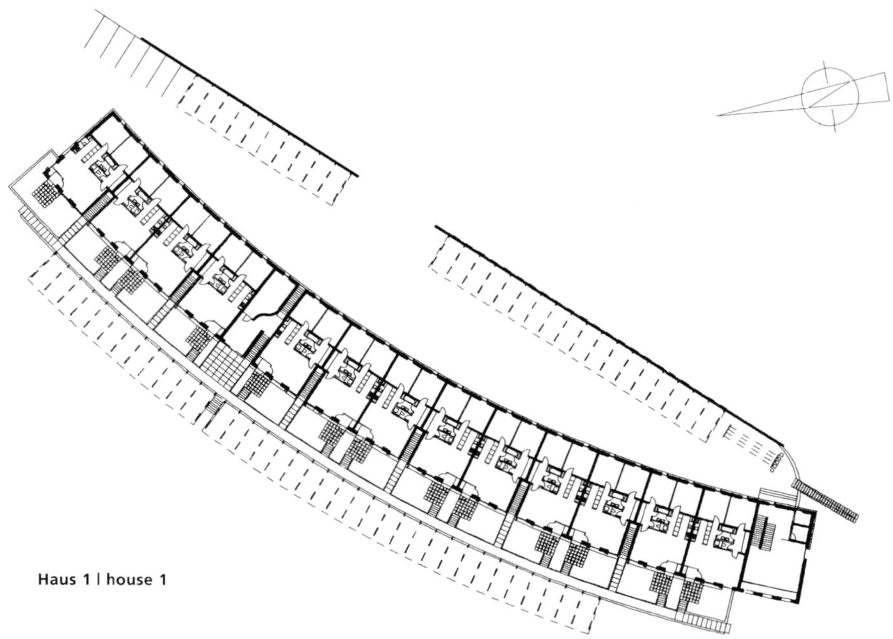

Haus 1 | house 1

Haus 2 | house 2

Haus 3 | house 3

Haus 4 | house 4

Kindergarten

Ein überschätztes Motiv: der Laubengang Wenn man sich mit den Verkäufern von Wohnungen unterhält, dann stellt sich ganz rasch heraus: Es gibt nur einen Wohnungstyp, der sich gut verkaufen läßt, und das ist eine südorientierte Wohnung mit Balkon. Keiner von denen macht sich natürlich klar, was das bedeutet: lauter gleiche Wohnungen, die zwangsläufig einen eher langen, aber nicht sehr tiefen Grundriß haben und an einem Laubengang liegen. Das sind sehr schlechte ökonomische Rahmenbedingungen. Das bedeutet schlechte energetische Rahmenbedingungen. Und wenn es dabei um größere Strukturen geht, dann bedeutet es einfach, daß sehr viele Leute an einer Haustür vorbeigehen. Das sind bekannte Tatsachen. Und Laubengänge haben bis vor kurzem ja auch nur dann nicht zur Geschoßflächenzahl dazu gezählt, wenn sie geschlossen waren. Wenn sie aber geschlossen sind, dann sind sie auch laut. Es gibt die Schwierigkeit mit der Thermik, die dort entsteht. Und wenn einer Kohl kocht, dann teilt sich das allen anderen mit. Abgesehen davon: Der Laubengang führt immer zu einem endlosen Riegel, weil man alle Zimmer an die Fassade bringen muß, und die muß südseitig orientiert sein, sonst wird es sinnlos. Aber wenn man auch nur sechs

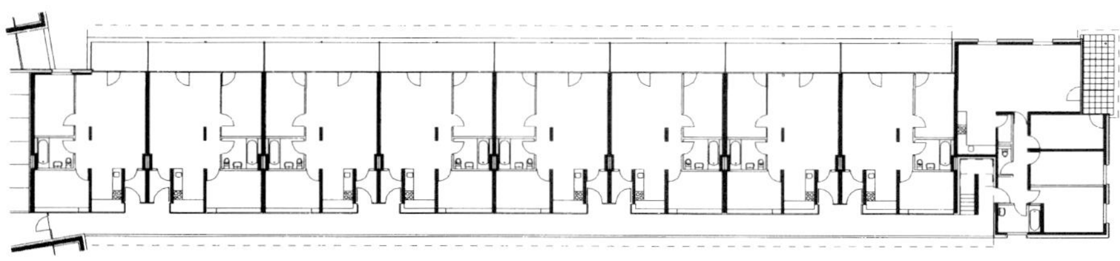

2. Obergeschoß | 2nd floor

An Overrated Feature – the Arcade In conversations with apartment sellers, one thing becomes immediately apparent: There is only one type of apartment that will sell easily: namely, those that face south and have a balcony. None of them seems to realize what this means: identical apartments with, by necessity, a rather long, but not very deep floor plan, fronted by an arcaded passage. This is also an unsatisfactory economic framework – quite apart from its unfavorable thermal qualities. In the case of a larger structure, it simply means that a lot of people have to walk past front doors. These are known facts. Until recently, arcaded passages were not included in the floor/space ration when they were enclosed. But if they are enclosed they will also be noisy. There are also difficulties with the thermal conditions that develop in this type of accommodation. If one person cooks cabbage, everyone will know what's for dinner. In addition, an arcade will always become an endless strip, as all rooms have to be along the facade, which in turn must face south, otherwise it would not make sense. But even if one were to join together just six such floor plans, it would result in a really long building. And this would be uneconomical. In terms of living quality also, it is

solche Grundrisse aneinander hängen muß, dann kommt immer ein wirklich langes Gebäude dabei heraus. Und das ist unökonomisch. Auch vom Wohnwert her zählt nur die Südseite mit Terrasse, alles andere ist sekundär bis schlecht. Der offene Laubengang funktioniert aber nicht besser: Es regnet hinein, es schneit hinein, man kann nicht einmal seine Schuhe dort stehen lassen. In unseren klimatischen Breiten ist eine solche Typologie alles andere als optimal. Es gibt unzählige Kritikpunkte daran.

Daß der Laubengang bei Architekten heute so beliebt ist, hat damit zu tun, daß er einfach ist. Er ist einfach zu konstruieren, er ist einfach zu bauen, er ist in seiner Organisationsform einfach. Und für den Bauherrn ist es auch einfacher, mit südorientierten Wohnungen zu argumentieren als mit Ost- oder Westwohnungen. Insofern setzen wir, die Architekten, uns viel zu wenig damit auseinander, welche Ersatzmöglichkeiten man anbieten könnte, die qualitativ wirklich etwas leisten. Diese großen Baukörper, die entstehen, indem man Grundriß an Grundriß addiert und einen Laubengang vorlagert, die führen jedenfalls zu äußerst problematischen Situationen.

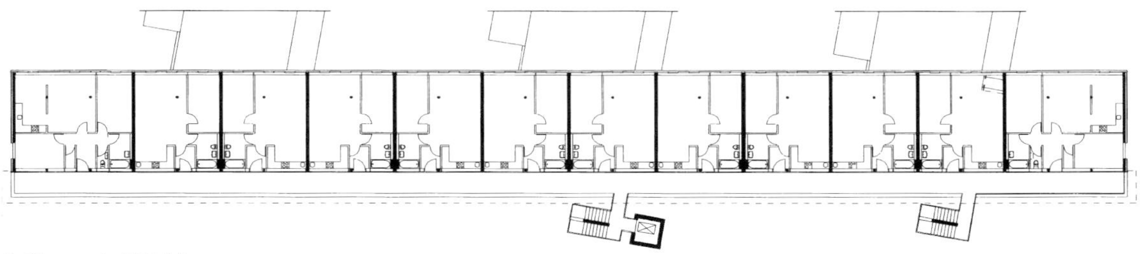

3. Obergeschoß | 3rd floor

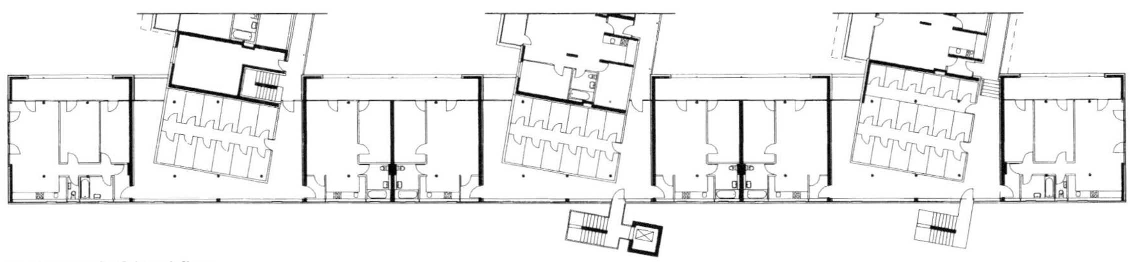

2. Obergeschoß | 2nd floor

only the south side with terrace that counts, the rest is considered secondary to inferior. An open arcade does not work any better: rain and snow will get in, even one's footwear cannot be left there. Such a structure would be anything but optimal in our climatic zones: the drawbacks are too numerous here.

That the arcaded passage is so popular with the architects of today, is largely due to its simplicity. It is easy to design, it is simple to build, it is simple in its organizational form. For the building contractor also, it is simpler to negotiate for south facing apartments rather than for those facing east or west. We, the architects, do not give enough consideration to other possible options that would work really well. The large structures that emerge by adding floor plan to floor plan and building an arcade along their front, will in any case lead to extremely problematic situations.

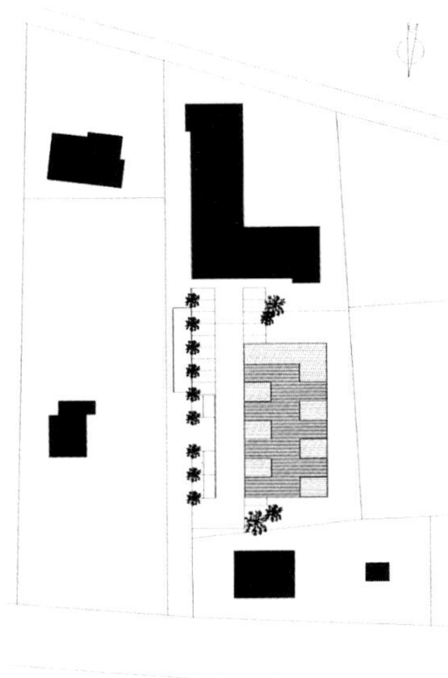

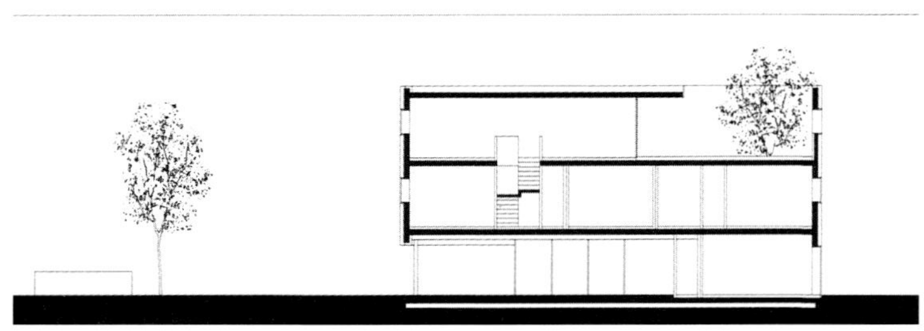

Schnitt I section

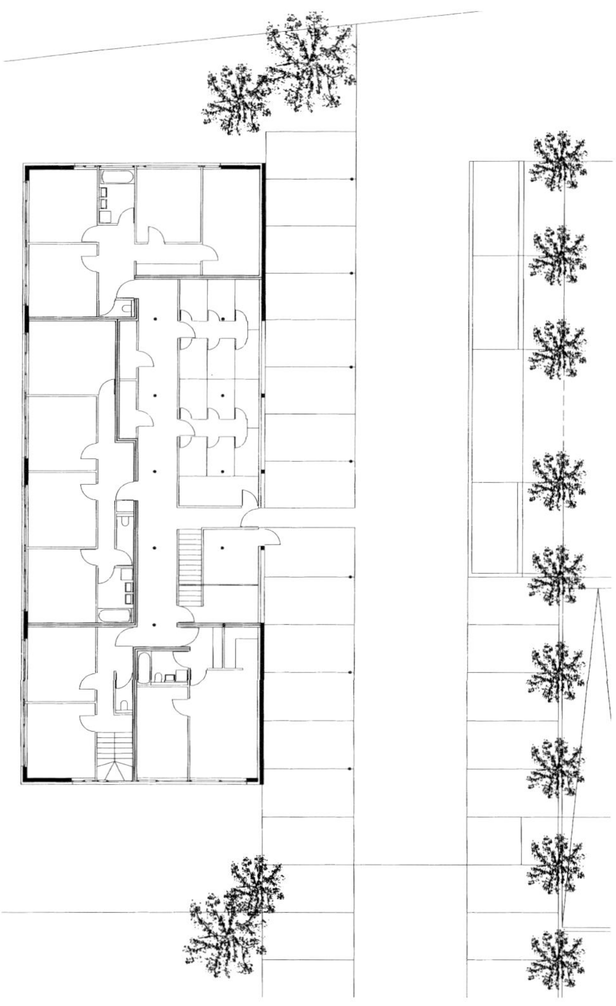

Erdgeschoß I ground floor

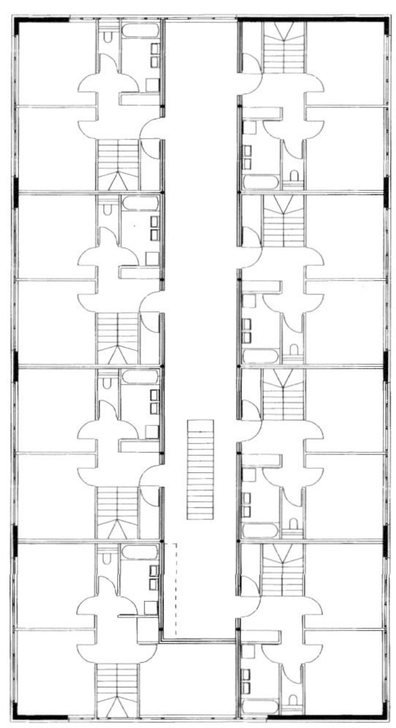

1. Obergeschoß I 1st floor

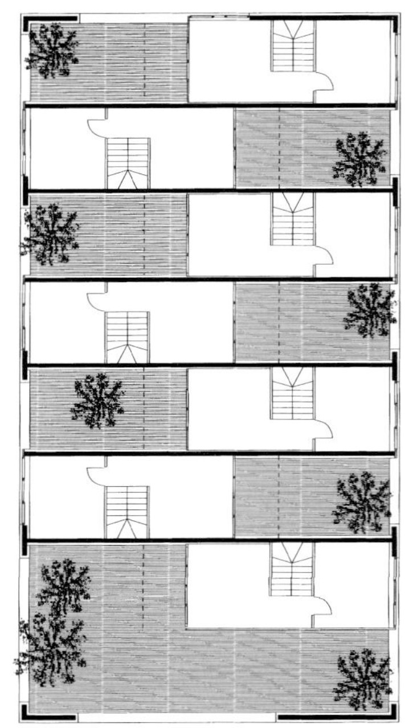

2. Obergeschoß I 2nd floor

Fussach: Ein Projekt für Mitbürger ausländischer Herkunft

Diesen Wohnbau hat ein Generalunternehmer beauftragt und das Projekt dann einem gemeinnützigen Bauträger angeboten. Die Genossenschaft ist darauf hin zum Gemeindeamt von Fussach gegangen und hat sich die Liste der Wohnungssuchenden geben lassen. Dabei hat sich herausgestellt, daß es darunter nur zwei einheimische Familien gab, alle anderen waren ehemalige Ausländer. Das hängt unter anderem damit zusammen, daß Mitbürger ausländischer Herkunft bei der Wohnungsvergabe oft benachteiligt wurden. Manche Genossenschaften weigern sich, Leerstände in bestehenden Wohnanlagen mit solchen Familien zu belegen, einfach weil sie Konflikte fürchten. Nun hat man sich in Fussach dafür entschieden, für diese Wohnungswerber einen eigenen Wohnbau zu errichten. Der gemeinnützige Bauträger ist dabei genauso vorgegangen, wie er es immer tut. Er hat an alle Wohnungssuchenden Listen geschickt, in denen abgefragt wurde, wie groß zum Beispiel der Wohnraum sein soll, ob eine offene oder eine geschlossene Küche bevorzugt wird, wie groß die Zimmer sein sollen. Das war Routine.

Fussach: a Project for Fellow-Citizens of Foreign Origin This project was commissioned by a general contractor and was then offered to a mutual benefit association. The housing cooperative then went to the town hall of Fussach and asked for the housing waiting list. It turned out that only two native families were listed on it, the rest were originally foreigners. The reason for this lies partly in the fact that applicants of foreign origin were often discriminated against when housing was allocated. Some cooperatives refused to fill vacancies in existing buildings with these families, anticipating conflict situations. A decision was then made in Fussach that a separate housing complex was to be built for these applicants. The mutual benefit association went about this by following the usual procedures. All housing applicants were sent questionnaires, asking them, for instance, how big the living-room should be, whether they preferred an open-plan kitchen or an enclosed one, how big the bedrooms should be. This was done routinely.

Die Antworten wurden an unser Büro weitergereicht und ihre Analyse hat etwas ganz Erstaunliches ergeben: Die wollen gar kein Wohnzimmer. Die wohnen in der Küche. Das hängt natürlich damit zusammen, daß so viele Menschen auf so kleiner Fläche leben. Und das bedeutet in bezug auf den Grundriß, daß man möglichst viele, im Grund annähernd gleich große Zimmer planen muß. Aber eine solche Typologie existiert in unseren Breiten eigentlich nicht. Sie widerspricht unseren tradierten Wohnvorstellungen. Wir haben darauf insofern reagiert, als der Vorschlag nun eingezogene Außenräume umfaßt, keine Atrien, sondern die Fassade geht durch und die Außenräume liegen innen, und eine Grundrißentwicklung, die zwar mehrere Zimmer beinhaltet, aber trotzdem flexibel ist. Wenn sich die Belegung des Hauses ändert, wenn sich die Bedürfnisse ändern, lassen sich ganz leicht Zwischenwände herausnehmen, Zimmergrößen modifizieren, und man kommt zu einer Wohnung, die den tradierten Vorstellungen in jeder Hinsicht entspricht.
Auf solche Voraussetzungen muß der Architekt reagieren. Er muß Konsequenzen ziehen. Wenn er unter den genannten Bedingungen Grundrisse, Außenräume herkömmlichen Zuschnitts hinzeichnet, dann zeichnet er Konflikte auf. Das muß man zur Kenntnis nehmen. Es ist ein überaus komplexes und kompliziertes Thema. Denn sicher möchte kein Architekt dafür verantwortlich zeichnen, daß irgendwo ein Ghetto für ehemalige Ausländer entsteht. Andererseits kommt es unweigerlich zu Konflikten, wenn man in der Planung auf diese Problematik nicht eingeht. Der einzige Ausweg, der sich bislang abzeichnet, besteht in der Planung eigener Anlagen für solche Bewohner, die allerdings auf keinen Fall zu groß sein dürfen und die in eine bestehende oder nach herkömmlichen Kriterien funktionierende Struktur integriert sein müssen. Nur dann wird so etwas jemals funktionieren und vielleicht sogar dazu beitragen, daß eine breitere Bevölkerungsschicht mit anderen als den mitteleuropäischen Wohnvorstellungen bewußter umgeht.

The answers were passed on to our office where their analysis revealed something absolutely astonishing: they did not want a living room at all. They live in the kitchen. It ties in, of course, with the circumstances that so many people live in such a small space. With regard to the floor plan, it means aiming for as many bedrooms as possible and of approximately the same size. This typology does actually not exist in our regions. It contradicts our traditional concepts of living arrangements. Our reaction to this was to propose recessed outside space, not atria, but a continuous façade with the outside space now lying on the inside and a floor plan that accommodates several bedrooms but remains flexible. If occupancies change, if needs change, one can easily take out partitioning walls and modify the room size to arrive at an apartment conforming to traditional concepts in every respect. The architect has to react to such conditions. He has to take consequences. If he designs, given these conditions, a ground plan and outside space of traditional style, he will create a conflict. One has to accept this fact. It is an enormously complex and complicated issue. No architect likes to be responsible for creating a ghetto situation for foreign origin inhabitants. On the other hand, disregarding this issue during planning, will without fail also lead to a conflict. The only way out at present appears to be in the planning of separate apartment blocks for these occupants. However, under no circumstances must these be too large and they must also be integrated into an existing system functioning according to traditional criteria. Only then might something like this work and perhaps even lead to a greater awareness of other mores and traditions than Central European concepts of domestic arrangements in a broader spectrum of the population.

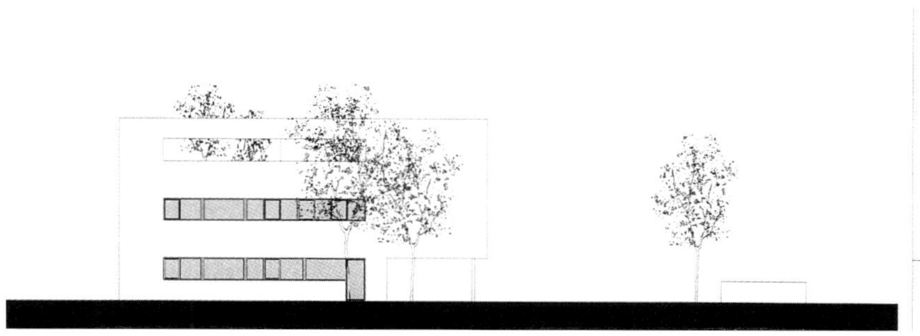

Süd-/Nordansicht | south/north view

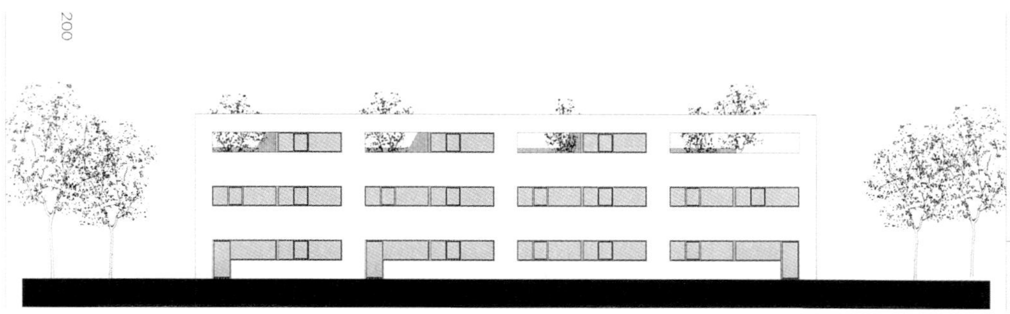

Westansicht | west view

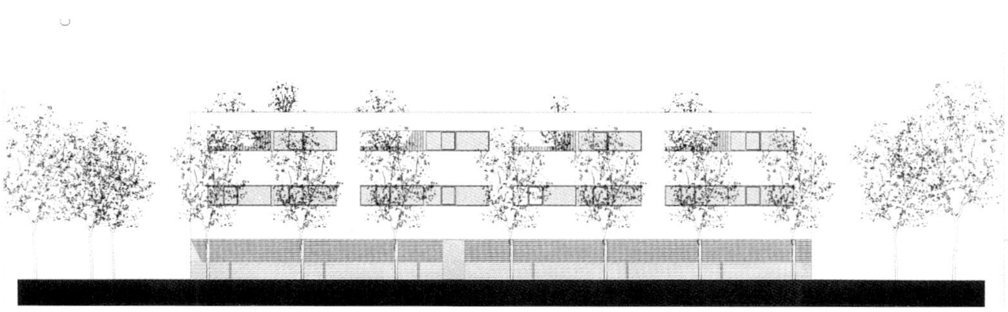

Ostansicht | east view

Luftaufnahme Agip | aerial view of Agip

Rückblick auf die Baukünstler-Vergangenheit/Agip

Im Sprachgebrauch des Büros heißt diese Wohnanlage „Agip", weil dort eine Tankstelle war. Im Sprachgebrauch des Bauträgers hieß sie „Wohnen am See". Es ist ein altes Projekt, und es markiert gewissermaßen die Schnittstelle zwischen unserer „Baukünstler"-Vergangenheit und dem Einstieg in die ganz normale, auch kommerzielle Wohnbauszene – oder vielleicht richtiger: in den freien Markt. Die Geschichte der Baukünstler ist heute schon so ausführlich aufgearbeitet, daß viele der Betroffenen es kaum noch hören können. Diese Zeit wird in einem Maß romantisiert, daß es für die Beteiligten schon fast irrationale Dimensionen annimmt. Sicher war es möglich, auf Grund der besonderen Umstände, zum Beispiel daß alle an einem Projekt Beteiligten sich langfristig kannten, und daß es um eine soziale Schicht – in der Nachfolge der 68er Bewegung – ging, die aus jungen Lehrern, Sozialarbeitern etc. bestand, daß man vor diesem Hintergrund spezielle Konzepte entwickeln konnte. Aber diese Bauherrschaft war natürlich nur mit einem sehr, sehr niedrigen Baubudget ausgestattet. Das hat zwar bedeutet, daß man als Architekt argumentieren konnte, wir bieten 150 Quadratmeter Wohnfläche zum Preis von 50 Quadratmetern, allerdings nur, wenn ihr bereit seid, Verantwortung zu übernehmen, selbst etwas dazu beizutragen. Das hat für die Architekten aber auch bedeutet, daß sie jeden einzelnen Nagel argumentieren mußten, und daß sie auch noch begründen mußten, warum er mit diesem Hammer eingeschlagen wird und nicht mit einem anderen. Das klingt übertrieben, in Wirklichkeit war es so. Diese Zeit hatte nichts Romantisches. Es war für alle Beteiligten Schwerarbeit. Man muß andererseits aber zugestehen, daß zum Beispiel unser Büro durch diese Erfahrungen geprägt wurde. Dadurch sind wir dialogfähig geworden, dadurch haben wir ein ziemlich differenziertes Bewußtsein

Retrospect of the "Baukünstler" Past/Agip Within the office, this residential building is commonly referred to as "Agip" because of the petrol station that used to be there. The patrons refer to it as "living by the lake". It is an old project, and it marks to some extent the point of intersection of the "Baukünstler" past and entering the normal commercial residential building scene, or perhaps more accurately, the free market. The history of the "Baukünstler" has been so thoroughly examined that many of the people concerned no longer care to even hear about it. The era is being romanticized so much that it has taken on almost irrational dimensions for the parties concerned. It was certainly due to very special circumstances, such as the fact that, since all project participants had known each other for a long time and belonged to a social class – in the aftermath of the "68" movement – consisting of young teachers, social workers etc., special concepts could be developed against this background. They were naturally constrained by a very, very small budget. This meant that, as architects, one could say, we can offer you a 150 square meters apartment for the price of 50, provided you are prepared to accept responsibility and contribute as well. It also meant, that, as architect, one had to account for every single nail and also justify why a particular hammer and not a different one was used to nail it in. This may sound an exaggeration, but was in fact reality. There was nothing romantic about it at the time. Everyone concerned worked very hard. On the other

Ostansicht | east view

Südansicht | south view

für alle Fragen entwickelt, die im Wohnbau eine Rolle spielen. Damals war es natürlich so, daß Projekte auch ideologisch überformt waren. Und diese Ideologie wurde von allen Beteiligten mitgetragen. Wenn man aber überprüft, was heute davon übrig ist, dann sind es letztlich die qualitativen Werte dieser Wohnanlagen, es ist nicht die Ideologie, die dahinter steckte. Es hat längst einen Generationenwechsel gegeben. Es gibt Wohnanlagen, in denen bestenfalls noch einer von der ursprünglichen Belegung wohnt. Wer soll sich da noch daran erinnern, daß einmal angedacht war, daß sich jede Woche ein anderer um die Kids kümmert, daß jede Woche ein anderer für sie kocht? Davon ist nichts übrig. Aber die gebaute Wohnqualität, die ist erhalten. Das sieht man, das spürt man, das läßt sich bis heute nachprüfen. Und das teilt sich selbst Bewohnern mit, die viel später eingezogen sind, die sich nie darum gekümmert haben, was ideologisch angedacht war. Irgendwann wußte man einfach, daß es im Wohnbau nicht in erster Linie darum geht, Produkte zu entwickeln, die von der Verwaltungsfrage, von der Organisation oder von irgendwelchen ideologischen Überfrachtungen abhängig sind. Irgendwann haben diese Spezialmodelle eine Grenze erreicht. Man hat einfach begriffen, daß sie nicht übertragbar, daß sie nicht verallgemeinerbar sind. Und dadurch ergab sich nach Jahren der Erfahrung auf diesem Gebiet letztlich die Notwendigkeit einer Entscheidung: Sie fiel zugunsten des normalen Wohnungsmarktes aus, wir wollten nicht mehr nur Sonderprojekte bauen, wir wollten den ganz normalen Wohnbau machen, wenn möglich allerdings – besser. Und dann kam Agip.
Es geht um ein Grundstück mit einem wundervollen Seeblick, das nur durch die Bundesstraße und die Bahn vom See abgeschnitten ist. Solche Grundstücke gibt es in Bregenz mehrere, sie haben alle einen hohen Wert. Und es ging darum, etwas zu entwickeln, das den Außenraum irgendwie exzessiv ins Spiel bringt, das dabei die Frage nach Privatheit, Halböffentlichkeit und Öffentlichkeit beantwortet, aber doch ganz normal funktioniert, für jedermann, nicht nur für irgendeine spezifische Clientel. Der Ort war wirklich sehr interessant, obwohl die ehemalige Tankstelle

hand, one has to appreciate that our office has also benefited from these experiences. We are open to dialogue and we have developed a differential awareness of all questions that play a role in the residential building industry. At the time, these projects were of course developed with ideological aspects in mind. These ideals were shared by all parties concerned. However, if one were to examine it today, one would find that it is the qualitative value of these residential complexes and not the ideology behind them that remains. There has long since been a change of generations. There are buildings, in which, at best, only one of the original residents is still there. Who will remember that considerable thought had once been given as to who takes care of the kids this week or who cooks for them the next? None of this remains, but the quality of the accommodation itself does. One can see it, one can feel it, it can be verified to this day. Residents, who have moved in at a much later time and who have never considered its ideological ramifications are aware of it. At some point one realized that the residential building industry is not above all else about developing products that depend on administrational, organizational and ideological considerations. At some point these specific models have reached a limit. One simply understood that they cannot be transferred, that they cannot be applied everywhere. So, in the end, after years of experience in the field, the necessity for a decision arose: it was made in favor of the ordinary housing market, we no longer wanted to build special projects, we wanted to build normal residential buildings, but, if possible – better. And then came Agip.
This is a property with a wonderful view of the lake, just separated from it by the motorway and the railway. There are several such properties around Bregenz and they are all highly valued. Our task was to develop something that made extensive use of the surroundings, addressed the issues of privacy, semi-public and public areas, but at the same time functioned normally for everyone, not just for a specific clientele. The site was very interesting, although

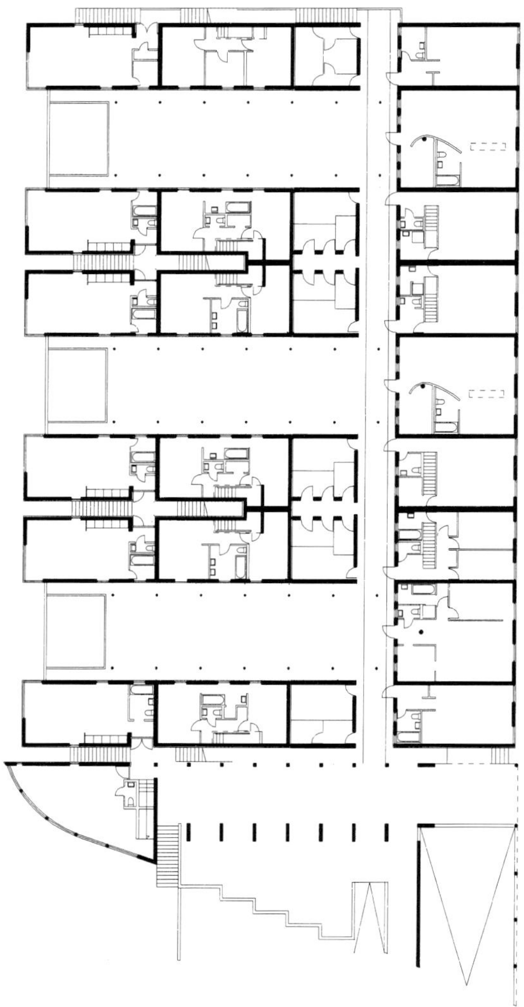

1. Obergeschoß | 1st floor

3. Obergeschoß | 3rd floor

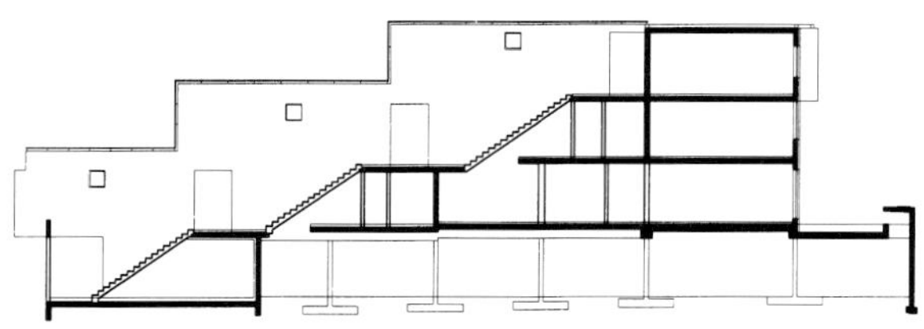

Erschließung | access

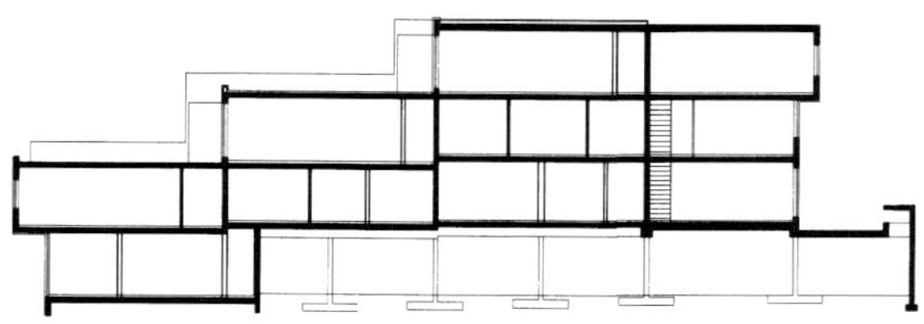

Längsschnitt | longitudinal section

ihre Spuren hinterlassen hat: Was da ausgebaggert wurde, das hatte mehr mit Altöl zu tun als mit Erde, dabei fließt hier das Wasser vom Pfänder herunter und direkt in den See. Es war eigentlich grauenhaft. Man hat es weggeführt. Durch die hohe Aussichtsqualität der Lage war von vornherein klar, daß die Wohnungen nach Südwesten zum See orientiert sein mußten, daß es Terrassen geben mußte. Dort ist wirklich nichts anderes denkbar. Außerdem sollte die Typologie möglichst neutral sein, die Wohnungen sollten flexibel sein, sie sollten viel können und nicht direkt übereinander liegen. Das hat zu einem ziemlich komplexen typologischen Geflecht geführt: Da ist zum Beispiel die Terrasse der einen Wohnung der Wohnraum der darunter liegenden, während der Wohnraum dieser Wohnung dann unter einem Nebenraumanteil von der darüber liegt; es gibt Duplex- und Triplexwohnungen, alle haben Terrassen, manche sogar zwei. Und bis auf zwei Kleinwohnungen im hinteren Teil, die nur einen Garten an der Südostseite haben, sieht man wirklich immer den See.
Die Straße ist natürlich ziemlich laut. Daher sind im Sockelgebäude an der Straße keine Wohnungen sondern kleine Läden. Außerdem wurde bei der Terrassierung darauf geachtet, daß die Wohnräume im Schallschatten liegen. Das bringt tatsächlich etwas, obwohl ein gewisser – erträglicher – Grundschallpegel immer da ist. Die Haupterschließung wurde in Form einer kaskadenartigen Treppe gelöst, von dort geht es über Podeste zu jeweils zwei Wohnungen. Dadurch, auch durch die typologische Vielfalt und die Innenhöfe, die es jeweils gibt, wirkt die Bebauung sehr kleinteilig. Die Anlage führt übrigens eine inhaltliche Auseinandersetzung weiter, die im Büro lange Zeit intensiv diskutiert wurde, auch schon im Zusammenhang mit den Projekten aus der Baukünstler-Zeit: die Differenzierung zwischen öffentlichem, halböffentlichem und privatem Bereich. Die öffentliche Zone ist in dem Fall der Grünraum, dann kommt eine halbprivate Schicht mit diesem Stahlgerüst und die wiederum ist dem privaten Bereich vorgelagert. Es gibt also kein direktes Aufeinanderprallen von privater und öffentlicher Zone.

the petrol station had left its marks. The earth was dredged up, there was more residual oil than earth, yet water running down the Pfänder mountain flows directly into the lake there. It was truly horrifying. The earth was carted away. It was immediately apparent that the apartments had to face south-west, towards the lake, in order to make full use of the high quality of the view and there had to be terraces. Anything else was inconceivable. In addition, typologically they had to be as neutral as possible, the apartments needed to be flexible and versatile and not directly overlooking each other. This resulted in a somewhat complex typological tangle: for instance, the terrace of one apartment would be above the living area of another, while its own living area would be below the ancillary rooms of the apartment above it. There are duplexes and triplexes, all have terraces, some even have two. With the exception of two small apartments in the back of the residential complex, that overlook a garden on the south-eastern side, all the apartments have a view of the lake.
Obviously the road is somewhat noisy. Therefore the podium structure at the road contains small shops, but no apartments. In addition, during the leveling stage, care was taken that the living areas were situated so as to be less affected by noise. This did make a difference, although a certain – bearable – basic noise level is always present. The main structure was designed around a sort of cascading stairway with landings, each leading to two apartments. Thus, as well as due to its typological diversity and existing inner courtyards, the building appears rather scaled down. The project also reflects an issue that was discussed at great length in the office and goes back to projects from the "Baukünstler" era: the differentiation between public, semi-public and private areas. In this case, the public zone is the green space, then there is a semi-private area in the form of a steel structure, which in turn shields the private area. So, a direct collision of private and public zones is avoided.

Bautechnologisch ist das Projekt simpel gelöst: Es ist ein ganz normaler Massivbau mit einer Putzfassade. Trotzdem gab es gerade damit ein Problem. Die Lage ist ziemlich exponiert, es gibt dort einen starken Windbefall. Die Folge war, daß manche Bereiche nie wirklich ausgetrocknet sind und andere aber sehr stark. Und dieser Putz hatte große Mühe zu bewältigen, was sich dort an physikalischen Anforderungen stellt. Er wurde in einer Zeit ausgeführt, als die Regelung bezüglich der Entgiftung der Farben relativ neu war. Diese Farben waren nur noch UV-Schutz, gegen Fungizide und Algen haben sie nicht mehr gewirkt, weil ihnen das Gift entzogen war. Man hatte also eine atmende Fassade, die Feuchtigkeit aufnimmt, und darunter Kork, der auch Feuchtigkeit aufnimmt, aber wenn diese Feuchtigkeit nicht durch den Wind abgetragen wird, dann neigt eine solche Fassade, die ohne die giftigen Abwehrmechanismen der Farbe auskommen muß, zur Algenbildung. Das heißt, es kommt zu einer Oberflächenqualität, die für jemanden, der eine relativ teure Wohnung in einer prominenten Lage hat, nicht akzeptabel ist. Nur: Dieses Problem kannte man vorher nicht. Das hat man den Bauten erst später angesehen.
Wir haben aus dieser Erfahrung Konsequenzen gezogen. Die Auseinandersetzung mit der Gebäudehaut, fernab aller formalen Fragen, auf einer rein bauphysikalischen Ebene, wird in unserem Büro seither äußerst intensiv geführt. Abgesehen davon kann man heute längst wieder Putzfassaden machen, weil es inzwischen einen so speziellen Putzaufbau gibt, daß es zu solchen Problemen gar nicht erst kommt. Beim Putz ist heute eher das Problem, daß er Farbe braucht. Die schlichte weiße Putzfassade der klassischen Moderne ist illusorisch: Auf Grund der Umweltverschmutzung wäre sie innerhalb kürzester Zeit unansehnlich. Großflächige weiße Putzfassaden sind aus diesen Gründen nicht mehr vertretbar, physikalisch hat man sie hingegen durchaus im Griff. In unserem Büro rührt von daher jedenfalls die anhaltende Diskussion über die Nachhaltigkeit von Fassadenlösungen. Die Klinkerfassaden der letzten Zeit – Mozartstraße, Haus Ulmer, Mildenberg – oder die Eichenholz- und Schindelfassaden – Mitterweg, Nüziders, Haus Burger etc. – stehen in direktem Zusammenhang damit.

Structurally speaking, the project is solved in a simple manner: It is a normal solid structure with a plaster façade. However, this caused a problem. It occupies a rather exposed site with heavy winds. As a result, some parts never dry out, others become too dry. The plaster was subject to heavy physical demands. The plastering was executed at a time when regulations concerning detoxification of paint were relatively new. The new paint contained UV protection, but no agents to protect against fungi and algae, having been detoxified. One was left with a breathing façade that absorbed humidity, on top of a layer of cork, that also absorbed humidity. When humidity is not sufficiently reduced by wind, the façade tends to grow algae, the paint having been stripped of its toxic defense mechanism. This created a surface quality unacceptable to the owners of relatively expensive apartments in a prominent location. It was a problem previously unknown. Only later did it become apparent on the buildings.
We have learned much from this experience. Since then, we have given extremely careful consideration to the outer membrane in purely structural terms, disregarding all design aspects. Nowadays, of course, it has long since been possible to create plaster façades, using special techniques, so that such problems no longer even arise. Now, the problem with plaster is rather more one of colour. The simple white plaster façade of classic modernism is an illusion: given environmental pollution, it would become unsightly in no time at all. The large scale white plaster façade is therefore no longer an option, although absolutely sound scientifically. At any rate, in our offices, the durability of different façade options continues to be discussed. The clinker façades of recent times (Mozartstrasse, Ulmer House, Mildenberg) and the oak wood and shingle façades (Mitterweg, Nüziders, Burger House) are a direct result of it.

Innenhof | inner courtyard

Zwei Projekte für St. Gallen: Achselngut und Lachen

Die Projektgeschichte von **Achselngut** ist recht spezifisch. Man könnte es insofern als prominentes Grundstück bezeichnen, als man es von der Autobahn, wenn man nach St. Gallen hineinfährt, schon von weitem sieht. Ursprünglich hat es einen Wettbewerb gegeben, den ein Schweizer Architekturbüro gewonnen hat. Dieses Büro scheint aber irgendwie nicht in der Lage gewesen zu sein, die Realisierung auf der Basis vernünftiger, verkraftbarer Zahlen zu bewerkstelligen, daher wurden wir zusammen mit einem St. Gallener Büro, den Gebrüdern Senn, mit der Umsetzung betraut. Der erste Bauabschnitt wurde also auf der Basis des Wettbewerbsergebnisses realisiert. Es handelt sich um eine städtebaulich ziemlich rigide Zeilenbebauung, bei der exakt vorgegeben war, wie groß die Gebäude sein dürfen, wie hoch und wie tief, wie sie dastehen, welchen Abstand sie haben müssen. Das war alles vorgegeben. Nach diesem Muster ist der erste Bauabschnitt gebaut worden. Im zweiten Bauabschnitt – unser Büro hatte mit dem Wettbewerb an sich überhaupt nichts zu tun – konnten wir eine Umplanung provozieren, weil auch die Stadt in diese Bebauungsplanung involviert war. Also: Das Gebaute ist das Ergebnis des Wettbewerbes, der

Two projects for St. Gallen: Achselngut and Lachen The history of the **Achselngut** project is very specific. The property could be described as prominent, as it is visible from a great distance when approaching St. Gallen on the motorway. Originally there was a competition, won by a Swiss architectural firm, which eventually did not seem to be able to manage its realisation at a reasonable cost. Our office, together with the St. Gallen firm of Gebrüder Senn, was consequently commissioned to perform the work. The first building phase was thus carried out on the basis of the results of the competition. Architecturally, it amounts to rather rigid terraced structures, for which all specifications, such as how big, how tall and how deep the buildings could be, how they must interface as well as what distance they must be from each other, were all laid down. This was the pattern in which the first building phase was completed. For the second building phase – our office had never taken part in the competition – we were able to initiate a reconsideration of the building plan, as the municipal authorities had also become involved in it. While previously building activity followed competition results, the new phase was the result of

neue Bauabschnitt ist das Ergebnis einer neuerlichen Diskussion. Und diese Diskussion hatte eine Bebauung mit einer sehr kompakten Typologie zur Folge. Die Gebäude sind weithin sichtbar, und nordseitig hat man einen schönen Seeblick. Die gebauten Zeilen schneiden in diese Hanglage hinein, dann gibt es die Zufahrt, die auch einen kleinen Platz beinhaltet, und dann gibt es eine Erschließungszone, die durchgesteckt ist, so daß man vom Platz zu jedem der drei kompakten Gebäude hinkommt. Das sind zum Teil Laubengangtypen. Der Laubengang liegt im ersten Obergeschoß und von dort gehen dann Stiegen weg, die jeweils Zweispänner erschließen. Die Zonierung ist ganz klar: Am Laubengang, an der Nordseite, liegen die Nebenräume, die Wohnräume sind an der Südseite, eine Balkonzone ist vorgelagert. Sie ist geschwungen formuliert, so daß der tiefere Balkonteil immer über dem schmäleren Teil des darunterliegenden Geschosses angeordnet ist. Die Tiefe der Balkone ist also versetzt, damit der dahinter liegende Raum nicht vom Balkon darüber beschattet wird. Das funktioniert sehr gut, denn der Wohnraum liegt immer hinter der tiefen Terrassenzone, hat aber fast nichts über sich, er ist dadurch sehr hell.
Auch der Laubengang war in diesem Fall übrigens vorgegeben. Er ist 1,20 Meter breit und geht von vorne bis hinten in einem durch. Das bringt natürlich das Problem mit sich, daß zur hintersten Wohnung nur einer kommt, während an der Wohnung ganz vorne alle vorbeigehen. Und mit dieser Art von Öffentlichkeit vor der eigenen Wohnungstür kommen einfach die meisten Bewohner nicht zurecht. Außerdem ist es bei einem solchen Typ im Grund verboten, irgendwelche Aufenthaltsräume an den Laubengang zu legen. Aber das provoziert naturgemäß, daß die Fassade gegenüber sehr lang wird. Man hat also eine Fassade in der Dunkelzone, am Laubengang, wo nur

further discussions, the outcome of which were structures of a very compact typology. The buildings are in a relatively prominent location, commanding a beautiful view of the lake from their north side. The blocks are built into the slope, there is a driveway with a small space and a zone that is extended in such a way that there is access to all three compact buildings. Some of these are the arcade type. The zones are clearly defined: ancillary rooms on the north side along the arcaded passage, living quarters on the south side and a balcony out front. This is curved so that the deeper balcony is always superimposed on the narrower part of the floor immediately below. The balconies are staggered so that the rooms behind are not darkened by the balconies above. This works very well, as the living room is always situated behind the deeper terrace zone but has almost nothing overhead so that it is very bright.
The arcaded passage was, in this case, the obvious solution. It is 1.20 meters wide and runs the whole length of the building. However, the problem with such an arrangement is, that, while few people will need to get to the apartment at the end of the passage, a great many will pass by the one at the beginning of it. Most residents will object to this kind of public activity in front of their front doors. Also, it is not really permitted to allot any living areas to the arcade side, which, of necessity, results in a very long façade opposite. Thus, one has a façade in the dark zone, along the passage, of a mere secondary and service function and another one in front for the living

dienende, nur untergeordnete Funktionen liegen, und man hat eine Fassade, an der die Zimmer liegen. Und beide Fassaden sind gleich lang. Das bedeutet, daß man mit dem Platz an der „Sonnenseite" sehr geizen muß, während am Laubengang oft auch vernachlässigbare Positionen auftauchen. Und es bedeutet überdies, daß ein solcher Typ nicht sehr tief sein kann, bei acht Metern ist irgendwo Schluß. Da wird es zwangsläufig unökonomisch. Das bekommt man nur in den Griff, wenn man Maisonetten baut, aber die will auch wieder nicht jeder.
Die Bauten haben eine Putzfassade, die Rückseite und die Schmalseiten, wo es keine Vordächer gibt, haben einen orange-sienaroten Farbton, vorne, wo die Balkonzone auch eine Vordachfunktion übernimmt, sind sie weiß. Dadurch wird auch das Licht besser reflektiert und in die Tiefe der Zimmer transportiert. In ökologischer Hinsicht hat es eine sehr intensive Untersuchung im Zusammenhang mit dem Erdaustausch gegeben, der dort notwendig war. Die Gebäude schneiden ja in den Hang ein. Und die Frage war, führt man den ganzen Erdaushub weg und ladet ihn woanders ab, oder gibt es eine andere Lösung. Denn ökologisch ist es sicher problematisch, all dieses abgegrabene Material auf irgendeinem anderen Grundstück abzuladen, dort die vorhandene Topographie, die ganze Pflanzenkultur zu ruinieren und was das sonst noch an Fragwürdigkeiten nach sich zieht. Es war insofern eine vernünftige Forderung von der Stadt, daß diese Problematik verantwortungsbewußt gelöst werden sollte. Das ist insofern gelungen, als das Material, das man zum Beispiel abgegraben hat, um eine Tiefgarage zu errichten, zum Anschütten des vorderen Hangbereiches verwendet wurde. Man hat mit dem gehaushaltet, was es an Bedingungen auf dem Grundstück selbst gab.

areas. They are of equal length. This means, that one has to be very economic with space on the "sunny side", while it may be fairly disregarded along the arcade. It also means that there must be a limit as to the depth of this type of building, at around 8 meters, after which point it becomes uneconomic. To overcome this by building maisonettes, however, would not be to everyone's liking.
The buildings have a plaster façade; the back and the sides, where there are no overhanging roofs, are painted orange-siena red, the front, where the balcony zone also has a roof function, is painted white. This improves the reflection of the light, enabling it to be carried deeper into the rooms. With regard to ecological aspects, there was an extensive examination of the excavation that was necessary there, as the buildings cut into the slope. The question was, should all the excavated material be carried away and dumped elsewhere or was there an alternative solution? Ecologically it would have been problematic to dump it on a different plot of land thereby disturbing the existing topography and vegetation there as well as causing all kinds of awkward situations. It was therefore a reasonable request of the city that a responsible solution should be found. In this we succeeded, in as much as the material excavated for an underground garage was then used to fill up the front slope area. We were able to economize by utilizing the existing terrain of the plot.

Nordansicht | north view

Erschließung Nordansicht | access from the north

Südansicht | south view

Das zweite Projekt für St. Gallen – **Lachen** – liegt am anderen Ende der Stadt. Das Umfeld dort ist ausgesprochen städtisch, es gibt von der Blockbebauung bis zu hochhausartigen Gebäuden und dazwischen Einfamilienhäusern eigentlich alles. Lachen ist eindeutig Stadt. Daher mußten wir eine relativ große Dichte bewältigen. Die Baukörper sind mit Erdgeschoß und sechs Obergeschossen verhältnismäßig hoch. Wir haben uns wieder für eine Punkthausstruktur entschieden, weil sie am besten geeignet schien, sich in diesen Kontext einzufügen. Zwischen den kompakten Einzelhäusern wird es differenzierte Außenräume – wir arbeiten dabei mit Kienast und Vogt zusammen –, ein komplexes Wegekonzept und vielfältige Durchsichtsmöglichkeiten geben, das wurde ganz genau untersucht. Wie die Baukörper zueinander stehen, ist präzis festgelegt. Das Projekt ist unserem Büro ein großes Anliegen, gerade weil es die Chance bietet, einmal eine Punkthausstruktur größeren Ausmaßes im städtischen Raum zu realisieren. Und die Stadtverwaltung steht auch dahinter. Der Umgang mit dem Bauherrn, der offensichtlich keine Erfahrung mit „Architektur", sondern nur mit kommerziellem Wohnbau hat, der ist hingegen nicht einfach.

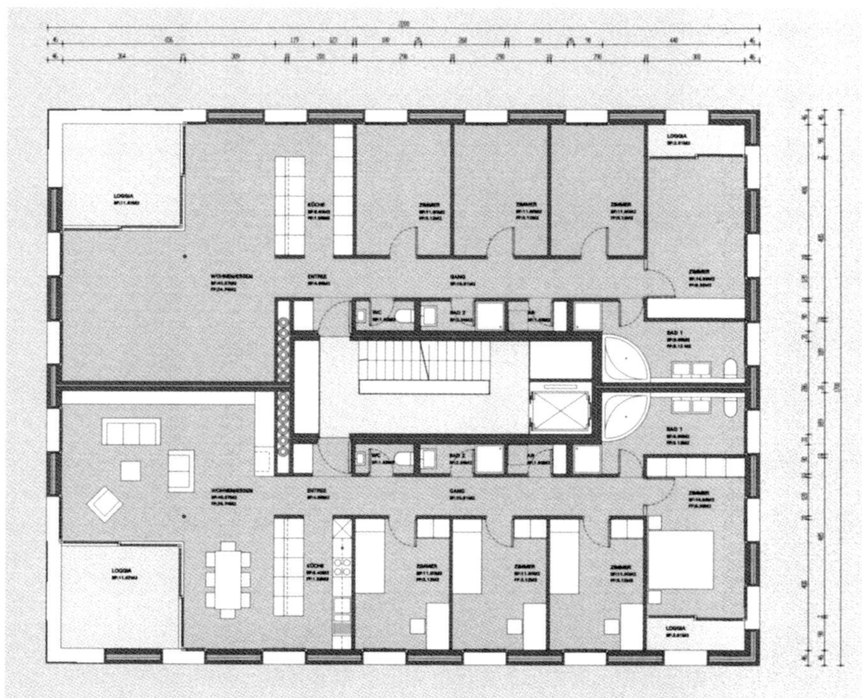

The second project for St. Gallen – **Lachen** – is located on the other end of the town. The environment there is distinctly urban and has everything from apartment blocks to high rises and family homes. Lachen is decidedly urban. Thus we needed to come to terms with a relatively high density. The buildings are fairly tall, consisting of ground floor and six upper floors. Again we decided in favor of a "point house" type that seemed to us best suited to blend into this context. Between the compact building units there will be different open spaces – we are working on this together with Kienast and Vogt –, a complex path concept and various through vistas. This has been studied in great detail. How the building units interact with each other, has been exactly specified. This project is very close to our heart, because it gives us the opportunity to realize a "point house" on a larger scale in urban conditions. The municipal authorities are also supporting this. Dealing with the building patron, who has obviously no experience with "architecture", only with commercial housing developments, is, however, not easy.

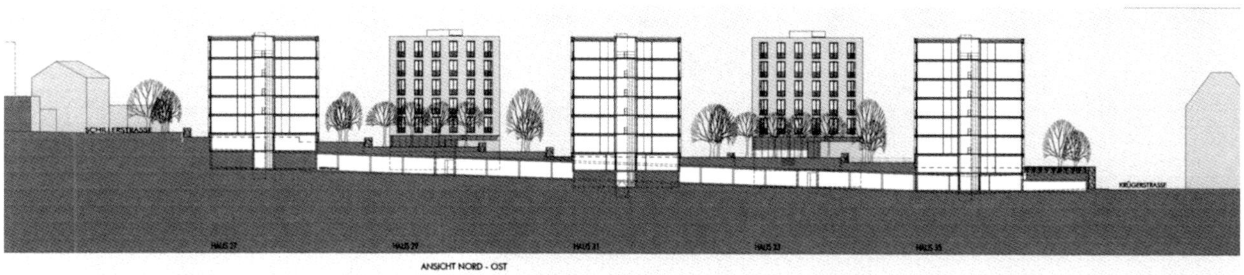
ANSICHT NORD - OST

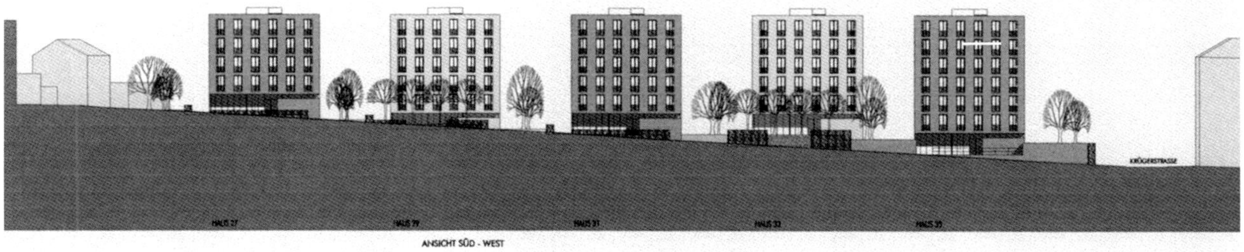
ANSICHT SÜD - WEST

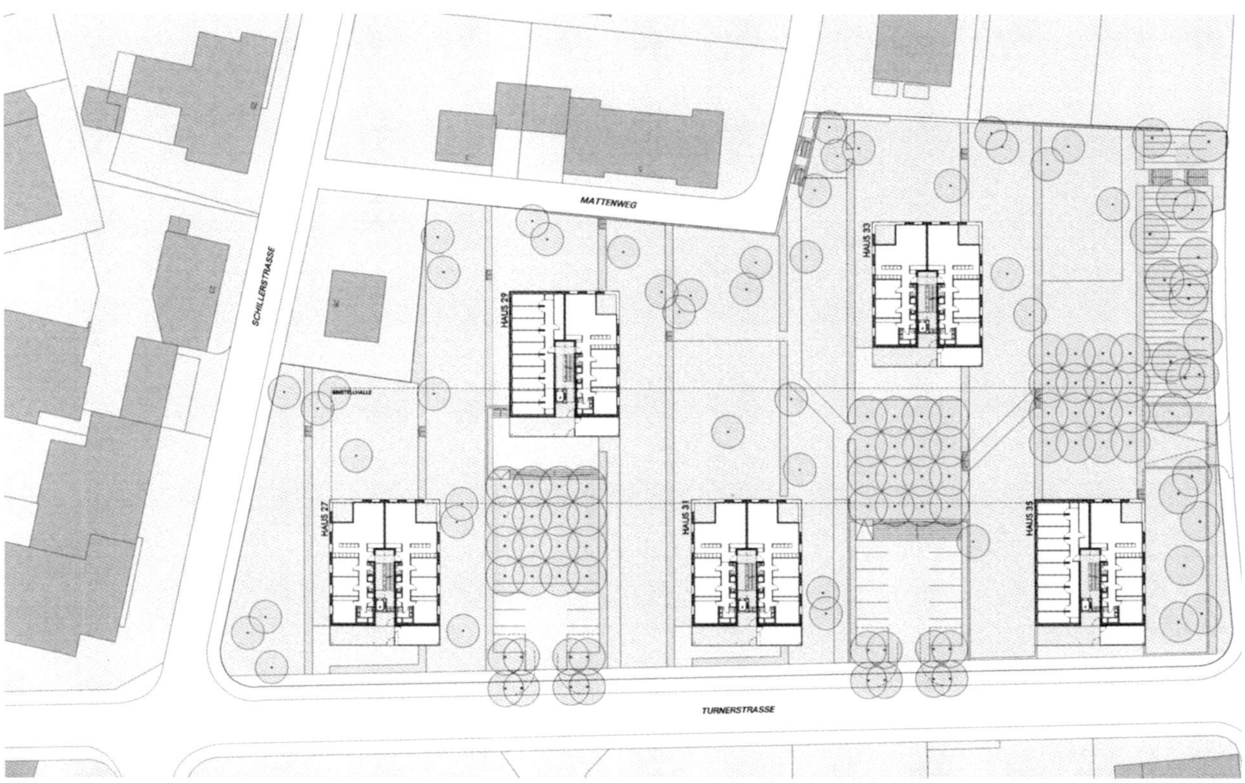
MATTENWEG
SCHILLERSTRASSE
HAUS 29
HAUS 33
HAUS 27
HAUS 31
HAUS 35
TURNERSTRASSE

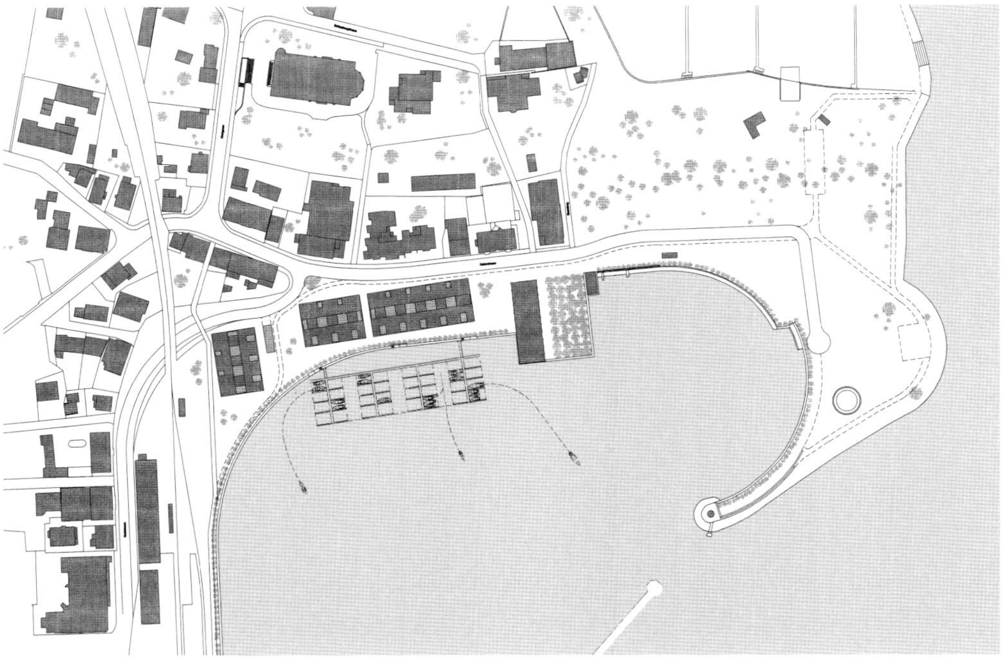

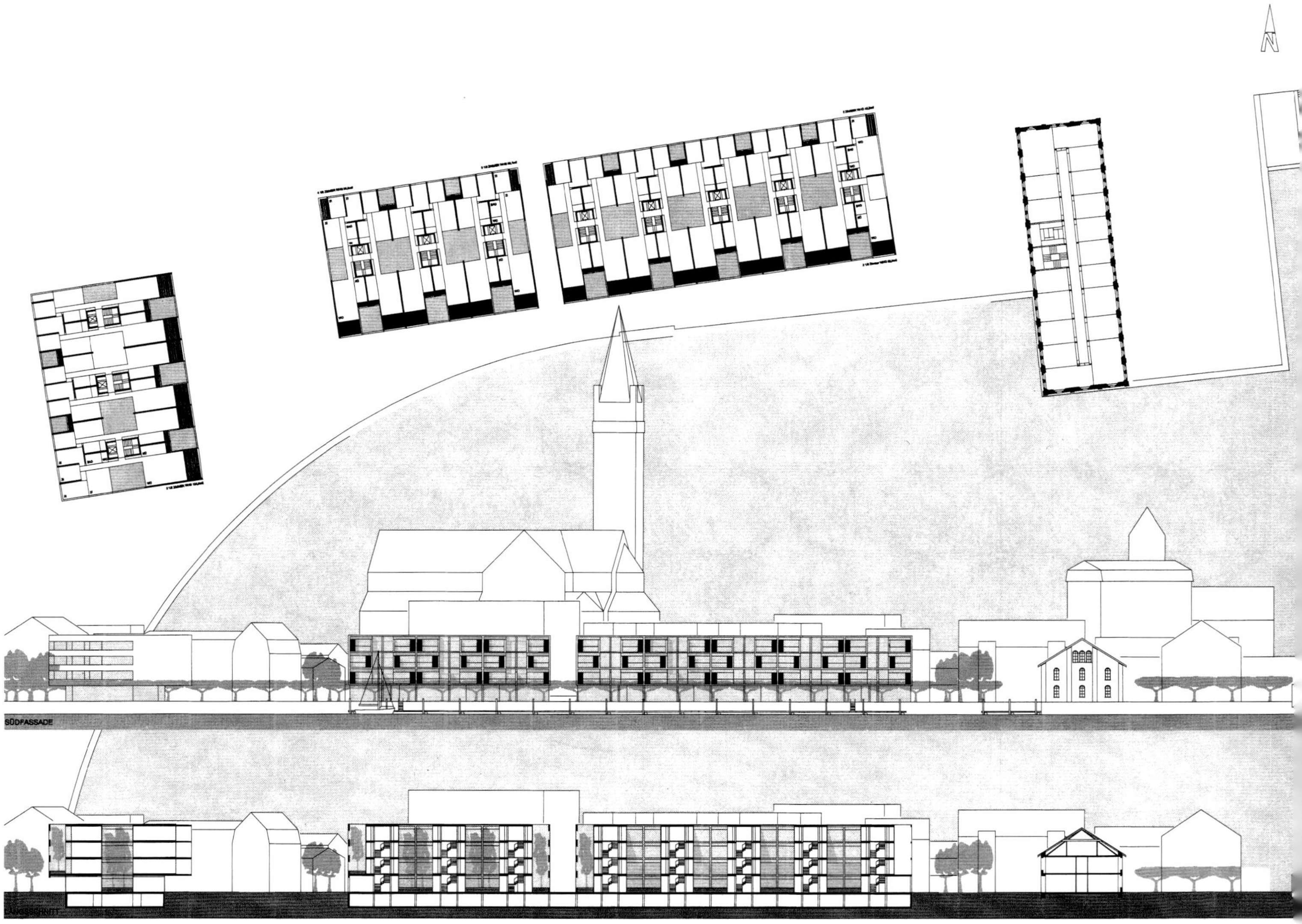
SÜDFASSADE

Ein glückloser Wettbewerb: Romanshorn

Es geht um einen Wettbewerb, bei dem wir nicht erfolgreich waren. Das kommt zwar vor, aber in diesem Fall hat es weh getan, weil wir – bis heute – davon überzeugt sind, daß unser Projekt am interessantesten war (um die Formulierung „am besten" zu vermeiden). Das Areal, das dieser Wettbewerb zum Gegenstand hatte, liegt am Bodensee. Es ist ein ehemaliger Bahnhofsbereich – für Güter-, nicht für Personenbeförderung –, der abgerissen wird. Es handelt sich um einen besonders wertvollen Baugrund, jetzt, wo die Bahn kein Thema mehr ist, ein reines Inselgrundstück mit hoher Aussichtsqualität. Das Anforderungsprofil zielte auf eine exklusive Wohnanlage für eher wohlhabende Leute ab. Interessant dabei ist, daß wir einen Typ vorschlagen, der nicht nur additiv ist, sondern auch mit einer Gebäudetiefe von über zwanzig Metern arbeitet. Denn wir wollten einerseits die geforderte Dichte erreichen, andererseits ging es aber darum, das Grundstück nicht völlig zuzubauen und dabei aber jeder Wohnung den Seeblick zu ermöglichen. Das war natürlich schwierig, denn für eine solche Typologie gibt es kaum Vorbilder. Es gibt den Barcelona-Block, der hat solche Tiefen. Und dann gibt es zum Beispiel die Ideen des Atelier 5, das Hofeinschnitte verwendet, wobei dessen Typologie stärker terrassiert ist. Die Anforderungen beim Romanshorn-Projekt – Dichte, Seeblick, die Größe der Wohnungen – haben dazu geführt, daß man ziemlich schmale Grundrisse machen mußte, die zwangsläufig eine gewisse Tiefe zur Folge hatten.

A luckless competition: Romanshorn This was a competition where we were not successful. It happens, but in this case it hurt, because we are convinced – to this day – that our project was the most interesting one (to refrain from the term "the best"). The subject of the competition was a property on Lake Constance, a former railway station area – for the conveyance of goods, not passengers – that is being demolished. It is a particularly valuable building plot, now that the railway is no longer an issue, an island property with a very fine view. The brief aimed for an exclusive residential complex for wealthy clients. An interesting point is that we proposed a model which not only worked with additions, but with depths of over 20 meters. On the one hand we wanted to meet the required density, on the other hand it was important that the plot was not entirely built up and that each apartment had a view of the lake. This was difficult since there are few examples of this typology. There is the Barcelona block that has similar depth and there are the ideas of Atelier 5, using inserted courtyards and a typology of numerous terraces. The requirements of the Romanshorn project – density, lake view, size of the apartments – compelled us to come up with rather narrow floor plans, which consequently had to have a certain depth.

Das wurde mit einer Typologie gelöst, die eingesteckte Höfe hat, an denen die Nebenräume liegen, auch die Schlafzimmer liegen an Höfen beziehungsweise an Einschnürungen im Norden, an der seeabgewandten Seite. Es ist das erste Projekt aus unserem Büro, das in diese Richtung geht. Es erreicht durch seine Tiefe einen sehr hohen ökonomischen Stellenwert. Normalerweise schafft man mit einer konventionell organisierten Typologie Grundrißtiefen bis zu 14 Metern maximal, 16 Meter wie in Bludenz sind schon ein Sonderfall, der auch nur bewältigt werden konnte, weil das Stiegenhaus in der Mitte liegt und durchgesteckt wurde. Bei Romanshorn ist es durch das zusätzliche Einfügen von Außenräumen, die aber keine öffentlichen, sondern privatisierte Innenhöfe sind, möglich geworden, noch tiefer zu werden. Wie Distanzen sein müssen, welche Gebäudehöhe möglich ist im Verhältnis zur Größenordnung des Hofes, das wurde da durchgespielt. Es ist eine entwicklungsfähige Typologie, aber sie braucht einen speziellen Standort. Denn zwangsläufig resultiert daraus ein ziemlich massiver Baukörper. Der ist in der Regel nur an einer Stadtkante oder in einer vergleichbaren Situation verkraftbar. So wie in diesem Fall – da gibt es ja auch den Ort mit seiner historischen Struktur, und dann gibt es diese Sonderlage am See. In einer solchen Situation ist ein so großes Volumen städtebaulich durchaus denkbar.

This was resolved by a typology of inserted courtyards. Overlooking the courtyards are the ancillary rooms and the bedrooms. Bedrooms are also placed in returns on the north side, facing away from the lake. It is the first project of our office of that type. Because of the depth of the floor plan it is highly economical. A conventionally organized typology normally manages depths of up to 14 meters at best, 16 meters like in Bludenz are an exception and could only be mastered because the staircase was elongated and placed in the center. It was possible to gain even more depth at Romanshorn by creating additional outside space in the form of private rather than public inner courtyards. We played around with what distances were necessary, how tall the buildings could be in relation to the size of the courtyards. It is a typology capable of further development but requires a special location, as it will necessarily result in a massive structure. As a rule this is only viable at the edge of a town or at a similar situation. As in this case – there is the town with its historic structure and the special location at the lake. In a situation such as this big volume is quite conceivable in urban architecture.

Erdgeschoß | ground floor

RESTAURANT
ROMA

Urbaner Nutzungsmix

Eines der bekanntesten Projekte aus unserem Büro ist das **Hotel Martinspark** in Dornbirn. Es gehört zu einer eher großstädtischen Typologie integrierter Multifuktionalität, wie sie heute in allen urbanen Ballungsräumen ein Thema ist. Die Problematik ist bekannt: So eine Großform mit Geschäften oder Büros, das ist an sich nichts Besonderes. Und wenn diese Großform in einem Gewerbegebiet errichtet wird, irgendwo an der Peripherie, dann ist das soweit auch in Ordnung. Wenn sie aber in Zentrumsnähe liegt, dann ist diese Art von Nutzung äußerst fragwürdig. Denn solche Bauten ziehen tagsüber zwar viele Menschen an, aber nach Geschäftsschluß ist das Leben dort zuende. Und das ist ein Mechanismus, den verkraftet zwar das periphere Gewerbegebiet, in dem sich abends oder in der Nacht ohnehin nichts tut, in der dicht verbauten Stadt wirkt er sich hingegen katastrophal aus. Das hätte im Fall des Hotels Martinspark durchaus geschehen können. Wenn sich dort nur ein paar Verkaufsketten mit ihren Filialen eingemietet hätten, dann wäre es zwar auch voll gewesen, eine Entwicklung des städtischen Raums hätte es aber nicht gebracht. So hingegen, mit diesem Mix aus Hotel und Gastronomie, Konferenzräumen, Büros, Läden und – ganz oben – Wohnungen, so trägt dieser Bau doch dazu bei, daß sich das Zentrum von Dornbirn langsam über die Fußgängerzone – eben bis zum Hotel Martinspark, aber in Zukunft möglicherweise noch darüber hinaus – erweitert. Er bedeutet also einen atmosphärischen Gewinn für die Stadt, er erzeugt einen Synergieeffekt, weil er irgendwo doch einen Magneten für das urbane Leben in Dornbirn darstellt. Die Wohnungen selbst sind zurückgesetzt und ganz oben positioniert. Das ist toll, denn es gibt rundherum kein höheres Gebäude, also ist die Aussicht in jeder Richtung großartig. Irgendwo spielt da natürlich die Penthouse-Idee eine Rolle. Und daß diese Wohnungen oben auf einem Gebäude sitzen, wo darunter ein Hotel ist, das bedeutet eine zusätzliche Qualität: Man hat seine eigene Wohnung, aber wer will, kann theoretisch alle Servicemöglichkeiten in Anspruch nehmen, die ein solches Hotel bietet. Insofern ist das ein sehr städtisches Wohnen, verbunden mit vielen Annehmlichkeiten.

Urban Utilisation Mix One of the our best known projects is the **Martinspark Hotel** in Dornbirn. It is part of a metropolitan typology of integrated multi-functionalism which has now become an issue in all urban agglomerations. The difficulty is well known: a mega-structure with shops and offices – in itself nothing unusual. If such a structure is located in an industrial zone, somewhere on the periphery, it is acceptable. But if it is built near the town center, this type of utilization becomes highly questionable. Although such a complex attracts a lot of people during the daytime, all activity ceases after closing time. This mechanism may be viable in peripheral industrial areas where nothing much happens at night anyway, but in a densely built-up city the consequences are catastrophic. It might well have happened to the Martinspark Hotel complex. If some chain stores had established themselves there with their outlets, it might have filled up the space but would not have furthered the development of the urban zone. As it is, with this mix of hotel and gastronomy, conference rooms, offices, shops and – at the very top – apartments, the building is going to contribute to a gradual expansion of the Dornbirn town center beyond the pedestrian zone towards Martinspark Hotel and eventually possibly beyond it. It represents a gain of atmosphere for the town and will have a synergetic effect, acting as a kind of magnet for urban life in Dornbirn. The apartments themselves are set back and positioned at the very top. This is brilliant, for there are no taller buildings anywhere around it, so the panoramic view up there is spectacular. The penthouse idea has obviously had something to do with it. The fact that these apartments sit on top of a hotel gives them additional quality, in as much as their owners can, if they wish, take advantage of the service facilities that a hotel offers. It is urban living with a lot of frills.

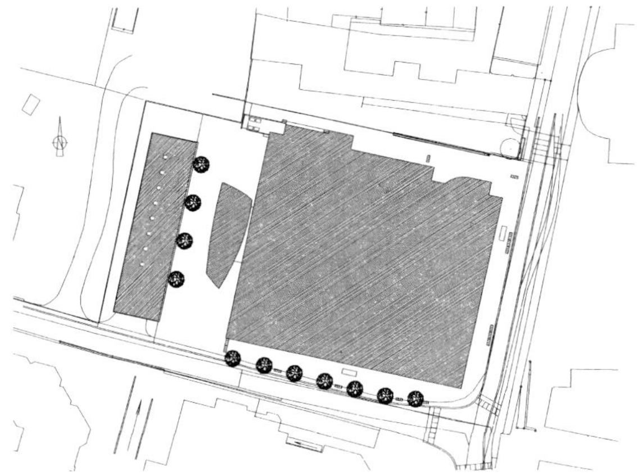

2. Obergeschoß | 2nd floor

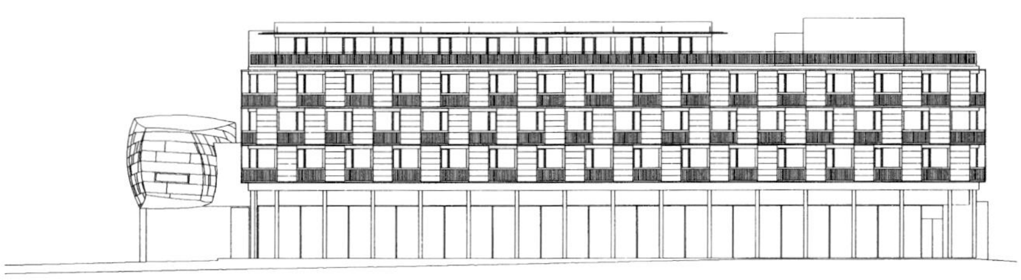

Südansicht | south view

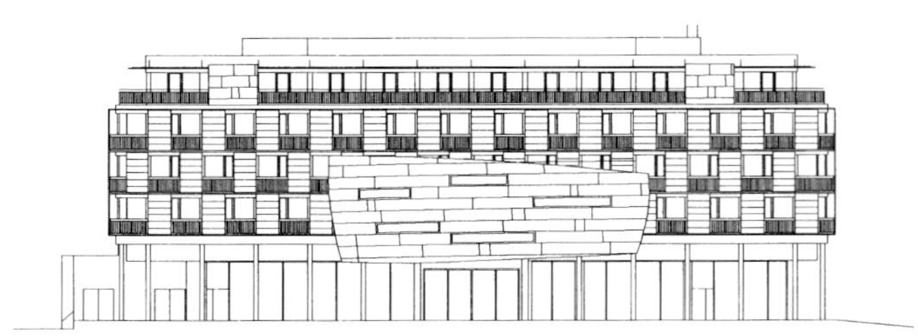

Westansicht | west view

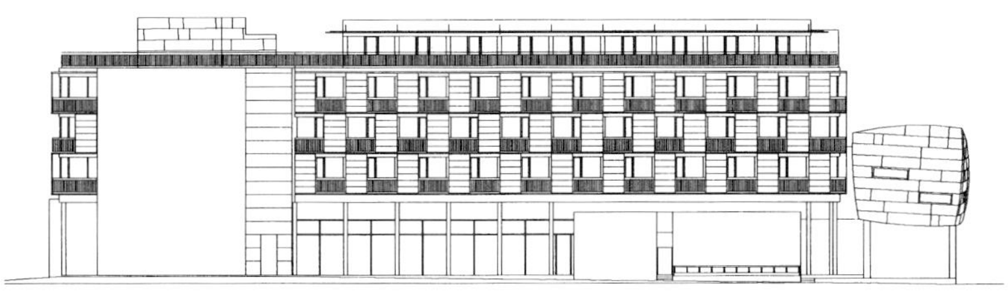

Nordansicht | north view

Ostansicht | east view

Was einen solchen Nutzungsmix angeht, müßte man noch ein zweites Projekt erwähnen, auch wenn es vergleichsweise klein ist. Es ist eigentlich ein Gebäude für eine Bank – **die BTV, die Bank für Tirol und Vorarlberg** –, aber in Verbindung mit ein paar Büros, einer Arztpraxis und Wohnungen. Es liegt zwar an einer Verkehrskreuzung, aber doch mitten in einer eher dörflichen Struktur, die sich entlang einer Landstraße auffädelt. Andererseits hat man dort gerade abends wirklich das Gefühl, daß eine gewisse Art von Urbanität im Entstehen begriffen ist. Und zu dieser Entwicklung leistet die BTV einfach einen Betrag, das Gebäude schafft einen städtischen Mehrwert, weil es relativ dicht (1,0) und weil es mit verschiedenen Funktionen belegt ist. Für solche Situationen lassen sich Gebäude entwickeln, die irgendwo alles, jedenfalls sehr viel können. Der Inhalt selbst ist ganz uninteressant, wichtig ist allein die Struktur. Die BTV hat eine völlig neutrale Struktur, es gibt die Stützen, die durchgespannten Decken, die Fassade. Da kann alles drinnen sein – und es ist ja auch sehr viel drinnen. Die einzige Einschränkung, wenn man so will, besteht in der Raumhöhe. Nur im obersten Geschoß, wo es einen kleinen Veranstaltungssaal gibt, ist die Raumhöhe größer. Dieses Gebäude löst die Vorstellung von einem zeitgenössischen Nutzungsmix sehr weitgehend ein. Und das merkt man auch der Fassade an. Das Haus ist eine Glaskiste, der eine Holzhaut vorgestellt wurde. Und die Holzhaut reagiert mit ihren verschiebbaren Teilen auf die Nutzungen, die dahinter stattfinden. In den Büros zum Beispiel sind sie meistens geschlossen, weil sie als Beschattung verwendet werden. In den Wohnungen stehen sie hingegen eher offen, und bei der Arztpraxis ist es ganz unterschiedlich. Es ist auch sehr spannend zu beobachten, wie sich das Gebäude bei Tag und bei Nacht verhält. Bei Tag macht es fast einen verschlossenen Eindruck – nicht von innen nach außen, aber von außen nach innen. In der Nacht ist das Gegenteil der Fall: Da löst sich der vorgelagerte Holzrost auf, das Gebäude wird durchsichtig. Die Benutzung im Inneren ist dann teilweise sichtbar. Diesen Effekt kennt man aus der Großstadt, wenn abends die Lichtreklamen angehen, wenn die Geschäfte ihre Schaufenster beleuchten. Etwas Ähnliches leistet auch dieses Haus. Und die Leute spüren es, sie merken es nur so im Vorbeifahren.

With respect to such an utilization mix, a second, relatively minor project, is worth mentioning here. It is actually a bank building – **the BTV, the bank für Tirol und Vorarlberg** –, but also houses a few offices, a surgery and apartments. Although situated on an intersection, it is surrounded by mostly provincial architecture that dots the main road. On the other hand, one can feel, especially in the evenings, that a certain kind of urbanization is beginning to emerge. BTV is in part responsible for this development, the building enhances the urban area, as it is relatively dense (1,0) and serves multiple functions. It is possible to design buildings that "can do everything, or in any case a great deal" in such circumstances. The functions themselves are not important, what is, is the structural body. The BTV's structure is totally neutral, there are supports, hanging ceilings, the façade. Anything may be contained within – and there is a lot. The only limitation, if you will, is the height of the rooms. Only the top floor, where there is a room for receptions, has higher ceilings. This building largely realizes the concept of a contemporary utilization mix. It can be detected in the façade. The building is a glass box wrapped in a wooden skin. And this wooden skin reacts to what takes place behind it with its movable elements. In the offices, for instance, they will be mostly closed, providing shade, whereas in the apartments they might remain mostly open, for the surgery it might vary.

It is also exciting to observe how the building "behaves" by day and by night. In the daytime it appears, because of the wooden lattice, as compact mass, almost forbidding – not from the inside to the outside, but from the outside to the inside. At night the opposite occurs: the wooden lattice in front of it more or less dissolves, the building becomes transparent. The utilisation in the interior becomes partly visible. It is an effect known from the big city when the neon signs come on in the evening and shop-windows are lit up there. This building behaves in a similar manner. People sense this even if they have no special interest in architecture, they just notice when they are driving past it.

BTV
Bank für Tirol und Vorarlberg

Fassadenschichtung | layering of façade

Haut und/oder Funktion

Bei der BTV ist es nicht so, daß unten die Bank ist, wie man es erwartet, darüber die Büros sind und ganz oben die Wohnungen, bei der BTV wurden die Bank und die Büros im Gebäudeteil an der Hauptstraße übereinander gestapelt, und die Wohnungen stapeln sich daneben. Die Zonierung des Gebäudes verläuft also nicht horizontal sondern vertikal. Aber beide Bereiche sind gleich konstruiert und haben die gleiche Art von Haut, die allerdings so vielschichtig ist, daß sie sehr unterschiedliche Bedürfnisse abdeckt. Die Frage, wieweit sich Haut und Funktion trennen lassen, ist in unserem Büro seit Jahren Gegenstand der Diskussion.

Membrane and/or Function In the case of the BTV project the bank is not, as one would have expected, positioned on the ground floor, with the offices sitting above and the apartments on top of these. In this case, bank and offices are stacked up one upon another in the part of the building next to the main road and the apartments are stacked up alongside these. Thus the building zones run in a vertical direction and not horizontally. But both sections are constructed in the same way and they have the same type of outer membrane, yet it is sufficiently versatile to satisfy different needs. The question, to what extent skin and function can be differentiated, has long been a subject of discussion in our office.

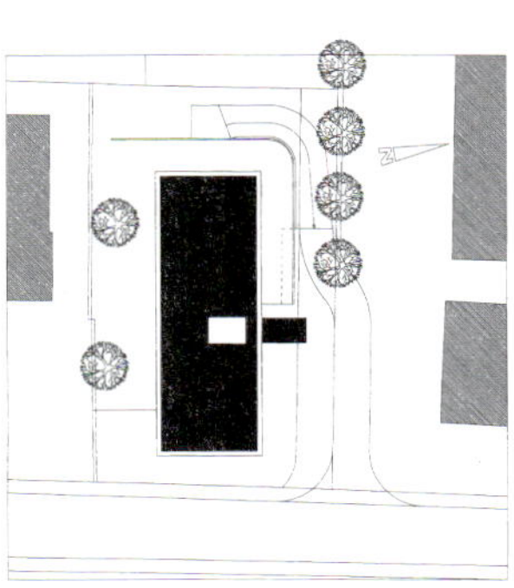

Ostansicht | east view

Westansicht | west view

Innenraum | interior

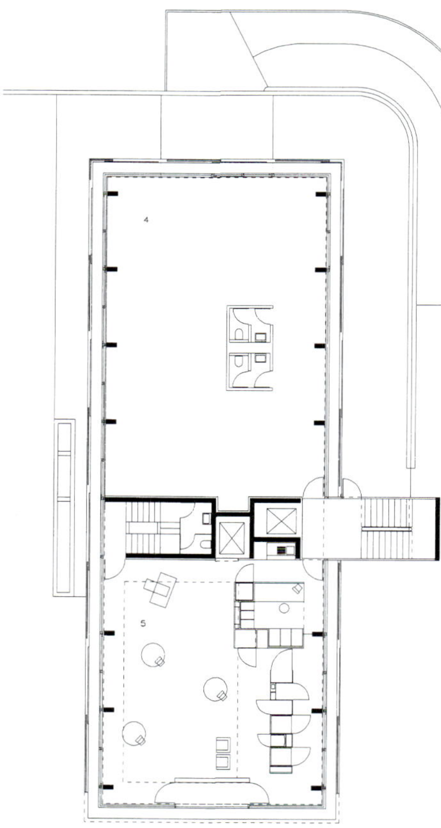

Erdgeschoß | ground floor

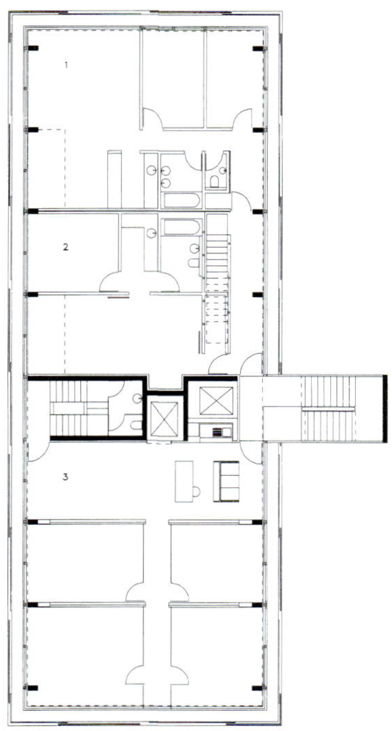

2. Obergeschoß | 2nd floor

Schnitt | section

Wir halten dieses Thema für brisant, weil die Funktion, die heute für ein Gebäude zuallererst genannt wird, langfristig betrachtet auch eine ganz untergeordnete Rolle spielen kann. Aus einer Kirche wird eine Diskothek, aus einem Bürogebäude ein Wohnhaus und so weiter. Es geht also sowohl darum, offene Strukturen zu verwenden, als auch darum, welche Art von Hülle man darüber zieht. Denn die Hülle soll zwar ebenfalls neutral sein, sie muß aber trotzdem klare funktionelle, materielle und physikalische Qualitäten einlösen. Genau das ist der Punkt: Das Verhältnis zwischen Struktur auf der einen und Hülle auf der anderen Seite. Die Hülle hat immer einen besonderen Stellenwert, denn sie formuliert den Ausdruck eines Gebäudes nach außen. Und doch ist die formale Sprache nur einer von vielen Aspekten. Die Lösung der energetischen Frage zum Beispiel, die wird weitgehend hier, an der Fassade abgehandelt. Denn sie ist die Grenze zwischen innen und außen. An dieser Grenze wird entschieden, was an Energie eingebracht und was abgeblockt wird, was also mit der auftreffenden Energie – Wärme, Kälte, Regen – geschieht. Die innere Struktur braucht im Grund nur möglichst neutral zu sein, während die Problematik der Fassade differenzierter ist. Deswegen beschäftigen wir uns im Büro so intensiv damit, wieviele Öffnungen es geben kann, wie groß sie sein müssen, wir beschäftigen uns mit unterschiedlichen Verglasungsmöglichkeiten, mit dem Auseinandernehmen von Fassadenschichten, also eigentlich mit allen Strategien, die es in diesem Zusammenhang gibt.

We think this issue highly explosive, because function – nowadays always considered to be pre-eminent – can also play a very minor role when seen from a long-term viewpoint. A church can be turned into a discotheque, an office building into a residential building and so on. It is as much a question of using an open structure as it is about which kind of mantle can be pulled over it. Although this mantle has to be neutral, it must still have clearly functional, material and technical qualities. This is exactly the point. The ratio between structure on the one side and mantle on the other. The mantle always has a special standing, because it represents the outer countenance of a building. Yet, formal language is just one of many aspects. The solution of the energy question, for instance, is largely dealt with by the façade. It is the boundary between the interior and the exterior. At this boundary falls the decision of how much energy is taken in, how much is blocked out, what happens to impacting energy – heat, cold, rain. The inner structure simply needs to be as neutral as possible, while the problems of the façade are more differentiated. We therefore work intensely on issues such as how many openings there can be, how large they have to be, we work on different types of glazing, on ways of separating the façade layers, in fact essentially on all the strategies there are.

Nordansicht | north view

Noch einmal zur Frage der Ökonomie im Wohnbau: der Lindenweg

Dieses Projekt zählt zu den allerersten Versuchen unseres Büros, den kompakten Haustyp so weit zu komprimieren, daß er dem erreichbaren Optimum zumindest nahekommt. Eine Vorgabe für die Projektentwicklung war, daß der Bauherr ein klares Preislimit festgelegt hat, daß also der ökonomischen Frage in der Gesamtschichtung der Probleme ein hoher Stellenwert zukam. Es ist ein sozialer Wohnbau, und es ist ein Wohnbau, dem man – speziell auf den Architekturfotos – nicht ansieht, in welcher Situation er in Wirklichkeit realisiert wurde. Das läßt sich via Bild gar nicht transportieren, daß dort, wo es scheinbar so grün ist, in 200 Metern Entfernung die Autobahn vorbeigeht, daß die Bahn, die allerdings etwas tiefer liegt, vorbeigeht, daß es dort laut und auch von der Luftqualität her nicht ideal ist. Diese Beschreibung der äußeren Umstände ist deshalb so wichtig, weil sie die Begründung dafür liefert, warum unsere Planung so aussieht. Oder um es anders zu formulieren: Am Lindenweg gibt es etwas, das die wenigsten verstehen – es ist die Balkonzone, die nur 1,20 Meter tief ist, man kann sie nur eingeschränkt nutzen. Wir haben diese Lösung gewählt, weil wir der Überzeugung waren, daß die Umweltqualität vor Ort einen

Economy in Domestic Architecture: Lindenweg This project is one of our first attempts to compress the compact building type to such an extent as to come at least close to a feasible optimum. One of the requirements for the development of the project was a clear-cut price limit on the part of the contractor so that the question of economy became a priority in the planning. It is a subsidized housing project and a building which one would not at all associate with the kind of site it had in reality been realized in – least of all by looking at the architectural photographs. It is impossible to convey on a photo that this apparently very green area is only 200 meters away from a motorway, that there is a railway, albeit on a lower level, that it is noisy and that the air quality is anything but ideal. It is important these external conditions are pointed out because they influenced our planning. To put it differently: the Lindenweg building features something few people can understand – a balcony zone that is only 1.20 meters deep and can only be used to a limited extent. We opted for this solution because we were convinced

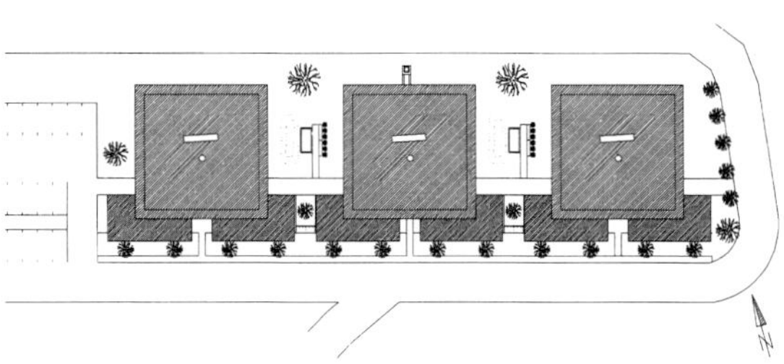

Südansicht | south view

Carpark

Durchgang | passageway

Aufenthalt auf dem Balkon eher verhindert als befördert. Aber gerade diese Andeutung – tatsächlich ist es natürlich mehr als eine Andeutung – eines individuellen Freibereichs schien uns in einer solchen Situation, nicht nur was die Lage, sondern auch was das Zielpublikum betrifft, wesentlich.
Der Lindenweg hat eine ganz konventionelle Fassade, einer gemauerten Wandscheibe ist eine Holzfassade vorgesetzt und vor dieser Holzfassade steht dann immer dieser Aluminiumschiebeladen. Wenn man den wegschiebt, sieht man die Lärchenholzfassade. Diese Lösung ist das Resultat unserer Überlegungen, wieviel Fensterfläche es geben muß, wenn der Ausgangspunkt eine ziemlich dichte Belegung einzelner, relativ kleiner Zimmer ist. Jedes Zimmer braucht natürlich ein Fenster. Wenn aber eine möglichst große Anzahl von Zimmern auf einer beschränkten Fläche gebraucht wird, das ist schwierig. In einem solchen Fall muß man sich genau überlegen, wieviel Fensterfläche unbedingt notwendig ist, auch wieviel Wandfläche es geben muß, damit die einzelnen Zimmer einen Zuschnitt haben, der im sozialen Wohnbau vertretbar ist. Die Strenge der Geometrie geht auf solche Untersuchungen zurück, sie garantiert einfach, daß diese Wohnungen auch im schwierigsten Fall, wenn jemand soviele kleine Zimmer will, wie es nur irgendwie geht, funktionieren.
Was beim Lindenweg außerdem speziell ist: Trotz der äußersten Ökonomie ist es gelungen, die Raumhöhe geringfügig zu vergrößern. Dabei geht es nur um eine Ziegelschar, aber für das Raumgefühl, für die Lichtführung in die Tiefe des Raumes bedeutet das eine Verbesserung. Wie gesagt: Die Grundrißtypologie ist beim Lindenweg genauso flexibel wie bei den späteren Wohnbauten. Die Zimmerzone läßt jede Freiheit zu. Wir wissen, daß zwei türkische Großfamilien dort wohnen, und die haben eine sehr eng gegliederte Zimmerteilung gewählt. Aber es gibt auch ganz andere Wohnformen. Das heißt – und das hat unser Büro sehr optimistisch gestimmt – die Typologie ist geeignet für eine große Bandbreite an Wohnvorstellungen, für die „normalen" genauso wie für andere.

that the environmental qualities there would actually deter from, rather than encourage, lingering on a balcony. But precisely this indication of an individual open space – in reality, it is of course more than an indication – seemed to us to be essential in such a situation, not only in view of the site but also in view of the targeted public.
The Lindenweg complex features a conventional façade with wooden façade attached to a brick wall and fitted with sliding aluminium shutters. When these are opened one can see the larch wood façade. This solution was the result of our deliberations as to how much window space was necessary in view of the rather dense occupancy of the relatively small bedrooms. Each bedroom obviously has to have a window, but if a very large number of bedrooms is required in a limited space, it is difficult. In such a case one has to carefully consider how much window space, how much wall space is absolutely necessary to lend individual bedrooms a form that conforms to the subsidized housing concept. The severity of the geometry is also a result of these considerations, it simply guarantees that these apartments work, even in the most difficult of situations, when someone wants so many small bedrooms.
Also unique for Lindenweg: we succeeded in slightly increasing the height of the rooms, in spite of extreme economy. It is only an additional layer of bricks, but constitutes a marked improvement in the sense of space and in transporting light into the depth of the room. The ground-plan typology of the Lindenweg project is as flexible as that of later projects. The bedroom zone allows every freedom. We know that two large Turkish families live there and they have chosen a very narrowly structured room plan. But there are also other, contrasting configurations. That means – and this gave rise to considerable optimism in our office – that this typology is suitable for a whole spectrum of residential concepts, for the "normal" one as much as for any other. One only needs to build the access zone, the bathroom area and the kitchens – but the walls that segment the bedroom zone can be dispensed with.

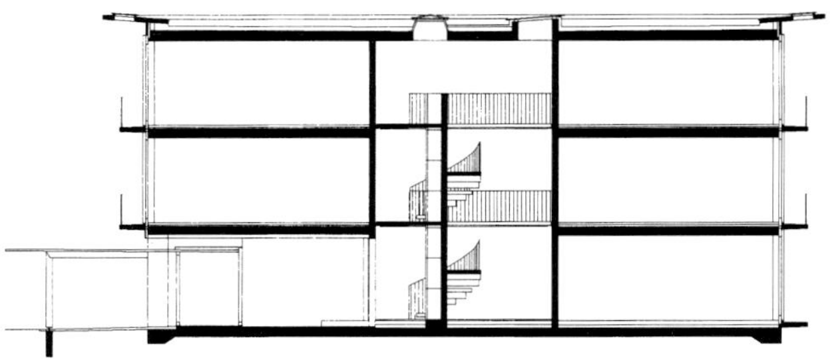

Schnitt | section

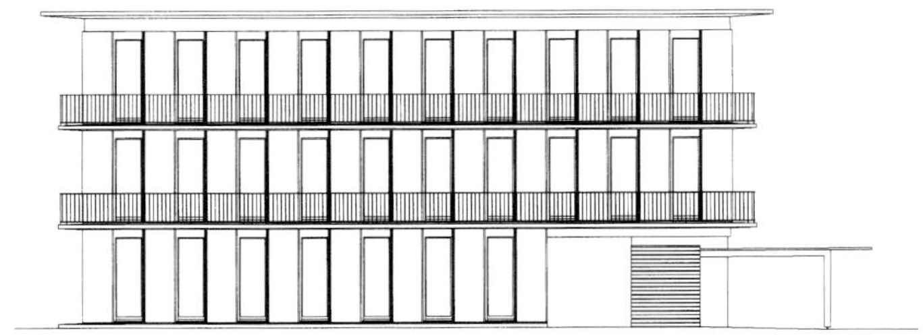

Südenansicht | south view

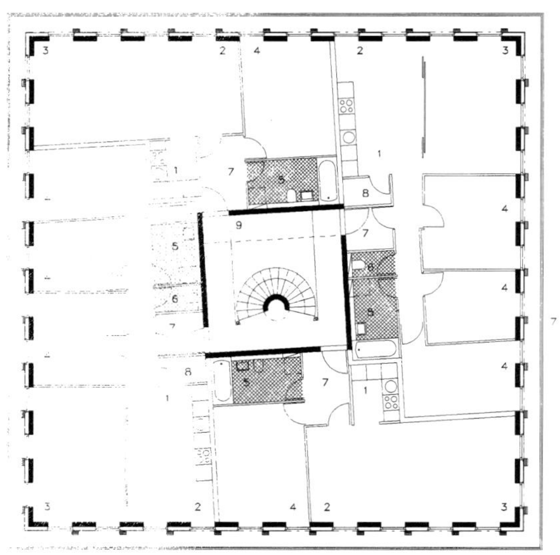

Obergeschoß | upper floor

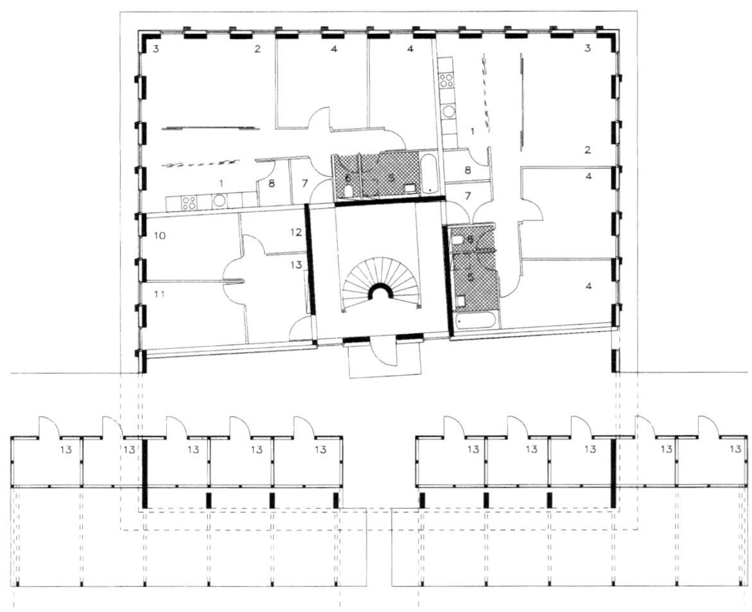

Erdgeschoß | ground floor

1 Küche | kitchen
2 Essen/Kochen | dining/cooking
3 Wohnen | living area
4 Zimmer | bedroom
5 Bad | bath
6 WC | WC
7 Vorraum | hall
8 Abstellraum | closet
9 Luftraum | empty space
10 Trockenraum | drying area
11 Waschküche | laundry
12 Kinderwagen | prams
13 Abteil | department

Man braucht eigentlich nur die Erschließung, die Naßzone, die Küche zu bauen – aber die Zwischenwände, die diesen Zimmergürtel gliedern, die können auch alle wegfallen.
Städtebaulich ist am Lindenweg vielleicht noch interessant, wie die Baukörper stehen. Sie sind ganz leicht verdreht, um dem Problem einer Nord-Ost-Wohnung aus dem Weg zu gehen. Das heißt: In der schwierigsten Lage ist die Ostseite am größten und die Nordseite möglichst klein. Denn das muß man ausdrücklich festhalten: Ein so kompakter Punkthaus-Typ bringt immer das Problem der Orientierung der einzelnen Wohnungen mit sich. Es gibt darin in der Regel Nord-Ost-, Nord-West-, Süd-Ost- und Süd-West-Wohnungen, und die beiden letzteren sind am beliebtesten. Sie sind es aber nur, weil zum Beispiel die Qualität einer Aussicht oder die Belästigung durch Lärm für den Wohnwert zunächst einmal viel zu gering veranschlagt werden. Als Architekt versucht man, diese Thematik durch differenzierte städtebauliche Maßnahmen zu relativieren. Man könnte aber auch radikaler bilanzieren: Es gibt gewisse Bilder vom Wohnen, die in den Köpfen der Leute festgeschrieben sind. Und unserem Büro war es immer ein Anliegen, aus diesen üblichen Bildern herauszukommen und andere Qualitäten zu erreichen. Es ist dabei keineswegs so, daß die Leute das nicht verstehen. Es hat uns selbst überrascht, aber den qualitativen Mehrwert, den zum Beispiel die ein wenig größere Raumhöhe am Lindenweg bedeutet, den hat dort jeder Bewohner erfaßt.

From a town-planning viewpoint it is perhaps interesting how these buildings are positioned. They stand at a very slight angle to avoid the problem of an apartment facing north-east. In other words, in this most difficult situation the east side is the longest and the north side the smallest. To emphasize this point: such a compact "point house" type always entails the problem of the orientation of individual apartments. As a rule, there are apartments facing northeast, northwest, southeast and southwest, and the latter two are favored by most people. But only because the quality of a view, for instance, or being bothered by noise are not adequately assessed in terms of residential value. As the architect, one tries to balance these issues by applying different measures in the planning. One could also be more radical: there are certain living arrangements that have become fixed in people's minds. In our office we have always had a strong desire to leave these images behind and to achieve other qualities. It is not at all so, that people do not understand this. We were very surprised that every occupant understood, that the slightly higher ceilings of the Lindenweg building, for instance, meant additional qualitative value.

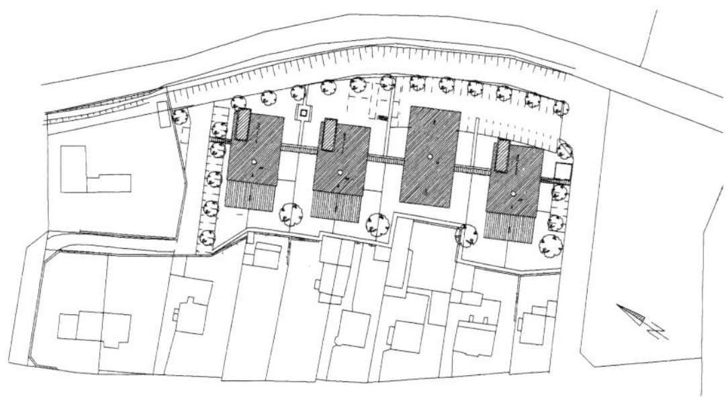

Bauen in Niederösterreich: zwei Projekte für die Hauptstadt

Die städtebauliche Situation in St. Pölten ist sehr interessant. Beide Projekte – sowohl das gebaute als auch das noch nicht realisierte – sind relativ nahe am neuen Regierungsviertel situiert. Und das liegt bekanntlich an der Traisen. Die Wohnanlage **„Am Mühlbach"** wurde am anderen Traisenufer errichtet, gegenüber vom neuen Regierungsbezirk, aber nicht weit davon entfernt. Das Umfeld besteht sowohl aus Einfamilienhäusern, als auch schrebergartenartigen Strukturen, die wie ein Filter gegenüber jener Bebauung wirken, die dann schon etwas größer ist. Wenn man dieses Umfeld analysiert, kommt man fast automatisch zu dem Ergebnis, daß ein stadtvillenartiger Typ hier richtig ist. Wir haben eine relativ hohe Dichte bewilligt bekommen. Das hatte aber die Notwendigkeit zur Folge, die Durchlässigkeit der Anlage gegenüber dem angrenzenden auartigen Naturraum zu beachten. Aber mit dem Thema der Kleinteiligkeit, der Durchlässigkeit ist das Büro auf Grund seiner Erfahrungen im Rheintal ja seit langem vertraut. Jedenfalls gab die konkrete Situation den Ausschlag, daß die Baukörper so eindeutig zu diesem Bach orientiert sind. Es gibt eine Erschließungszone, die diese vier Baukörper zusammenhängt, so daß sie als gestalterische Einheit lesbar sind. Das war in dem Fall auch wichtig, einfach um etwas klarere Strukturen gebenüber dem Wildwuchs an individueller Bebauung zu erzeugen. Die Wohnanlage „Am Mühlbach" in St. Pölten ist eine Variation unseres Kerntyps: Denn die Häuser sind nicht quadratisch um die Erschließung organisiert, sie haben eine Längsrichtung. Das ergibt automatisch eine andere Erschließungszone und eine etwas andere Typologie.

Building in Lower Austria: Two Projects for the Capital The town-planning situation in St. Pölten is interesting. Both our projects – one finished and one not yet realized – are in the vicinity of the quarter housing the new administration's offices, which lie on the bank of the River Traisen. The apartment complex **"Am Mühlbach"** was built on the other bank of the Traisen, opposite the new administrative quarter, but quite near it. The surrounding environment includes one-family homes and small garden allotments that act as a kind of filter. Studying this environment, one automatically arrives at the conclusion that the villa type or detached residence is appropriate here. We were granted a relatively high density, as a result of which we had to pay attention to the permeability of the complex opposite the adjacent meadow-like landscape. However, our office has long been familiar with the issues of small size and permeability, given our experiences in the Rhine valley. In any case, the actual situation was instrumental in the positioning of the buildings, which are oriented towards this stream. There is an access zone that links these four buildings so that they can be read as one design unit. This was important in this case, simply in order to create clearer structures opposite the indiscriminate growth of individual structures. The complex "Am Mühlbach" in St. Pölten is a variation of our nuclear type: by contrast, the buildings are not organized in a square around the access, but have a longitudinal direction. From it there follows automatically a different access zone and a somewhat different typology.

Ostansicht | east view

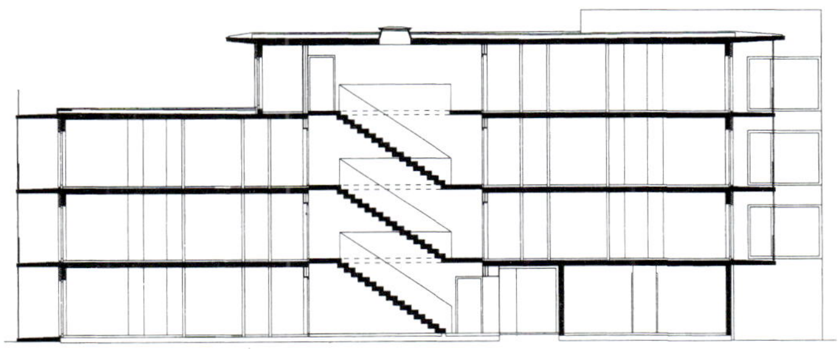

Schnitt | section

Südansicht | south view

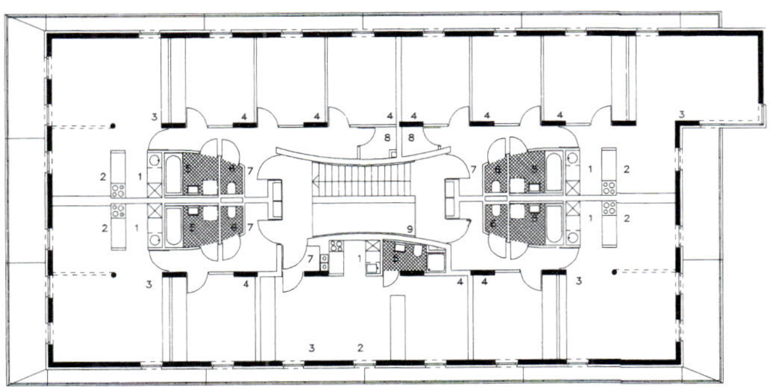

Erdgeschoß | ground floor

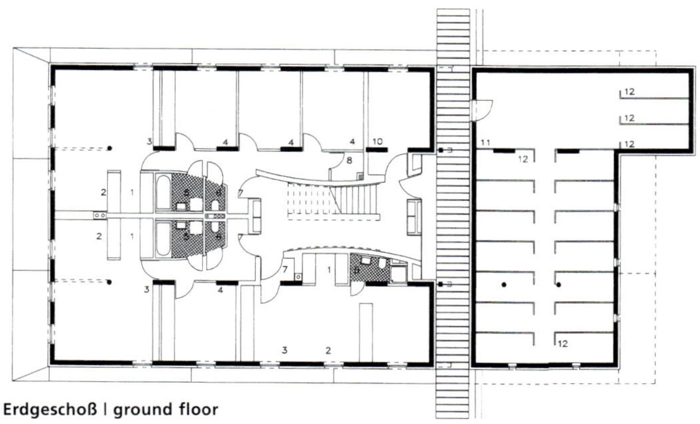

Erdgeschoß | ground floor

1 Küche | kitchen
2 Essen | dining area
3 Wohnen | living area
4 Zimmer | bedroom
5 Bad | bath
6 WC | WC
7 Vorraum | hall
8 Abstellraum | closet
9 Luftraum | empty space
10 Waschküche | laundry
11 Kinderwagen, Fahrräder | prams, bicycles
12 Abteil | department

Auch die **städtebauliche Studie**, die wir für das Traisenufer unmittelbar gegenüber vom Regierungsviertel gemacht haben, basiert auf solchen Kriterien. Auch da ging es um Dichte auf der einen Seite, und um Durchlässigkeit auf der anderen. Denn das ist ja ein unbebautes Gebiet, eine eigenartige Inselsituation. Und das Projekt hat an sich eine beachtliche Größe: Es geht immerhin um 200 Wohnungen, die zum Teil in fünf-, sogar sechsgeschossigen Gebäuden untergebracht sind. Wobei wir uns für zwei verschiedene Typologien entschieden haben: Es gibt einen Typ mit einem Mittelgang, an den Maisonetten angelagert sind, und es gibt einen, der auf der Typologie von V 78 aufbaut, der eine Verfeinerung davon darstellt. Außerdem ist es ein Versuch, innerhalb dieser Typologie einen Maßstabssprung zu realisieren, weil sie in St. Pölten zum ersten Mal innerhalb eines städtebaulichen Konzeptes eingesetzt wird, das über eine einzelne Zeile oder ein Haus hinausgeht, indem sie in der Überschneidung mit anderen Wohnungstypen verwendet wird. Diese Entscheidung hängt natürlich auch mit gewissen Gegebenheiten am Ort zusammen: Das Projekt wird auf drei verschiedene Bauträger aufgeteilt, es wird sowohl Miet- als auch Eigentumswohnungen umfassen, das heißt, das Anforderungsprofil ist ganz unterschiedlich. Dadurch ist es notwendig, mit sehr offenen Typologien zu arbeiten, die viele Möglichkeiten – auch in bezug auf die Vergrößerung oder Verkleinerung der Nutzfläche – bieten und trotzdem im ökonomischen Rahmen bleiben.

The **town-planning study** we carried out for the Traisen bank directly opposite the administrative quarter, is also based on such criteria. The issue here was also density on one hand and permeability on the other. It is after all an undeveloped area, a curious island situation. And the project is of considerable proportions: there are some 200 apartments in five, even six-story blocks. We decided in favor of two different typologies: one type featuring a central corridor flanked by maisonettes and another, based on the typology of V 78 and constituting a refined version of it. It is also an attempt to realize a dimensional leap within this typology, as this is the first time it is used in St. Pölten in a planning concept exceeding a single housing row or a house, in a cross-over of different apartment types. This decision is obviously also based on certain circumstances pertaining to this site: the project is divided between three different patrons, there will be rented apartments as well as individually owned ones, which means that the requirement profile is very varied. This makes it necessary to work with very open typologies, offering multiple possibilities – including increasing and decreasing utilized space – yet remaining within an economic framework.

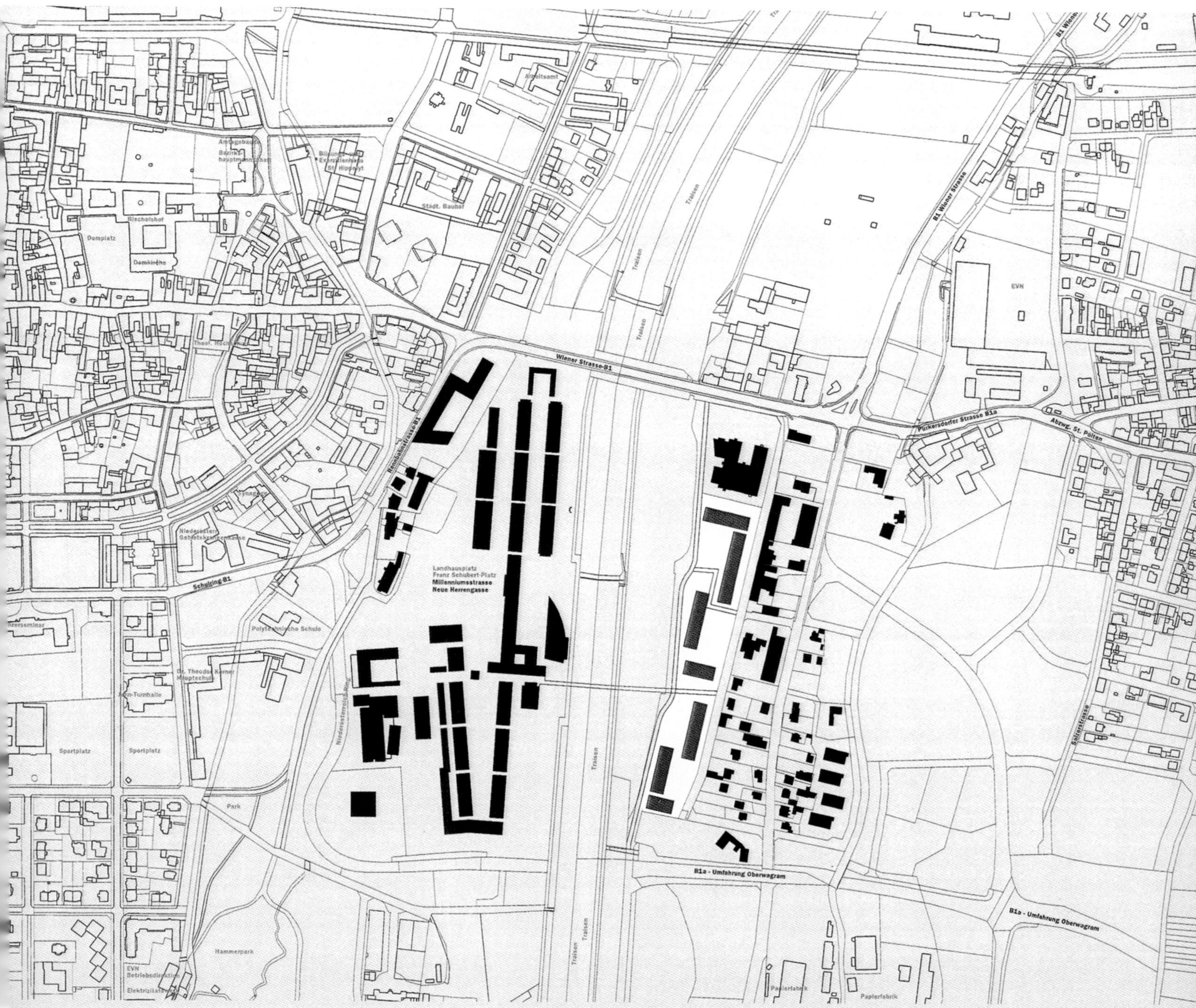

Städtebauliche Studie für das Traisenufer in St. Pölten |
Urban Planning Study for the Bank of the Traisen in St. Pölten

Südansicht | south view

Noch ein Wettbewerb: Sonderberg Das Projekt ist für Götzis entwickelt worden, und zwar für eine landschaftliche Situation, deren Besonderheit darin besteht, daß das Grundstück ganz nach Süden orientiert ist und sich dahinter der Sonderberg erhebt. Das Grundstück liegt also am Fuß des Sonderberges. Und es beinhaltet den Bedarf nach einer Planung, die eine städtebauliche Gesamtidee formuliert. Denn hier geht es um Dichte, wie sie an den Ortsrändern heute gefragt ist. Man ist schon relativ weit weg von jeder Infrastruktur, man grenzt andererseits an Einfamilienhausgebiete an, man muß also nach städtebaulichen Figuren suchen, die gleichzeitig eine Art Anbindung an die bestehenden Strukturen schaffen, aber auch einen neuen städtebaulichen Tatbestand. Wir haben gemeinsam mit Norbert Schweitzer und Werner Wertaschnigg die städtebauliche Idee entwickelt, daß mit einem großen Baukörper, der die Geschoßwohnungen beinhaltet, dieses Motiv des Bergrückens wiederholt wird. Wobei alle Wohnungen eine Südausrichtung haben. Und im Vorfeld wurde dann eine Ost-West-Typologie angelagert, die quasi die Verbindung zur Einfamilienhausstruktur herstellt. Das war die städtebauliche Idee. Der Geschoßwohnungsbau selbst ist als zweihüftiger Bau konzipiert, an jedem Stiegenhausabsatz liegen also nur zwei Wohnungen. Allen Wohnungen ist eine Terrassenzone vorgelagert, außerdem gibt es einen speziellen Kopfteil, mit einem Kindergarten im Erdgeschoß und einem ganz kurzen Laubengang darüber. Es war ein Verfahren, bei dem die einzelnen Bauteile letztlich unter verschiedene Architekten aufgeteilt wurden. Wir haben das dann auch zusammen mit den Architekten Schweitzer und Wertaschnigg realisiert, und bei den Reihenhaus-Typologien haben unterschiedliche am Wettbewerb beteiligte Büros jeweils eine Doppelzeile autonom gestaltet. Diese Bauten sind wirklich nur über die städtebauliche Idee zusammengebunden.

Another Competition: Sonderberg This project was developed for Götzis, for a landscape situation that is unusual in that the property is entirely oriented to the south and the Sonderberg rises behind it. The property, then, lies at the foot of a mountain. And it requires a plan formulated within the framework of a collective urban planning concept. The main concern here is the present requirement in density required at peripheral town areas. It is relatively far from any infrastructure, on the other hand next to a housing estate, so one has to look for architectural forms that accomplish a sort of connection to existing structures, but also create a new situation. Together with Norbert Schweitzer and Werner Wertaschnigg, we developed the idea of mirroring the motif of the mountain crest in the form of a large multistory apartment block, containing only south facing apartments. In front of this we positioned east-west typologies, thereby creating a link to the one-family home configuration. This was our contribution to urban planning. The apartment block itself is designed as a curved structure, each landing of the staircase opens on to only two apartments. All have a terrace and there is also a kindergarten on the ground floor of the central section and a short arcade above it. It was a process where ultimately different parts of the project were allocated to different architects. We realized it in cooperation with the architects Schweitzer and Wertaschnigg, and a number of architectural firms that took part in the competition, autonomously designed a twin-row of the row house typologies each. These buildings really only hang together because of the collective urban planning idea.

Das Thema Infrastruktur Man muß vielleicht vorausschicken, daß es bei den Vorarlberger Wohnanlagen in der Regel die Größenordnung gar nicht gibt, die vielfältige infrastrukturelle Einrichtungen rechtfertigen würde. Wenn ein Kindergarten mitgeplant werden kann, ist das oft schon ein Glücksfall. Andererseits muß man sich von der Idee des kleinen Ladens, der Trafik, des Cafés, von diesen romantischen Vorstellungen, die im Zusammenhang mit Wohnanlagen immer wieder auftauchen, ohnehin verabschieden. Das wurde zwar auch in Vorarlberg probiert, aber wirklich funktioniert hat es nie. Wir gehen mit solchen Fragen hier im Land ziemlich rational-pragmatisch um. Wenn etwas erwiesenermaßen nicht funktioniert, dann wird es einfach nicht mehr gemacht. Die Leute wollen den kleinen Laden, das Café in der eigenen Wohnanlage nicht. Sie wollen die Einkaufscity mit der großen Mall, wo über ein paar, auch noch so primitive Dekorationen an einem Ort gleichzeitig Griechenland, Italien, Spanien und Frankreich illusionistisch präsent sind. Da schieben sich Menschenmassen durch, da gibt es Öffentlichkeit, da gibt es aber auch Anonymität. Und jeder kann alles bekommen, was er braucht, und das innerhalb geringster Distanzen. Die Vorstellung, daß man beim Greißler herumsteht, sich miteinander unterhält – die hat sich überholt. Das tun ein paar alte Leute, aber die anderen haben dafür gar keine Zeit. Die gehen in die Shoppingcity, und das ist für sie wie ein Tag Urlaub. Außerdem: Die Leute mögen auch diesen persönlichen Kontakt gar nicht mehr. Wenn sie etwas wissen wollen, wenn sie etwas brauchen, dann fragen sie das Internet, aber nicht den Nachbarn. Das ist heute einfach so. Und daran können Architekten mit den tradierten Mitteln, die ihnen zur Verfügung stehen, nichts ändern. Das gilt in einem gewissen Maß auch für die Gestaltung der Außenräume in Wohnanlagen. Die Leute wollen den verprivatisierten Außenraum, alles andere ist im Grund nur Distanz. Man kann die wunderbarsten Außenraumkonzepte – gestaltete Aufenthaltsbereiche, Wasserbecken und Brunnen, was auch immer – anbieten, sie werden

The Issue of Infrastructure Perhaps it should be pointed out beforehand that dimensions that would justify multiple infrastructural installations, do not generally exist in Vorarlberg housing complexes. If a kindergarten can be included in the planning, it is already a stroke of luck. On the other hand, it may be time to take leave of the idea of the small shop, the tobacconist, the café, all these romantic notions periodically surfacing in connection with apartment buildings. It has been tried in Vorarlberg as well, but it never really worked. We tend to deal with such questions in quite a rational and pragmatic way. If something does not work, we will simply no longer make it. People do not want the small shop, the café in their own building. They want the shopping mall with its amenities, where with the help of even the most primitive of decorations there is the illusion that Greece, Italy, Spain and France are all present in one place at the same time. Masses of people push through there, there is a large public, but there is also anonymity. Everyone can find what he needs, and all within the shortest of distances. The idea of standing around in the grocery store, to chat with one another is simply out of date. Some elderly people do it, but the great majority have no time for it. They go to the shopping mall and see it as a day out. Most people also no longer care for this sort of personal contact. If they want to know something, or need something, they turn to the Internet, not to their neighbours. This is a fact today. And architects are not going to change this by the opting for tradition.

doch nicht angenommen, weil sich jeder in seinen kleinen Gartenanteil, auf seine private Terrasse zurückzieht. Gemeinschaftseinrichtungen funktionieren immer nur auf der Basis trainierter Strukturen. Unser Büro hat in seiner Anfangszeit – siehe das Kapitel „Rückblick auf die Baukünstler-Vergangenheit" – viele Projekte mit Gemeinschaftseinrichtungen realisiert. Aber sie wurden von Leuten – zum Teil im Eigenbau – umgesetzt, die sich kannten, und die sich auch selbst entsprechend organisiert haben. Das ist eine Zeit lang gut gegangen, die haben sich wirklich getroffen und ihre Sommerfeste und all diese romantischen Geschichten gemacht. Trotzdem ist es im Lauf der Jahre einfach abgeflacht. Die Bewohner kommen nach Hause und setzen sich vor den Fernseher. Es hat doch keiner mehr Lust, den Nachbarn im Gemeinschaftszentrum zu treffen. Das mag traurig sein, aber es ist so. Und daher ist es eigentlich sinnlos, in solche Maßnahmen etwas zu investieren.
In Großstädten stellt sich diese Problematik möglicherweise anders dar. Sie haben eine ganz andere Dimension. Und dort mag es durchaus das Bedürfnis nach einem gewissen Ausgleich für eine Wohnsituation geben, die nicht optimal ist. Aber mit den gängigen Mitteln – also irgendwelchen Parkanlagen, aufwendig gestalteten Außenräumen –, die ja aus dem Städtebau des 19. Jahrhunderts kommen, wird man selbst dort nicht wirklich etwas erreichen, genauso wenig wie mit dem kleinen Geschäft oder Café. Nur wenn der Anteil ausländischer Mitbürger in solchen Wohnanlagen groß ist, bietet sich ein anderes Bild. Die nehmen Gemeinschaftseinrichtungen tatsächlich in Besitz, sie nutzen infrastrukturelle Zusatzangebote. Daraus resultiert dann aber oft – siehe „Lustenau-Sand" – ein Toleranzproblem, weil diese Art der Inbesitznahme nicht den hierzulande tradierten Bildern entspricht, und die einheimische Bevölkerung einfach nicht die gleichen mentalen Möglichkeiten hat. Man sieht es daran, daß sie sich immer mehr auf ihre Privatheit, auf eine Reserviertheit gegenüber der Öffentlichkeit zurückzieht.

To some extent it is also true for the formulation of outside space. People want privatized outside space, everything else is really only distance. The most wonderful concepts on offer – styled relaxation areas, water basins and fountains, whatever – are rejected, because everyone retreats to his small share of the garden, his private terrace. Communal installations only work on the basis of evolved structures. In the beginning our office realized many projects with communal facilities – see section "Retrospect of the Baukünstler past". But these were implemented (partly homemade) by people who knew each other, who also organized themselves to this end. This worked for a while, they actually got together and had their summer parties and all those romantic things. Still, after some years it all subsided. After people get home they like to settle down in front of their televisions. No one actually feels like meeting a neighbor in the community center. This may be sad, but it is a fact. It would quite simply make no sense to invest in such facilities.
In a city, this whole issue is probably seen differently. There are different dimensions. There may well exist a need for a certain compensation for a not so optimal residential situation. But current means – gardens, lavishly styled outside space, going back to 19th century urban architecture, are not going to really succeed here, no more than the small shop or café. The picture is entirely different if foreign occupants constitute a large proportion in such a complex. They actually do take possession of communal installations and use the additional infrastructure. As was the case in "Lustenau-Sand" this can lead to a tolerance problem, because this kind of taking possession does not conform to traditional images in this country and the local population simply does not have the same mental outlook. It is obvious from its increasing need for privacy and its reserved attitude toward the public.

Ein aktuelles Projekt: Mildenberg

A New Project: Mildenberg

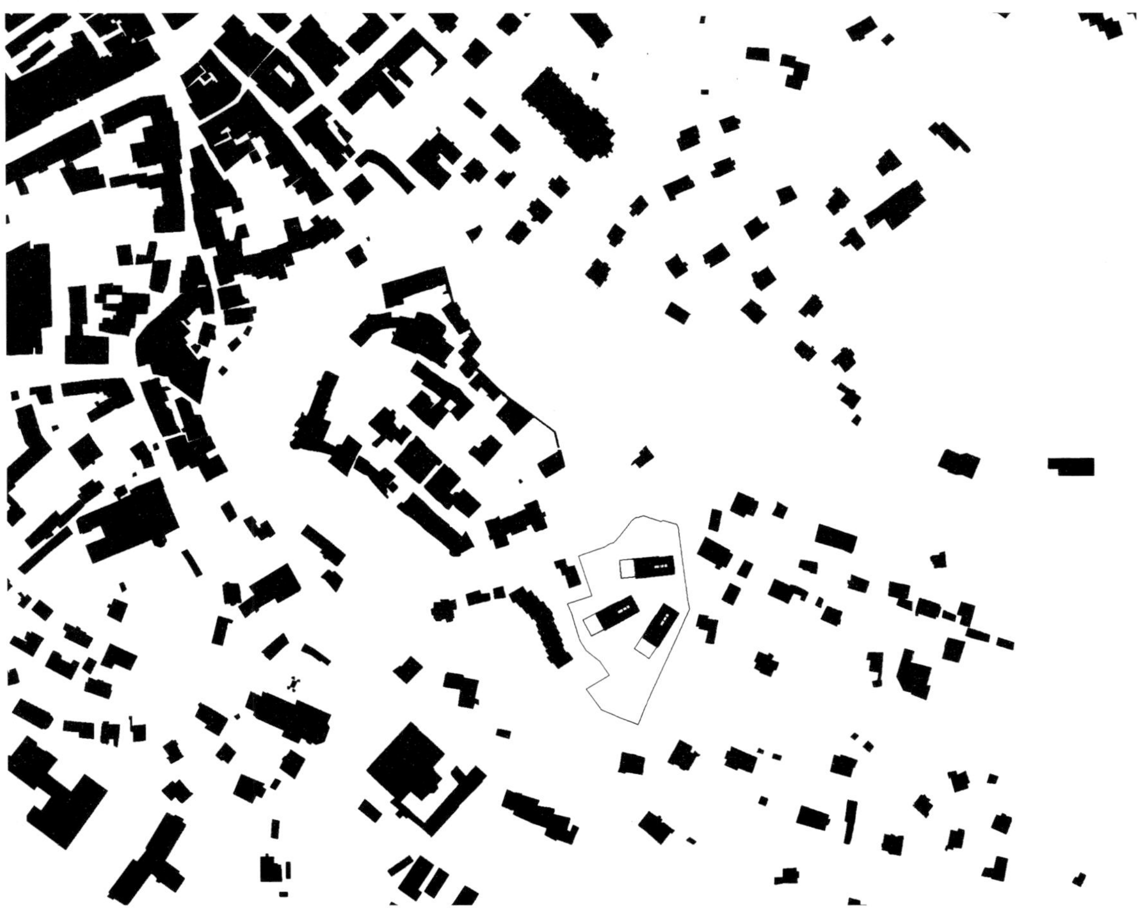

Mildenberg ist ein Teil von Bregenz, der in der Nähe der Altstadt liegt – ungefähr fünf Gehminuten entfernt –, ein ausgesprochen idyllischer Ort. Man sieht zwar nicht auf den Bodensee, denn Mildenberg liegt hinter dem Altstadthügel, trotzdem ist die Situation reizvoll. Uns hat schon bei der ersten Begehung die Eigenart des Grundstückes fasziniert. Es besteht aus drei Geländerippen mit drei Tälern. Und darauf haben wir uns bei der Situierung der Baukörper dann auch bezogen: Jeder steht an einer solchen Geländerippe. Diese Stellung der Baukörper zueinander hat sich aus der Topographie fast logisch ergeben. Das hat nicht wirklich etwas mit dem Umfeld zu tun, weil die Gebäude dort relativ bezugslos herumstehen, es gibt nur die Besonderheit einer alten Stadtmauer, die den Hang hinaufgeht und den historischen inneren Bezirk vom äußeren abgrenzt. Aber es gibt keine architektonischen Zusammenhänge.
Eine zusätzliche Schwierigkeit bestand bei diesem Projekt darin, daß das Grundstück einen großen Anteil nicht bebaubarer Flächen beinhaltet. Das hängt mit überholten städtebaulichen Vorstellungen zusammen, die nicht aus der Welt zu schaffen waren. Wir haben mit der Stadt darüber diskutiert, welchen Sinn ein Relikt verordneter naturräumlicher Durchlässigkeit noch hat, wenn es diesen Naturraum längst nicht mehr gibt. Es war trotzdem nichts zu machen. Ursprünglich kam hier wirklich ein großer Grünzug herunter. Aber heute ist er nur noch ein Rudiment, eigentlich nicht mehr nachvollziehbar.
Die Häuser sind auf ein ganz spezielles Publikum zugeschnitten. Das hat damit zu tun, daß das Grundstück sehr teuer war, also war klar, daß die Wohnungen von vornherein nur für eine wohlhabendere Schicht in Frage kamen. Und das wiederum hatte zur Folge, daß die Grundrißtypologie offen sein mußte, daß sie eine sehr unterschiedliche Konfiguration von Räumen zulassen mußte. Außerdem waren natürlich Terrassen obligat.

Mildenberg is a part of Bregenz, situated near the historic town centre – about a five minutes walk away – and a truly idyllic place. Even though there is no view of Lake Constance because Mildenberg lies behind the old-town hill, the location is extremely delightful. When first inspecting the property, we were immediately fascinated by its unusual character. It consists of three narrow ridges with three valleys. These were taken into account when the positioning of the building units was determined: there is one unit on every ridge. How the buildings interact with each other follows from the topographical conditions. It does not depend on the environmental conditions as the units do not really relate to them in any way, there is just the curiosity of an old town wall that runs up the slope and separates the historic inner section from the outer section. But architecturally there is no coherence.
Another problem with the project arises from the fact that the property contains large surfaces that may not be built upon. This has to do with outdated concepts of municipal architecture that proved impossible to eliminate. We have held discussions with the authorities about the validity of hidebound stipulations about access to nature, when such natural scenery has long since ceased to exist. Nothing doing! Originally there really was a large green belt sloping down here. Today, only rudiments remain and it is no longer really evident.
The buildings are tailored to a very special public. The property was very expensive, so it was clear from the beginning that the apartments were only going to be affordable by the more affluent. This in turn made it necessary that typologically the ground plans had to be open to allow for varying room configurations. Additionally, terraces were of course mandatory. All of this needed to be organized in such a manner that the density resulting from the open portions, remained invisible, intangible. The basic idea of the design was to rectify it all, to preserve and absorb an atmosphere of openness and permeability of the – if only rudimentary – natural scenery. It was important to carry some of it in such a way, that, at the end of the day, it was still legible.

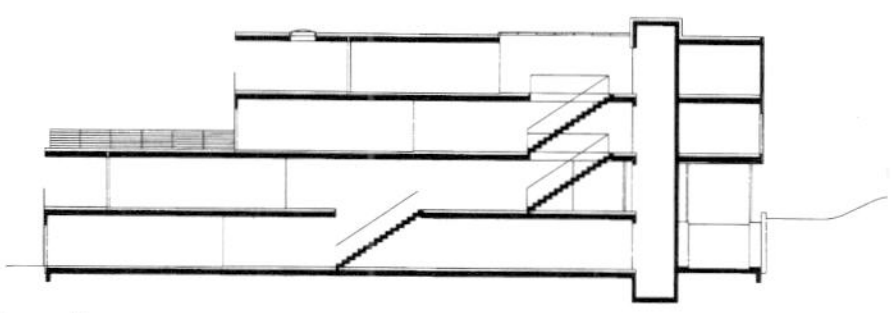

Schnitt | section

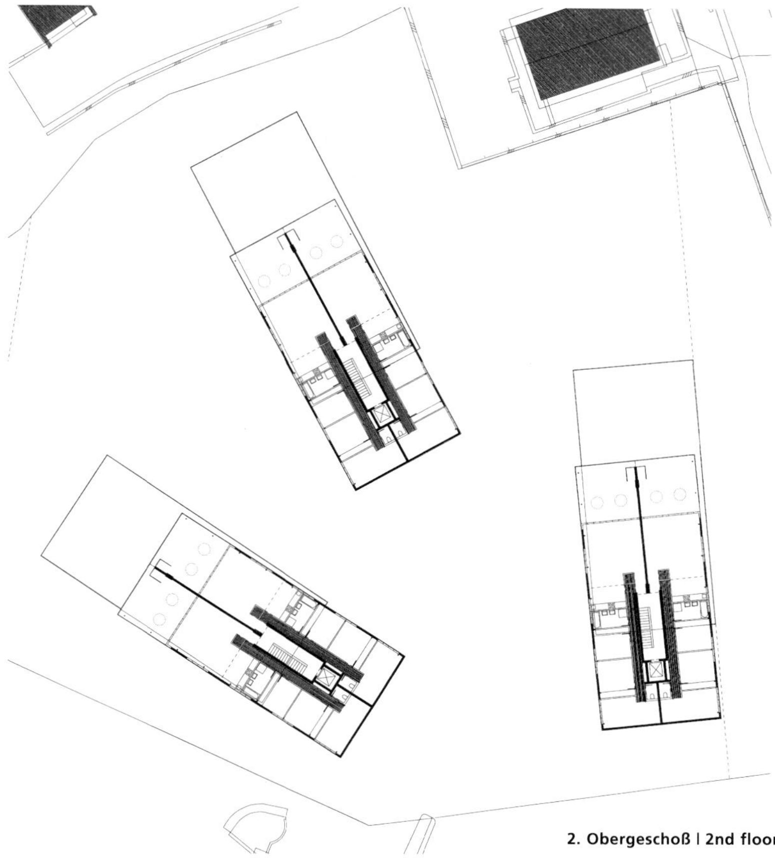

2. Obergeschoß | 2nd floor

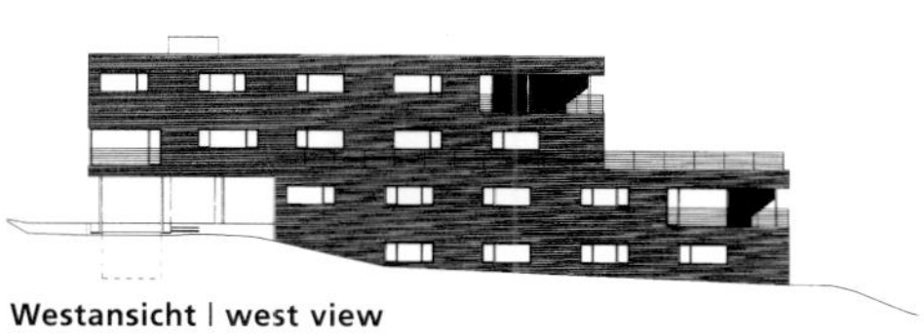

Westansicht | west view

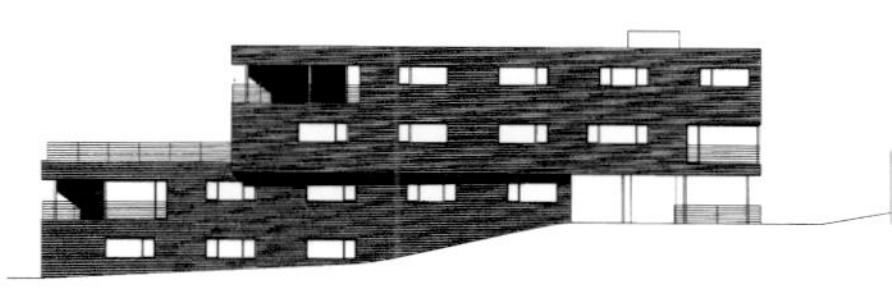

Ostansicht | east view

Südansicht | south view

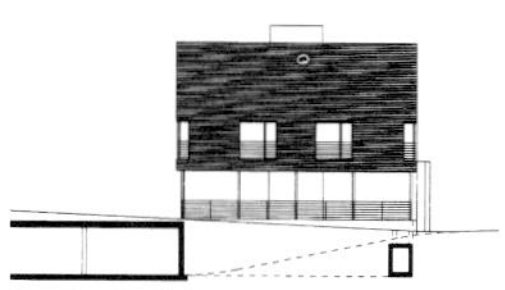

Nordansicht | north view

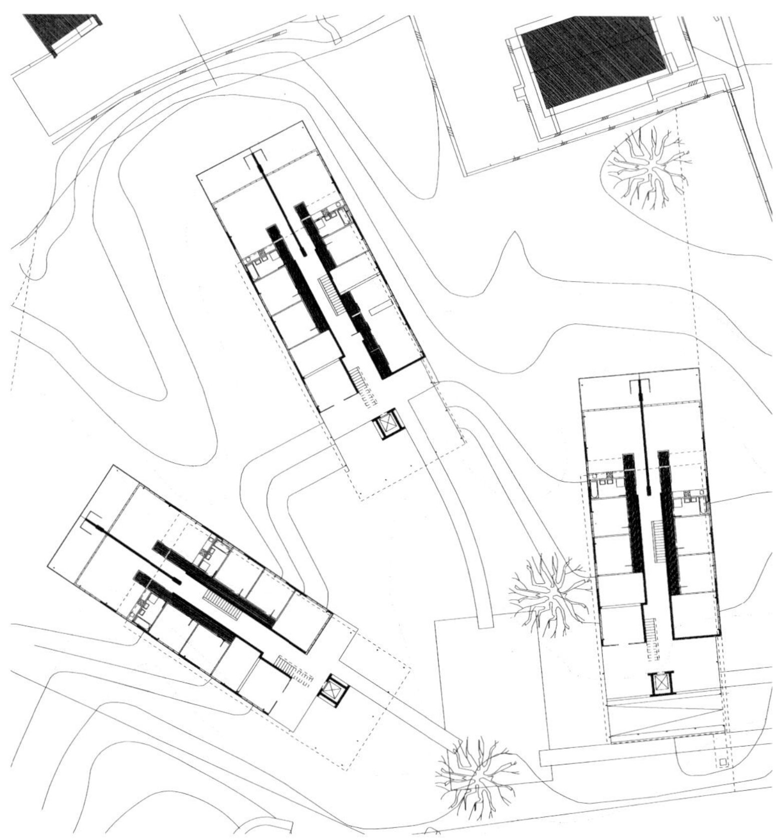

Erdgeschoß | ground floor

Ostansicht | east view

Südansicht | south view

Und all das mußte so organisiert sein, daß sich die Dichte, die tatsächlich dort herrscht, wenn man die Freihalteflächen abzieht, nicht sichtbar, spürbar ausdrückt. Der Grundgedanke des Entwurfs war, das irgendwie zu entzerren, die Offenheit und Durchlässigkeit des – wenn auch noch so rudimentären – Naturraums atmosphärisch zu erhalten, aufzunehmen. Es kam darauf an, etwas davon so zu transportieren, daß es am Schluß, unter dem Strich, noch lesbar ist. Denn dicht ist es dort schon, aber es wurde alles vermieden, was innerhalb herkömmlicher Wohnvorstellungen nachteilig bewertet wird. Also: Es gibt bei jeder Wohnung eine Terrasse, alle Wohnungen sind möglichst nach Süden orientiert, es gibt aber auch Süd-West- und Süd-Ost-Wohnungen, allerdings keine einzige reine Nord-West- oder Nord-Ost-Situation. Aus der ökonomischen Perspektive gesehen, könnte man sicher günstiger bauen. Es sind sehr schlanke Baukörper, bei denen das Verhältnis zwischen Kubatur und Nutzfläche optimierbar wäre – allerdings nicht für die Einkommensschicht, an die sich diese Wohnbauten richten.
Das hatte auch Konsequenzen für die Oberflächen. Wir haben uns wieder für eine Klinkerfassade entschieden, weil sie einfach einen hohen Image-Stellenwert hat, weil sie haltbar ist und gut altert. Außerdem hat der Klinker mit der Farbigkeit des Ortes zu tun. Es gibt dort einen alten Baumbestand. Eine solche Fassade fügt sich da sehr gut ein. Und die Strategie war ja, mit dem Ort etwas zu tun, ihn „mitzubauen" und zu integrieren.
Mildenberg ist für unser Büro eines der spannendsten Projekte. Es wurde nicht im ganz rigorosen Kostenrahmen des sozialen Wohnbaus abgewickelt, es war an ein Publikum adressiert, das Ansprüche hinsichtlich seiner Wohnvorstellungen formuliert; andererseits wurde es in einem städtebaulichen und landschaftlichen Kontext realisiert, der für den Architekten eine Herausforderung bedeutet. Trotz aller – möglicherweise auch sinnlosen – Vorgaben architektonisch verantwortlich zu handeln, das ist es doch letztlich, worum es geht, worauf es ankommt.

There is density, but all aspects that could be rated as detrimental according to conventional lifestyles concepts have been avoided. Hence, each apartment has a terrace, all are facing south or south-west and south-east, but not one is facing either north, west or north-east. From an economic perspective, one could certainly build more cost-effectively. These are extremely narrow building units where the ratio of cubature to utilized space could be optimized – but not for the income group targeted here.
It had consequences for the façade as well. Once again we decided in favor of a clinker façade – it simply has a very good image, is durable and ages well. The clinker also has to do with the colorfulness of the place. There are some old trees around, such a façade blends in very well. And the strategy was, in any case, to "do" something with the place, to integrate it and "build it in".
Mildenberg is one of our most exciting projects. It was not executed within the rigorous cost framework of the subsidized housing industry, but addressed a public that defines its demands according to its own concepts of living; on the other hand, it was realised within an architectural and environmental context that represented a challenge to the architect. In the end, the important thing is to act responsibly from an architectural view point, despite all – possibly also unreasonable – conditions. This is what matters.

Luftaufnahme Rheintal | aerial view of Rhine Valley

Schlußbemerkung von Wolfgang Kos Es gibt namhafte 50jährige Architekten, die kaum Gelegenheit fanden, ihre Ideen in reale Bauten umzusetzen, und die aus dieser Realitätsferne ihren Nimbus als Meisterarchitekten modellieren. Und es gibt Mitt- und Endvierziger wie Carlo Baumschlager und Dietmar Eberle, die seit urdenklichen Zeiten heftig drauflos bauen, eine erstaunliche Opuszahl jenseits der Ziffer 300 vorweisen können und sich dafür keineswegs genieren. Seit wann ist B & E das größte Büro Vorarlbergs? So fragte ich im Zug eines mehrstündigen Gesprächs für ein Radio-Special der Ö1-Reihe „Diagonal". Und bekam als Antwort ein joviales „Seit eh und je". Dann eine längere Pause, in der es vor lauter Selbstbewußtsein knisterte – bis Eberle schließlich ein halbironisches „Das glaub ich nicht" dazubrummelte.
Auf der Skala Atelier (1) bis Firma (10) positionieren sie sich klar, nämlich bei 8, „ganz am Rand, nahe bei Firma". Ohne Berührungsängste sagen sie auch: „Wir gehören zur Bauwirtschaft". Das ist nicht nur Stichelei gegen die genialische Feinkost-Architektur und den Kult um den individuell schaffenden Baukünstler. Damit ist auch gemeint, daß Architektur auf möglichst umfassende Weise mit dem Leben zusammenspielen sollte. Entwerfen und formale Klärung sind gleichberechtigte Aspekte neben vielen anderen: Ökonomie, Kostengünstigkeit, Ökologie, soziales Umfeld, kulturelle Bedeutung. Dazu passen die Leitbegriffe, die das Selbstverständnis solid fundieren: Professionalität, Pragmatik, Optimierung, Nüchternheit. Und, durchaus auf derselben Linie, ein Bekenntnis zur „sozialen Verantwortung". Die größte Leistung der sagenhaften baukulturellen Blüte Vorarlbergs in den letzten 20 Jahren ist schließlich eine kollektive – die Etablierung von Architektur als im Alltag verankertes Anliegen, ja geradezu als Bürgerpflicht.

Closing Remarks by Wolfgang Kos There are a number of well-known architects who, although they have hardly had the chance to implement their ideas in the form of actual buildings, capitalize on their lack of practical success by stylizing themselves as master architects. And there are a number of architects in their mid and end forties like Carlo Baumschlager and Dietmar Eberle who just seem to have kept on building since time immemorial and who can boast of an extraordinary number of works – over 300 – and who seem not in the least embarrassed by this fact. How long has B & E been the largest architectural office in Vorarlberg? I posed this question in the course of a conversation lasting several hours for a special radio program of the Ö1 series entitled "Diagonal". The answer was a jovial "always, actually". This was followed by a long pause that seemed to swell with self-confidence, until Eberle eventually added a half-ironic "well, I don't entirely believe that".
They are clearly positioned along the scale between 'atelier' (1) and 'company' (10) – at place 8 near the upper end and very close to that of 'company'. Without the slightest self-consciousness they add: "we belong to the building trade". This does not merely represent a little jab at effete ivory-tower architecture and the cult of personality that often surrounds individual 'artists'. It also refers to their tenet that architecture should interact with life in a comprehensive way. Designing and finding formal solutions are equally important elements alongside a lot of others: economy, cost-effectiveness, ecology, the social environment, cultural significance. These are complemented by principles that provide a solid foundation for such self-confidence: professionalism, pragmatism, perfectionism, sobriety. And, concurrent with these, an acceptance of 'social responsibility'. The most important achievement of Vorarlberg's impressive architectural legacy over the last 20 years has in fact been the collective effort this involved – the establishment of architecture as an everyday matter, indeed almost a civic duty.

Bauen statt Ideologie: Die hohe Frequenz führt zur Verfeinerung des Erfahrungswissens, Lösungen können – im forschenden Dauertest – durchgespielt und optimiert werden, Standards bilden sich heraus, die man immer wieder neu variieren kann (auch mit feschen Details, die aus der Zeitstimmung herausgefischt werden), Normalität und Qualität wachsen zusammen. „Wir produzieren die Software von Gebäuden", sagen die beiden „Ressourcen-manager", meinen damit Strategien & Knowhow-Erfahrung und nennen die Autoindustrie als Referenzsystem, wo mehr als 50% für Software, Engeenering und Marketing aufgewendet werden. Die Analogien zur zeitgemässen Praxis in Industrie und Wirtschaft reichen bis in die Büro-Organisation: Rund um ein verblüffend kleines Büro in einem kleinen Ort an der Zentralperipherie Europas gibt es ein vernetztes Cluster von „outgesourcten" Neben-büros, beigeholten Spezialisten und großen internationalen Partnerbüros. Die Problemrecherche soll gründlich sein, vor allem aber schnell. Direktheit ist gefragt.
Ein provokant gemeinter Vergleich mit der Strategie von „H & M" wird locker weggesteckt. „H & M ist ziemlich ok", höre ich. Und „Ja, das hat was. Es war natürlich immer die erklärte Auffassung unseres Büros, Architektur-qualitäten für den Durchschnittsverbraucher erlebbar, konsumierbar, nachvollziehbar zu machen." Natürlich ist der Novitätenverschleiß in der Mode schneller, natürlich geht es im Bauen immer auch um dauerhafte Qualitäten. „Wir sind ja nur B & E", sagt Baumschlager dann noch forsch. Bis zu H & M sei der Weg noch weit. Eines haben Baumschlager und Eberle aber schon erreicht. Sie haben sich als berechenbares Label positioniert.
Es juckt mich, gerade weil man bei Baumschlager und Eberle immer das Biotop des kleinen Bundeslandes Vorarlberg mitdenkt, zu sagen: B & E sind Internationalisten. Nicht nur, weil sich von ihrem Hauptsitz in Lochau am Bodensee bequem drei Flughäfen (Friedrichshafen, Altenrhein, Zürich) und damit drei Verteilernetze ansteuern

Buildings instead of ideology: the high numbers lead to a deepening of understanding and skill, solutions can be played through and optimized in continuous field situations: standards set that can be continually varied (with novel details that reflect the spirit of the times), routine and quality go hand in hand. "We produce software for buildings," opinioned the two resource managers, referring to strategies and know-how gathered and pointing to the automobile industry as a frame of reference, where more than 50% of funds are invested in software, engineering and marketing. The parallels to contemporary practice in industry and business reach right down to office organization: an interconnected cluster of out-sourcing offices, specialists and large international partner offices orbit around a surprisingly small office in a small village on the periphery of Central Europe. Research into problems should be thorough but also above all quick. Directness is in demand.
A provocative comparison with the corporate strategy of H & M is blithely brushed aside. "H & M is pretty okay," I am told. And, "Yeah, they are on to something. It was of course always the declared objective of our office to allow normal consumers to come in contact with, to savor and to understand architectural quality." Naturally, novelties tend to loose their attractiveness much quicker in the fashion business – after all, buildings require more permanent qualities. "We're only B & E," Baumschlager interjects briskly. It will be a while before they reach the level of H & M, but Baumschlager and Eberle have reached one thing: they have been able to position themselves as a reliable label.
I am almost itching to say that B & E are internationalists, just because one always associates the miniature habitat of the province of Vorarlberg with Baumschlager and Eberle. Not merely because three airports (Friedrichshafen, Altenrhein and Zürich) – and with them three different distribution networks – can be easily reached from their headquarters in Lochau on Lake Constance. Not merely because Eberle, who holds the post of professor in Zürich

lassen. Nicht nur, weil Eberle, Professor in Zürich und eifriger Vortrags-Freiredner und Juror, rastlos durch Europa sprudelt, von Tagesrandverbindung zu Tagesrandverbindung. Nicht nur, weil Baumschlager, unterwegs zwischen den Büros in Lochau und Vaduz und zwischen Baustellen in mehreren Ländern, oft mehrmals pro Tag Staatsgrenzen überquert. Nicht nur, weil das Duo mit präziser Elastizität die internationalen Architektur-Trendmagazine mit Novitäten versorgt. Nicht nur, weil sie nach flächendeckender Durchdringung ihres Stammlandes mit Bauten seit drei, vier Jahren das Gros ihres Bauvolumens im Ausland abwickeln (neuerdings, nach dem Gewinn des Leitprojekts für den Vienna Airport, sogar im Wiener Baudschungel, mentalitätsmäßig von Vorarlberg ein paar Kontinente weit weg).
Nein, ich glaube, daß in der Vorarlberger Baukünstler-Bewegung (aus der B & E konsequent herauswuchsen) von Anfang an Weltbürger am Werk waren. Das Ideal, für neue soziale Lebensformen adäquate Behausungen zu denken und diese mit kooperativem Gruppengeist zu realisieren, war die Übersetzung eines weltweiten Wertewandels ins Konkrete und Lokale. Zwischen hippiesker Utopie und alternativem Pioniergeist, zwischen Konsumverachtung und lebensreformerischer Ethik wuchs eine neue Pragmatik heran, mit der man sich gegen die altvorderen „Immerschonso"-Sprüche unverwundbar machte. Die um 1980 viel zitierte Regionalität kam bekanntlich nicht aus engen, sondern aus weit geöffneten Köpfen. Erst über den Umweg Welt konnte etwa aus traditionellen Bauernhaus-Typologien ideeller Rohstoff für das Weitermachen in bedrängter Zukunft gewonnen werden. In den improvisatorischen Anfängen entwickelte sich eine besondere Fähigkeit zum Dialog, bis hin zum perfekten Marketing, wenn man darunter versteht, stets solide Begründungen für das, was man tut, parat zu haben.
Fragen wie Flachdach oder Pultdach, Holzbau oder neueste High-Tech-Materialien blieb gar nicht die Zeit, zu doktrinären Fragen zu werden.

and is a zealous lecturer and juror, journeys restlessly throughout Europe from one appointment to the next. Nor because Baumschlager is on his way between the offices in Lochau and Vaduz and between building sites in a number of different countries and often ends up crossing several international borders in one day. Nor because the duo have provided leading international architectural magazines with a constant stream of novelties. And not merely because – after saturating their own native land with new buildings – most of their new building projects have been located abroad over the past three or four years (recently, after gaining the overall planning of Vienna Airport, this has also included the Viennese building jungle and with it a mentality that is leagues removed than that of Vorarlberg).
No, I think that the Vorarlberg Baukünstler Movement (which spawned B & E) was characterized by cosmopolitan artists right from the beginning. The ideal of creating adequate housing for new social life styles and to implement this on the basis of cooperative group spirit reflects a world-wide reappraisal of values in concrete and local terms. A new pragmatism that proved immune to the entrenched conservatism of the old order began to evolve between the hippie-like utopia and alternative pioneering spirit, anti-consumerism and the reforming élan. It is self-evident that the oft-quoted regionalism of 1980 did not emanate from narrow but wide open minds. It was only as a result of a certain open-minded receptivity to rest of the world that the traditional Alpine farmhouse could serve as ideal raw material to carry on in a difficult future. The improvisational beginnings also inculcated a special aptitude for dialogue, and for perfect marketing, if one includes here the necessity of having a convincing reason ready to defend what you are doing at all times.
There was never the time to allow questions like whether to use a flat roof or pent roof, timber framing or the newest high-tech materials to become doctrinaire issues. Baumschlager and Eberle are internationalists, because

Baumschlager und Eberle sind Internationalisten, weil sie schnell sind und kaum ideologische Hindernisse kennen, wenn es darum geht, Neuigkeiten in den Bereichen Form, Material, Haustechnik oder Ökonomie auf ihre jeweilige Brauchbarkeit durchzuchecken.
Oft wurde festgestellt, daß Baumschlager und Eberle daran arbeiten, das Berufsbild „Architekt" neu zu definieren. In einer Zeit, in der selbst Stararchitekten vor dem Dilemma stehen, oft als Fassaden-Designer und als Quotenbringer in der medialen Beachtung zugekauft zu werden, während sich andererseits unsichtbare Experten für Haustechnik, Bauleitung u.a. als Bodenpersonal der Bauindustrie verstehen, bestehen B & E darauf, Generalisten zu sein. Vielleicht ist das der romantischeste Aspekt in der Arbeit dieser auf nüchtern gestylten Alemannen.
Wo man hinschaut, man denke nur an den alpinen Skisport oder die Schauspielkunst, gibt es eine Krise der Kombination, während Spezialisten in immer schmaleren Spezialdisziplinen und Rollenimages Erfolg suchen. Baumschlager und Eberle sind im Vergleich dazu Mehrkämpfer, verläßliche Büffel und elastische Wechsler zugleich. Bei vielen ihrer Bauten laufen, was die Zielsetzungen angeht, mehrere Prozesse und Testspiele zugleich ab. Nehmen wir etwa einen B & E-Hit aus jüngster Zeit, die Öko-Hauptschule in Mäder. Da ist einmal der Bewerb ökologische Effizienz – mit Rekordjagd nach Minimalwerten im Energieverbrauch. Damit hängt das Optimierungsdenken in bezug auf die kompakte Würfelform des Gebäudes zusammen. Zugleich aber ging es um eine demonstrative Veranschaulichung der Maßnahmen, handelt es sich doch um eine Schule mit Ökologie-Ausbildungsschwerpunkt. Das Gebäude mußte also zugleich Lehrmittel sein. Ein weiteres Spiel im Spiel: Wieviel „Luxus" kann man Schülern bieten? Damit hängen wiederum Lichtregie im Inneren der Schule, Materialwahl und Akustikkomfort in den Gängen zusammen. Zusätzlich ging es einmal mehr darum, einem zerzausten Vorarlberger Streuort eine

they are quick and they know hardly any ideological hurdles when it comes to monitoring innovations in the area of form, materials, installations or economy for their effectiveness.
It has often been said that Baumschlager and Eberle are working at a new definition the professional image of the "architect". In a time when even star architects are facing the dilemma of being treated in the media as mere façade designers and attractions, while on the other hand invisible experts in construction technology and construction management etc. see themselves as the foundation of the building industry, B & E insist on a general approach. This is perhaps the most romantic aspect in the work of these soberly styled Alemans.
Wherever one looks – alpine skiing and dramatic art come to mind here – one finds a combination crisis, while specialists are seeking success in ever-narrower special disciplines and role images. By comparison, Baumschlager and Eberle fight on several fronts, they can be at once reliable stalwarts and flexible alternators. Many of their buildings express concurrently, as far as their objectives are concerned, various processes and test matches. Let's take a B & E hit from recent times, the Eco-High School in Mäder. There is firstly the objective of ecological efficiency – record chasing minimum numbers in energy consumption. From it stems the idea of optimization as expressed in the compact cubic shape of the building. But at the same time it is a demonstrative example of the measures taken, considering that it is, after all, a school whose main educational concern is ecology. Thus the building itself had to be a learning aid as well. A further game within the game: How much 'luxury' should the students be offered? This was instrumental for the lighting in the school's interior, the choice of material and the acoustical comfort in the halls. In addition, it was once again, about giving a disheveled and scattered Vorarlberg village an idea of a 'center', in other words to newly accentuate the public area of a village. Because of this, the gymnastics and sports facility became a very important feature. It was partly built below ground level, so as not to upset

Ahnung von „Mitte" zu geben, also den öffentlichen Raum eines Dorfes neu zu akzentuieren. Deshalb war die Turn- und Sporthalle so wichtig, deshalb wurde sie, um den Maßstab nicht zu sprengen, teilweise versenkt. Und deshalb wurde sie mittels Glas durchsichtig gemacht, um näher ans örtliche Geschehen herangezoomt zu werden, um zu suggerieren: Hier ist was los. Und schließlich ging es einmal mehr um jene Disziplin, in der B & E-Bauten am spürbarsten mit dem Leben rundherum kommunizieren – um die Fassadenbekleidung vulgo Haus-Karosserie, die Haute Couture im Produktionsbetrieb Baumschlager/Eberle. Spätestens bei der Rhythmisierung von Lamellenfassaden (die Holzlamelle als Vorarlberger Signet, das längst allen fad wurde!) ist das ästhetische Feingefühl im Spiel. In Mäder wurde Glas vor Glas geblendet, mit minimaler baukonstruktiver Störung des Bildes. Das Resultat ist ein Hauskleid voller Transparenz. Es ergeben sich Spiegelcapriccios und Vexiereffekte. Das sei ihre bisher schönste Fassade, meinen die stolzen Macher. Doch die beim Firmensitz der Münchner Rückversicherung soll noch viel schöner werden.
Aha, denke ich mir, vielleicht läuft schließlich doch im Wort „Schönheit" all das wundersam zusammen, was mit Begriffen wie Kosten/Nutzen-Denken, Brauchbarkeit und Vernünftigkeit an den Start gegangen ist. Also frage ich nach, während wir zwischen Obstbäumen, die sich im gläsernen Pfarrsaal von Satteins spiegeln (durch den schneebedeckte Berge schimmern) spazieren. Und da sagt Carlo Baumschlager, während Kompagnon Eberle schnell in der Welt herumtelefoniert: „Die Schönheit ist bei uns immer das Ziel und die Ausgangssituation."

the proportions and it was made transparent by using glass in order to be zoomed in on village life, to suggest: Something is going on here. Finally it was once more about the one discipline in which B & E buildings communicate most noticeably with life around them – the façade attire vulgo building's 'bodywork', the haute couture within the Baumschlager/Eberle production enterprise. When accentuating laminated façades (the wood lamella as the Vorarlberg signet, of which everyone has long since utterly tired) aesthetic delicacy is called for. In Mäder, glass was set before glass, minimizing structural interference with the image. The result is a sheath full of transparency. There are mirror capriccios and trick effects. This is their most beautiful facade to date, say the proud creators. But the one for the Münchner Rückversicherung headquarters is going to be even more beautiful.
Aha, I think, perhaps it is after all in the word "beauty" in which everything that started out with terms such as cost effectiveness, usefulness and rationality exquisitely commingle. So I pursue this thought while we stroll under the fruit trees, reflected by the glass parish hall of Satteins (in which snow covered mountain tops are dimly visible). And Carlo Baumschlager then says, while partner Eberle telephones with the world: "Beauty is always our objective as well as starting point".

Technische Daten | technical data

Projekt | project: **Wohnanlage Mitterweg**
Adresse | address: Mitterweg 157/159, Innsbruck/Tirol
Bauherr | client: Neue Heimat Tirol, Gemeinnützige Wohnungs- und SiedlungsgesmbH
Projektleitung | project manager: DI Gerhard Zweier
Mitarbeit | assistance: Ing. Christian Tabernigg
Statik | structural design: DI Max Wallnöfer
Grundstücksfläche | ground area: 4.905 m^2
Nutzfläche | floor area: 4.040 m^2 (60 Wohnungen)
Bebaute Fläche | built-up area: 670 m^2
Umbauter Raum | mass of building: 19.600 m^3
Planungsbeginn | start of planning: 3/1996
Baubeginn | start of construction: 2/1997
Fertigstellung | completion: 12/1997
Baukosten | building costs: 50 Mio ATS

Projekt | project: **Einfamilienhaus Kern**
Adresse | address: Hoferstraße 7, Lochau/Vorarlberg
Bauherr | client: Sabrina Kern
Projektleitung | project manager: Rainer Huchler
Statik | structural design: DI Ernst Schuler
Grundstücksfläche | ground area: 706 m^2
Nutzfläche | floor area: 103 m^2
Bebaute Fläche | built-up area: 138 m^2
Umbauter Raum | mass of building: 560 m^3
Planungsbeginn | start of planning: 4/1995
Baubeginn | start of construction: 10/1995
Fertigstellung | end of work: 10/1996
Baukosten | building costs: 3 Mio ATS

Projekt | project: **Wohnanlage „Wohnen am Lohbach", Hötting-West**
Adresse | address: Franz-Baumann-Weg 12-22, Innsbruck/Tirol
Bauherr | client: Neue Heimat Tirol, Gemeinnützige Wohnungs- und SiedlungsgesmbH
Projektleitung | project manager: DI Gerhard Zweier
Mitarbeit | assistance: DI Iris Kellner, Ing. Christian Tabernigg, DI Reinhard Drexel, DI Michael Ohneberg, DI Andrea Kupsky
Statik | structural design: DI Max Wallnöfer
Energiekonzept | Energy concept: GMI Ingenieure
Haustechnik | installations: Klimatherm
Nutzfläche | floor area: 22.150 m^2 (298 Wohnungen)
Bebaute Fläche | built-up area: 5.926 m^2
Umbauter Raum | mass of building: 117.401 m^3
Planungsbeginn | start of planning: 1/1997
Baubeginn | start of construction: 10/1998
Fertigstellung | end of work: 5/2000
Baukosten | building costs: 285 Mio ATS

Projekt | project: **Wohnanlage Nüziders**
Adresse | address: Waldburgstraße 32 + 32a, Nüziders/Vorarlberg
Bauherr | client: I + R Schertler GmbH, Martin Treuhand
Projektleitung | project manager: DI Harald Nasahl
Mitarbeit | assistance: DI Michael Ohneberg
Statik | structural design: DI Ernst Mader, DI Bruno Rissi
Grundstücksfläche | ground area: 2.362 m^2
Nutzfläche | floor area: 1.312 m^2 (15 Wohnungen)
Bebaute Fläche | built-up area: 546 m^2
Umbauter Raum | mass of building: 7.140 m^3
Planungsbeginn | start of planning: 12/1994
Baubeginn | start of construction: 8/1995
Fertigstellung | end of work: 10/1996
Baukosten | building costs: 23,2 Mio ATS

Projekt | project: **Wohnanlage Eulentobel**
Adresse | address: Eulentobel 5, Wolfurt/Vorarlberg
Bauherr | client: I + R Schertler GmbH
Projektleitung | project manager: DI Harald Nasahl
Statik | structural design: DI Ernst Mader, DI Bruno Rissi
Grundstücksfläche | ground area: 1.837 m^2
Nutzfläche | floor area: 902 m^2 (10 Wohnungen)
Bebaute Fläche | built-up area: 821 m^2
Umbauter Raum | mass of building: 5.243 m^3
Planungsbeginn | start of planning: 4/1993
Baubeginn | start of construction: 4/1994
Fertigstellung | end of work: 5/1995
Baukosten | building costs: 19,5 Mio ATS

Projekt | project: **Einfamilienhaus Ulmer**
Adresse | address: Kreienest, Schwarzach/Vorarlberg
Bauherr | client: Gabriele und Hanno Ulmer
Projektleiter | project manager: Rainer Huchler, Tobias Reichart
Statik | structural design: DI Ernst Mader

Grundstücksfläche I ground area:	950 m²
Nutzfläche I floor area:	181 m²
Bebaute Fläche I built-up area:	205 m²
Umbauter Raum I mass of building:	812 m³
Planungsbeginn I start of planning:	2/1997
Baubeginn I start of construction:	11/1997
Fertigstellung I end of work:	8/1998
Baukosten I building costs:	5,7 Mio ATS

Projekt I project: **Gewerbepark Achbrücke**
Adresse I address: Dammstraße, Lauterach/Vorarlberg
Bauherr I client: Errichtergemeinschaft Achbrücke
(Werner Niederhofer, I + R Schertler GmbH)
Projektleitung I project manager: Eckehard Schöch
Statik I structural design: DI Ernst Mader

Grundstücksfläche I ground area:	8.076 m²
Nutzfläche I floor area:	6.800 m²

(Gewerbliche Fläche 695 m², Dienstleistung 4.240 m², Büro 678 m², 2 Wohnungen – 124 und 86 m²)

Bebaute Fläche I built-up area:	3.600 m²
Umbauter Raum I mass of building:	44.000 m³
Planungsbeginn I start of planning:	2/1995
Baubeginn I start of construction:	6/1997
Fertigstellung I end of work:	7/1998
Baukosten I building costs:	120 Mio ATS

Projekt I project: **Wohnanlage Mozartstraße**
Adresse I address: Mozartstraße 5 + 5a, Dornbirn/Vorarlberg
Bauherr I client: I + R Schertler GmbH
Projektleitung I project manager: Helmut Giesinger
Statik I structural design: Franz Moosbrugger

Grundstücksfläche I ground area:	3.849 m²
Nutzfläche I floor area:	2.460 m² (34 Wohnungen)
Bebaute Fläche I built-up area:	714 m²
Umbauter Raum I mass of building:	13.266 m³
Planungsbeginn I start of planning:	11/1995
Baubeginn I start of construction:	11/1996
Fertigstellung I end of work:	11/1997
Baukosten I building costs:	45 Mio ATS

Projekt I project: **Wohnanlage Pongartstraße**
Adresse I address: Pongartstraße, Dornbirn/Vorarlberg
Bauherr I client: I + R Schertler GmbH
Projektleitung I project manager: Helmut Giesinger
Statik I structural design: Rüsch, Diem + Partner

Grundstücksfläche I ground area:	1.847 m²
Nutzfläche I floor area:	1.008 m² (16 Wohnungen)
Bebaute Fläche I built-up area:	540 m²
Umbauter Raum I mass of building:	5.496 m³
Planungsbeginn I start of planning:	1/1995
Baubeginn I start of construction:	6/1995
Fertigstellung I end of work:	8/1996
Baukosten I building costs:	20 Mio ATS

Projekt I project: **Wohnanlage Rohrbach 2**
Adresse I address: Rohrbach 2, Dornbirn/Vorarlberg
Bauherr I client: I + R Schertler GmbH
Projektleitung I project manager: I + R Schertler GmbH
Statik I structural design: Rüsch, Diem + Partner

Grundstücksfläche I ground area:	1.668 m²
Nutzfläche I floor area:	1.210 m² (28 Wohnungen)
Bebaute Fläche I built-up area:	582 m²
Umbauter Raum I mass of building:	6.412 m³
Planungsbeginn I start of planning:	10/1995
Baubeginn I start of construction:	4/1996
Fertigstellung I end of work:	5/1997
Baukosten I building costs:	18 Mio ATS

Projekt I project: **Einfamilienhaus Häusler**
Adresse I address: Mockenstraße 23, Hard/Vorarlberg
Bauherr I client: Hubert Häusler
Projektleitung I project manager: Rainer Huchler
Statik I structural design: DI Ernst Mader

Grundstücksfläche I ground area:	885 m²
Nutzfläche I floor area:	222 m²
Bebaute Fläche I built-up area:	230 m²
Umbauter Raum I mass of building:	1.380 m³
Planungsbeginn I start of planning:	7/1993
Baubeginn I start of construction:	4/1994
Fertigstellung I end of work:	5/1995
Baukosten I building costs:	4,2 Mio ATS

Projekt I project: **Einfamilienhaus Allgaier**
Adresse I address: Neue Schanze 20, Lochau/Vorarlberg
Bauherr I client: Familie Allgaier-Gaugg
Projektleitung I project manager: Hans-Jörg Allgaier
Statik I structural design: DI Ernst Mader

Grundstücksfläche I ground area:	1.202 m^2
Nutzfläche I floor area:	211 m^2
Bebaute Fläche I built-up area:	160 m^2
Umbauter Raum I mass of building:	1.015 m^3
Planungsbeginn I start of planning:	1/1996
Baubeginn I start of construction:	3/1996
Fertigstellung I end of work:	12/1998
Baukosten I building costs:	4,5 Mio ATS

Projekt I project: **Einfamilienhaus Bernhard Burger**
Adresse I address: Ölrainstraße 2a, Bregenz/Vorarlberg
Bauherr I client: Bernhard Burger
Mitarbeit I assistance: DI Michel Ohneberg
Statik I structural design: DI Ernst Mader

Grundstücksfläche I ground area:	1.961 m^2
Nutzfläche I floor area:	125,20 m^2
Bebaute Fläche I built-up area:	69,60 m^2
Umbauter Raum I mass of building:	683,80 m^3
Planungsbeginn I start of planning:	2/1993
Baubeginn I start of construction:	9/1993
Fertigstellung I end of work:	10/1994
Baukosten I building costs:	3,5 Mio ATS

Projekt I project: **Wohnanlage Mäder**
Adresse I address: Rheinstraße 14 + 15b, Mäder/Vorarlberg
Bauherr I client: Alpenländische Heimstätte
Projektleitung I project manager: Rainer Huchler
Statik I structural design: DI Ernst Mader

Grundstücksfläche I ground area:	1.056 m^2
Nutzfläche I floor area:	575 m^2 (9 Wohnungen)
Bebaute Fläche I built-up area:	315 m^2
Umbauter Raum I mass of building:	3.350 m^3
Planungsbeginn I start of planning:	1/1994
Baubeginn I start of construction:	5/1994
Fertigstellung I end of work:	5/1995
Baukosten I building costs:	8,3 Mio ATS

Projekt I project: **Reihenhausanlage Nofels**
Adresse I address: Breitenweg, Feldkirch/Vorarlberg
Bauherr I client: Alpenländische Heimstätte
Projektleitung I project manager: Ing. Hans Jeitler
Statik I structural design: DI Ernst Mader

Grundstücksfläche I ground area:	960 m^2
Nutzfläche I floor area:	1.137 m^2 (13 Wohnungen)
Bebaute Fläche I built-up area:	612 m^2
Umbauter Raum I mass of building:	4.336 m^3
Planungsbeginn I start of planning:	5/1991
Baubeginn I start of construction:	3/1992
Fertigstellung I end of work:	8/1993
Baukosten I building costs:	17 Mio ATS

Projekt I project: **Wohnanlage Negrellistraße**
Adresse I address: Negrellistraße, Lustenau/Vorarlberg
Bauherr I client: I + R Schertler GmbH
Generalunternehmer I general contractor: I + R Schertler GmbH
Projektleitung I project manager: Ing. Paul Martin
Statik I structural design: Rüsch, Diem + Partner

Grundstücksfläche I ground area:	2.485,5 m^2
Nutzfläche I floor area:	2.028,3 m^2 (33 Wohnungen)
Bebaute Fläche I built-up area:	909,7 m^2
Umbauter Raum I mass of building:	6.995 m^3
Planungsbeginn I start of planning:	2/1991
Baubeginn I start of construction:	1/1993
Fertigstellung I end of work:	3/1994
Baukosten I building costs:	25 Mio ATS

Projekt I project: **Quartier McNair**
Adresse I address: Lichterfelde-West, Berlin/Deutschland
Bauherr I client: Bavaria Objekt und Baubetreuungs GmbH
Planer I B & E mit d-companie

Grundstücksfläche I ground area:	ca. 122.000 m^2
Nutzfläche I floor area:	ca. 60.000 m^2 (ca. 570 Wohnungen)
Planungsbeginn I start of planning:	1997

Projekt I project: **V 78 Bludenz**
Adresse I address: Wiesenrain 24, Bludenz/Vorarlberg
Bauherr I client: Alpenländische Heimstätte
Projektleitung I project manager: DI Gerhard Zweier
Mitarbeiter I assistance: Ing. Christian Tabernigg

Energiekonzept | energy concept: GMI Ingenieure
Statik | structural design: Rüsch, Diem + Partner

Grundstücksfläche | ground area:	3.619 m²
Nutzfläche | floor area:	2.048 m² (26 Wohnungen)
Bebaute Fläche | built-up area:	690 m²
Umbauter Raum | mass of building:	7.398 m²
Planungsbeginn | start of planning:	10/1995
Baubeginn | start of construction:	5/1997
Fertigstellung | end of work:	5/1998
Baukosten | building costs:	25 Mio ATS

Projekt | project: **Wohnanlage Lustenau-Sand**
Adresse | address: Hannes-Grabher-Straße, Lustenau/Vorarlberg
Bauherr | client: VOGEWOSI GmbH
Planer | B & E mit Norbert Schweitzer
Projektleitung | project manager: Alexander Pixner
Mitarbeit | assistance: Ing. Christian Tabernigg
Statik | structural design: DI Albert Plankel

Grundstücksfläche | ground area:	17.400 m²
Nutzfläche | floor area:	10.397 m² (103 Wohnungen, 1 Kindergarten)
Bebaute Fläche | built-up area:	3.820 m²
Umbauter Raum | mass of building:	45.027 m³
Planungsbeginn | start of planning:	1990
Baubeginn | start of construction:	2/1992
Fertigstellung | end of work:	8/1996
Baukosten | building costs:	unbekannt

Projekt | project: **V 88 Fussach**
Adresse | address: Bundesstraße, Fussach/Vorarlberg
Bauherr | client: Alpenländische Heimstätte
Generalunternehmer | general contractor: Rhomberg Bau
Projektleitung | project manager: Elmar Hasler
Statik | structural design: DI Gerhard Moser

Grundstücksfläche | ground area:	3.841 m²
Nutzfläche | floor area:	827,65 m² (11 Wohnungen)
Bebaute Fläche | built-up area:	587,04 m²
Umbauter Raum | mass of building:	3.918,26 m³
Planungsbeginn | start of planning:	10/1998
Baubeginn | start of construction:	8/1999
Fertigstellung | end of work:	8/2000
Baukosten | building costs:	ca. 10 Mio ATS

Projekt | project: **Wohnanlage Agip**
Adresse | address: Bregenzerstraße, Lochau/Vorarlberg
Bauherr | client: Immobilien Aberer
Projektleitung | project manager: DI Hans Ullrich Grassmann
Statik | structural design: DI Ernst Mader

Grundstücksfläche | ground area:	3.911 m²
Nutzfläche | floor area:	3.467 m² (Gewerbe 571,4 m², Wohnen 2.895,6 m², 42 Wohnungen)
Bebaute Fläche | built-up area:	1.589 m²
Umbauter Raum | mass of building:	4.600 m³
Planungsbeginn | start of planning:	2/1986
Baubeginn | start of construction:	10/1986
Fertigstellung | end of work:	10/1988
Baukosten | building costs:	42 Mio ATS

Projekt | project: **Hotel Martinspark**
Adresse | address: Mozartstraße 2, Dornbirn/Vorarlberg
Bauherr | client: Martinspark Hotel GmbH
Generalunternehmer | general contractor: I + R Schertler GmbH
Projektleitung | project manager: Baumeister Helmut Fink
Mitarbeit | assistance: Wolfgang Brändle, Jesco Hutter, Elmar Hasler, DI Martin Ohneberg, DI Gerhard Zweier, Ing. Christian Tabernigg
Statik | structural design: Rüsch, Diem + Partner

Grundstücksfläche | ground area:	5.585 m²
Nutzfläche | floor area:	13.183 m² (Hotel mit 89 Zimmern 4.011 m², Geschäfte und Büros 5.365 m², 24 Wohnungen 1.430 m², Tiefgarage 2.377 m²)
Bebaute Fläche | built-up area:	3.556,24 m²
Umbauter Raum | mass of building:	71.744,54 m³
Planungsbeginn | start of planning:	2/1992
Baubeginn | start of construction:	4/1993
Fertigstellung | end of work:	7/1996
Baukosten | building costs:	254 Mio ATS

Projekt | project: **BTV Wolfurt**
Adresse | address: Unterlinden 23, Wolfurt/Vorarlberg
Bauherr | client: Bank für Tirol und Vorarlberg
Projektleitung | project manager: Rainer Huchler, Hans-Jörg Allgaier
Statik | structural design: DI Klaus Gantner

Grundstücksfläche | ground area:	643 m^2
Nutzfläche | floor area:	1.265 m^2
	(Bank 630 m^2, 7 Wohnungen 635 m^2)
Bebaute Fläche | built-up area:	390 m^2
Umbauter Raum | mass of building:	4.755 m^3
Planungsbeginn | start of planning:	2/1996
Baubeginn | start of construction:	5/1997
Fertigstellung | end of work:	5/1998
Baukosten | building costs:	25 Mio ATS

Projekt | project: **Wohnanlage Lindenweg**
Adresse | address: Lindenweg 9, 11, 13, Lauterach/Vorarlberg
Bauherr | client: VOGEWOSI GmbH
Generalunternehmer | general contractor: I + R Schertler GmbH
Projektleitung | project manager: Ing. Dietmar Hölzl
Statik | structural design: DI Ernst Mader

Grundstücksfläche | ground area:	4.270 m^2
Nutzfläche | floor area:	2.168 m^2 (30 Wohnungen)
Bebaute Fläche | built-up area:	675 m^2
Umbauter Raum | mass of building:	9.740 m^3
Planungsbeginn | start of planning:	4/1992
Baubeginn | start of construction:	8/1993
Fertigstellung | end of work:	2/1995
Baukosten | building costs:	36,5 Mio ATS

Projekt | project: **Wohnanlage am Mühlbach**
Adresse | address: Kastelicgasse 1, 3, 5, 7, St. Pölten/Niederösterreich
Bauherr | client: NÖ Landeshauptstadt, PlanungsgesmbH
Generalunternehmer | general contractor: Bauunternehmung Demel & Rössler
Projektleitung | project manager: DI Peter Raab, DI Gerhard Zweier
Statik | structural design: DI Heinz Nemec, DI Johann Pfeil

Grundstücksfläche | ground area:	5.420 m^2
Nutzfläche | floor area:	3.590 m^2 (47 Wohnungen)
Bebaute Fläche | built-up area:	1.488 m^2
Umbauter Raum | mass of building:	14.560 m^3
Planungsbeginn | start of planning:	10/1993
Baubeginn | start of construction:	6/1995
Fertigstellung | end of work:	10/1996
Baukosten | building costs:	45 Mio ATS

Projekt | project: **Wohnanlage Mildenberg**
Adresse | address: Mildenbergstraße, Bregenz/Vorarlberg
Bauherr | client: I + R Schertler GmbH
Projektleitung | project manager: I + R Schertler GmbH, DI Harald Nasahl
Mitarbeit | assistance: DI Martin Ohneberg
Statik | structural design: DI Ernst Mader, Ing. Wilfried Ratzer

Grundstücksfläche | ground area:	6.963 m^2
Nutzfläche | floor area:	2.579,4 m^2 (33 Wohnungen)
Bebaute Fläche | built-up area:	684,24 m^2
Umbauter Raum | mass of building:	11.456,8 m^3
Planungsbeginn | start of planning:	9/1995
Baubeginn | start of construction:	5/1997
Fertigstellung | end of work:	2/1999
Baukosten | building costs:	54 Mio ATS

CARLO BAUMSCHLAGER

Geboren 1956 in Bregenz, Vorarlberg
Born in Bregenz, Vorarlberg in 1956

1975-1978 Studium an der Hochschule für angewandte Kunst, Wien, Industrie-Design (Prof. Hans Hollein), Architektur (Prof. Wilhelm Holzbauer, Prof. Oswald M. Ungers)
Studied at the University of Applied Arts in Vienna, Industrial Design (Prof. Hans Hollein), Architecture (Prof. Wilhelm Holzbauer, Prof. Oswald M. Ungers) from 1975-1978

1982 Diplomabschluß bei Prof. Wilhelm Holzbauer
1982 Diploma (Prof. Wilhelm Holzbauer)

1974-1975 Design-Volonatriat bei BBC Bregenz
1974-1975 Design-trainee at BBC Bregenz

1982-1984 Selbständiger Baukünstler
1982-1984 Freelance „Baukünstler"

1984-1985 ARGE Baumschlager-Eberle-Egger
1984-1985 Working group Baumschlager-Eberle-Egger

ab 1985 ARGE Baumschlager-Eberle
since 1988 Working group Baumschlager-Eberle

Lehrtätigkeit:
Teaching Engagements:

1994	Syracruse University, New York
1997	FH Stuttgart

DIETMAR EBERLE

Geboren 1952 in Hittisau, Bregenzerwald, Vorarlberg
Born in Hittisau, Bregenzerwald, Vorarlberg in 1952

1973-1978 Studium an der Technischen Hochschule in Wien (Diplomabschluß bei Prof. Anton Schweighofer)
Studied at the Technical University of Vienna from 1973-1978 (Diploma Prof. Anton Schweighofer)

1976-1977 Arbeitsaufenthalt im Iran
1976-1977 Iran, worked on urban development

1979-1982 Arbeitsgemeinschaft Cooperative Bau- und Planungsges.m.b.H. mit Markus Koch, Norbert Mittersteiner und Wolfgang Juen
1979-1982 Working group Cooperative Bau- und Planungsges.m.b.H. with Markus Koch, Norbert Mittersteiner and Wolfgang Juen

1982-1984 Arbeitsgemeinschaft Baumschlager-Eberle-Egger
1982-1984 Working group Baumschlager-Eberle-Egger

ab 1985 ARGE Baumschlager-Eberle
since 1985 Working group Baumschlager-Eberle

ab 1997 Beirat „Bauausstellung 2000 Berlin"
since 1997 counsellor „Bauausstellung Berlin 2000"

Lehrtätigkeit:
Teaching Engagements:

1983-1988	TU Hannover
1987-1989	TU Wien, Institut für Wohnbau
1989-1990	Hochschule für künstlerische und visuelle Gestaltung, Linz
1991-1993	ETH Zürich
1994	Syracuse University, New York
1996-1999	TU Darmstadt
ab 1999	ETH Zürich

since 1999 ETH Zürich

Publikationen | Publications

WA = Wohnanlage
EfH = Einfamilienhaus

Zeitschriften | Periodicals

a3 BAU (A)
Das österreichische Baumagazin
4/95
EfH-Burger in Bregenz, p. 30
EfH in Höchst, p. 31
Gewerbliche Berufsschule Bregenz, p. 32

AIT (D)
1/2-97
Lagertechnik Wolfurt, p. 45
WA-Kapellenweg Feldkirch, p. 56-63
3/99
WA-Mitterweg Innsbruck, p. 36-39, p. 46-47
Hotel Martinspark Dornbirn, p. 40-41
EfH-Kern in Lochau, p. 42-43
WA-Lindenweg Lauterach, p. 44-
WA-Rohrbach II, p. 45

A+D (D)
6/96
Gewerbliche Berufsschule Bregenz, p. 28-31
Reihenhäuser Nofels, p. 32-35

AMC
Juni – Juli 1999
Sirch Böhen, p. 110

Arch+
EfH-Kern in Lochau, p. 66-69

Architekten heute
10-11-12.98
WA-Mozartstraße Dornbirn, p. 58-61

Architectura viva (H)
11-12/95
Lagertechnik Wolfurt, p. 30-33

Arquitectura Viva
Nr. 64/1999
WA-Nüziders, p. 22-25
5-6/96
Holz Altenried in Hergatz, p. 34-37
Nr. 60/Mai-Juni 1998
Elektro Graf Dornbirn, p. 80-83

Architektura & Biznes
9/98 (Nr8 (73))
WA-Mitterweg Innsbruck, p. 15
WA-Nüziders, p. 16-17
WA-Rohrbach II, p. 18
WA-Mozartstraße Dornbirn, p. 19

Architektur Aktuell (A)
2/91
WA-Bregenz, p. 58-62
4/92
EfH-Ludescher in Zwischenwasser, p. 43
EfH-Begle in Lochau, p. 44-45
3/93
Alcatel-Niederlassung Lustenau, p. 26-29
10/93
Kraftwerk Alberschwende, p. 37-39
Großraumbüro Zumtobel, p. 64-66
10/94
Lagertechnik Wolfurt, p. 78-85
4/95
Gewerbliche Berufsschule Bregenz, p. 28-37
9/95
Gemeindesaal Mäder, p. 32-39
Holz Altenried in Hergatz, p. 40-45
1-2/96
Elektro Graf Dornbirn, p. 106-117
9/96
Bad/Heizung-Supplement 2
Gemeindesaal Mäder, p. 21
3/97
Pfarrheim Satteins, p. 92-101
11/97
WA-Nüziders, p. 114-121
EfH-Kern in Lochau, p. 122-127
5/98
WA-Mitterweg Innsbruck, p. 44-55
10/99
Öko-Hauptschule Mäder, p. 140-149

Architektur Einfach Bauen (A)
3/96
WA-Wolfurt, p. 58-61

Architektur und Bauforum (A)
155/93
Kraftwerk Alberschwende, p. 66-68

Archithese (CH)
5-6/82
EfH-Helbock in Koblach, p. 50
4/98
WA-Mitterweg Innsbruck, p. 38-41

A + T (E)
9/97
Reitschule Breitbrunn,
Kraftwerk Alberschwende,
Elektro Graf Dornbirn, p. 48-59

A + U
5/98
EfH-Kern in Lochau, p. 36-45
WA-Nüziders, p. 26-35

AV
72 (1998)
EfH-Kern in Lochau, p. 60-63

Architektur + Wettbewerbe (A)
12/97
Gewerbliche Berufsschule Bregenz, p.16-19
9/98
WA-Mitterweg Innsbruck, p. 2-5
Kern, p. 24-27

Architektur
9/98
WA-Mozartstraße Dornbirn, p. 30-33

Bauen mit Holz (D)
6/97
Holz Altenried in Hergatz, p. 404-408

Baumeister (D)
5/94
Kraftwerk Alberschwende, p. 12-14
8/95
EfH-Burger in Bregenz, p. 12-16
10/95
Holz Altenried in Hergatz p. 14-19
10/95
Gewerbliche Berufsschule Bregenz, p. 18-25
1/96
Hotel Martinspark Dornbirn, p. 14-18
3/96
WA-Dornbirn „Rohrbach-Park", p. 41-43
5/96
Industriebau in Dornbirn, p. 43-47
3/97
Raiffeisenbank Bregenz, p. 16-21

1/98
EfH-Kern in Lochau, p. 46-49
6/98
WA-Nüziders, p. 34-39

Bauwelt (D)
12/95
Gemeindesaal Mäder, p. 2604-2605
4/99
Sirch Böhen, p. 874-877

Beton Zement
4/98
WA-Rohrbach 2, p. 38-39
Öko-Hauptschule Mäder, p. 24-27
8/98
EfH-Häusler in Hard, p. 22-24
2/99
Hauptschule Mäder, p. 49
WA-Rohrbach 2, p. 50
HTL-Bregenz, p. 51

Bolero
10/99
Holz Altenried in Hergatz p. 142

Casabella (I)
6/98
WA-Negrellistraße, p. 164
EfH-Hölbl, p. 64
Gemeindesaal Mäder, p. 65
LTW, p. 66
Raiffeisenbank Bregenz, p. 666
EfH-Häusler in Hard, p. 67
I+R Hopfengarten, p. 68
Holz Altenried in Hergatz, p. 68
EfH-Burger in Bregenz, p. 70-73
Pfarrheim Satteins, p. 74-77
EfH-Kern in Lochau, p. 78-81
WA-Nüziders, p. 82-85

DAM-Architektur Jahrbuch
1996
Holz Altenried in Hergatz, p. 52-57

DBZ
1/99
WA-Mozartstraße Dornbirn, p. 52-53

Das neue Wohnen (CH)
5/83
EfH-Hämmerle in Fußach, p. 68-76

Commercial Space (GB)
1996
Hotel Martinspark Dornbirn, p. 126-135

db (D)
6/84
Büro- und Lagergebäude in Lochau,
p. 34-35
7/88
EfH-Begle, p. 41-43
10/89
Büro- und Lagergebäude in Lochau,
p. 54-56
8/90
WA-Bregenz, p. 26-33
3/92
Atelier Baumschlager, p. 30-31
12/92
Umbau eines Wohnhauses in Hohenems,
p. 45-47
9/95
WA-Negrellistraße Lustenau,
p. 70-71
WA-Hard, p. 72-73
Gemeindesaal Mäder, p. 74-75
EfH-Burger in Bregenz, p. 76-77
Hotel Martinspark Dornbirn, p. 78-79
11/95
Kraftwerk Alberschwende, p. 86-91
12/95
Die Siedlung, p. 62-63
Atelier des Malers Bösch in Hörbranz,
p. 82-83
12/98
WA-Rohrbach 2, p. 70-80

DBZ (D)
12/97
Pfarrheim Satteins, p. 30-36

Der Architekt (D)
8/95
EfH-Häusler in Hard, p. 481-483

Detail (D)
10/86
WA-„Hohe Wies" in Hohenems,
p. 435-438
WA-Altach, p. 439-442
12/95
WA-Hard
12/97
HTL-Bregenz, p. 1344-1347

Domus (I)
10/95
Lagertechnik Wolfurt, p. 38-43
4/96
Holz Altenried in Hergatz, p. 32-35

GFF-Glas, Fenster, Fassade
Februar 1999
Pfarrheim Lochau, p. 56
WA-Mozartstraße Dornbirn, p. 56

Glas Architektur und Technik (D)
12/95
Lagertechnik Wolfurt, p. 20-25
6/96
Gewerbliche Berufsschule Bregenz,
p. 25-32

Haus und Wohnen (A)
Winterausgabe 95/96
Hotel Martinspark Dornbirn, p. 30-33

Hochparterre (CH)
10/95
Hotel Martinspark Dornbirn, p. 20-21
8/9/89
WA-Bregenz, p. 24-26
12/94
Lagertechnik Wolfurt, p. 40-41

Hotel Journal Schweiz
Hotel Martinspark Dornbirn, p. 07-11

Konstruktiv (A)
12/93
Projekt Lustenau-Bruggerwiesen, p. 11

Kupfer Kurier (D)
10/96
Hotel Martinspark Dornbirn

Korean Architects (Korea)
3/1997
p. 82-211

Leonardo (D)
11/95
Hotel Martinspark Dornbirn, p. 70-72

L'architecture d'aujourd'hui
Juli 1999
WA-Rohrbach 2, p. 38-39
BTV-Wolfurt, p. 60-61

das Mauerwerk (D)
4/97
WA-„Kapellenweg", p. 220-227

Neues Wohnen (D)
5/96
EfH-Rohner, p. 88-91

NZZ FOLIO (CH)
8/96
Holz Altenried in Hergatz, p. 7

Prometheus Immobilien GmbH
Quartier McNair Berlin

re-print (A)
1/95
Lagertechnik Wolfurt, p. 48-49

Raum und wohnen (CH)
EfH-Häusler in Hard, p. 66-76
5/99
EfH-Büchel, p. 80-89

Schöner wohnen (D)
3/92
WA-Bregenz, p. 4-7

Sparen Planen Bauen (A)
4/81
EfH-Hämmerle, p. 3-7

text Mitteilungen des Rotis Forum 1
12/95
Dietmar Eberle im Gespräch

Vivienda nuevas ideas urbanas (H)
211/96
Lagertechnik Wolfurt, p. 6-15

Werk, Bauen + Wohnen (CH)
6/91
WA-Bregenz 1990, p. 30-33
3/93
WA-Hohenems, Höchst, Lustenau, Bregenz, p. 32-37
9/95
Gewerbeschule in Bregenz, p. 49-52
11/95
EfH-Häusler in Hard, p. 34-35

Werk und Zeit (D)
2/81
Siedlung „Im Fang" Höchst, p. 18-19

Wettbewerbe (A)
3-4 1991
Lustenau Sand, p. 49-51
Schule Weidach, p. 89
11-12/92
Architekturpreis 1992:
Reithalle Breitbrunn, p. 17-18
9-10/95
Hotel Martinspark Dornbirn, p. 158-161
WA-Negrellistraße in Lustenau, p. 163-165
4-5/96
Bundesgymnasium Feldkirch, p. 170

Wohntex (A)
50/97
Hotel Martinspark Dornbirn, p. 8-9

Zement + Beton (A)
4/92
Reithalle Breitbrunn, p. 6-7
Kraftwerk Alberschwende, p. 10
2/96
EfH-Häusler in Hard, p. 28-31

Zeit
6/99
EfH-Ulmer, p. 92
BTV-Wolfurt, p. 94

Zuhause (D)
9/83
Helbock-Dornbirn, p. 144-146

Zuhause Wohnen (D)
EfH-Begle, p. 20-22

Bücher und Kataloge
Books and Catalogues

Die Stadt über die Stadt bauen
Städtebauliche Projekte
Hrsg.: EUROPAN SUISSE
Erschienen 1996
Verlag Werk AG

Mythos der Einfachheit
Das Hotel Martinspark
Erschienen 1995
Verlag Gerd Hatje

Baumschlager-Eberle
Aedes West – Galerie und Architekturforum
S-Bahnbogen 600

Carlo Baumschlager – Dietmar Eberle
Erschienen 1996
Springer Verlag Wien-New York

Neue Architektur in Vorarlberg
Bauten der neunziger Jahre
Edition Baumeister
Callwey Verlag

SpringerArchitektur

Liesbeth Waechter-Böhm (Hrsg.)

Carlo Baumschlager
Dietmar Eberle

Mit einem Essay von Dietmar Steiner / With an Essay by Dietmar Steiner

1996. 152 Seiten. 307 z. T. farb. Abbildungen.
Format: 23 x 32 cm. Text: deutsch/englisch
Gebunden DM 78,–, öS 546,–, sFr 71,–
ISBN 3-211-82725-0
Portraits österreichischer Architekten, Band 2

Vorarlberg, das westlichste Bundesland Österreichs, hat seine eigene Architektur. Hier wird der Holzbau gepflegt, hier gilt das Einfamilienhaus als die mit Abstand beliebteste Wohnform. Kleine, kostengünstige Siedlungen im verdichteten Flachbau und Einfamilienhäuser waren die ersten Bauaufgaben, mit denen sich die Arbeitsgemeinschaft Baumschlager/Eberle profiliert hat.
Seit Mitte der achtziger Jahre haben sie mit ihren realisierten Arbeiten einen gewaltigen „Dimensionierungssprung" bei den Bauaufgaben bewältigt. Jetzt plant das Team nicht nur Einfamilienhäuser und kleine Siedlungen, jetzt entstehen auch große Geschoßwohnungsbauten, Büro- und Industriebauten, Schulbauten, Gemeindesäle, Einkaufszentren, sogar ein Hotel.
Der Band präsentiert eine Auswahl der wichtigsten Bauten aus den Jahren 1985–1995.

Auszeichnung als eines der 12 schönsten Bücher Österreichs 1997!

The most western state of Austria has an architecture of its own. Buildings in wood, and with them privately constructed buildings, are popular. The detached house is here by far the most popular form of housing. Small, reasonably-priced housing developments with compact, flat-roofed buildings and detached houses were therefore the first building projects by which the team Baumschlager/Eberle could distinguish themselves.
Characteristic of the team's architectonic concept: strict economy with respect to material and artistic/architectonic means and a high sense of cultural and social responsibility. Baumschlager/Eberle are among the busiest architects in Vorarlberg. Since the middle of the eighties the scope of the building projects undertaken has vastly widened. The team no longer plans just detached houses and small housing developments: large multi-storied buildings, office blocks and industrial buildings, schools, community centres, shopping centres and even a hotel are among the projects realized. This volume presents a selection of the most important buildings undertaken during 1985–1995.

SpringerWienNewYork

A-1201 Wien, Sachsenplatz 4–6, P.O. Box 89, Fax +43.1.330 24 26, e-mail: books@springer.at, Internet: **www.springer.at**
Birkhäuser, D-69126 Heidelberg, Haberstraße 7, Fax: +49.6221.345-229, e-mail: orders@springer.de
Birkhäuser, CH-4010 Basel, P.O. Box 133, Fax +41.61.2050-155, e-mail: orders@birkhauser.ch
Chronicle Books, USA, San Francisco, CA 94105, 85 Second Street, Fax +1.800.858-7787, e-mail: sales@papress.com